Norbert Oliver Pity

Der Hass der Toten

Some call it **Horror-Thriller**,
some call it **Black Fantasy**

»Der Hass der Toten«
ist der dritte Teil der Tot-Trilogie.
Teil 1: »Die Sprache der Toten«
Teil 2: »Der Atem der Toten«

Armbrustverlag

Empfohlene Altersfreigabe: 16 Jahre

ISBN: 978-3-946966-12-8

<u>Deutschland 1992:</u>
Es war das Jahr mit dem heißesten Sommer der 90er Jahre. Bezahlt wurde in D-Mark, und wer unterwegs telefonieren wollte, der musste in eine Telefonzelle gehen.

Kapitelübersicht:

Prolog – Ein erfrischender Mord

Luftblasen.

Weitere Luftblasen zerplatzten an der Oberfläche des Teiches und verrieten dem Mann, dass die Frau da unten noch immer lebte. Die Frau, die er vor wenigen Augenblicken ins Wasser gestoßen hatte. Seine Frau.

Fasziniert sah er auf die platzenden Blasen, wissend, dass sie nur zwei, drei Meter unter ihm verzweifelt versuchte, die Luft in den Lungen zu halten, nur nicht zu atmen, weil statt Sauerstoff bloß kaltes Wasser ihr Innerstes fluten würde. Dann musste unweigerlich das Ersticken beginnen, der endgültige Todeskampf.

Er wunderte sich, dass sie so lange durchhielt – sie lag schon fast eine Minute auf dem schlammigen Grund, musste jetzt, das Unausweichliche vor Augen, bis in die letzte Pore mit nackter Panik angefüllt sein ... Da! Die Luftblasen versiegten! Nur noch ein paar einzelne stiegen, in immer längeren Abständen, nach oben. Dann ... nichts mehr.

Ihm kam in den Sinn, dass man sie jetzt noch rausziehen und wiederbeleben könnte. Vermutlich könnte man es auch in zehn Minuten noch tun, aber dann wäre ihr Hirn Matsch. Doch natürlich würde sie niemand herausziehen. Weder jetzt, noch in zehn Minuten, noch in hundert Jahren. Der Mann griff zu den Rudern, um wieder zum Ufer zu gelangen. Dann erwachte er.

Er fühlte sich entspannt.

Er fühlte sich gut.

Diese angenehme Wirkung hatte es immer auf ihn, wenn er von seinen Morden träumte. Der Mord an seiner Frau war recht häufig dabei, obwohl der doch schon so lange zurück lag. Na ja, es war halt sein erster gewesen. Das erste Mal ist bekanntlich immer etwas Besonderes.

Und irgendwie war dieser Mord ja auch das erste wirklich sichtbare Zeichen seiner Verwandlung. Denn noch zwei Jahre vor diesem Mord war er nichts weiter ... Man konnte es nicht beschönigen, er war ein Würstchen gewesen. Genau, ein mickriges, ängstliches, ekliges Würstchen, dachte der Mann. Doch er dachte es mit Genugtuung, denn sein Selbst von damals erschien ihm heute wie ein Fremder und machte die strahlende Gestalt, zu der er geworden war, noch ein wenig strahlender, sein unbändiges Selbstvertrauen noch größer, seine Aufgabe, sein großes Ziel, das er endlich gefunden hatte, noch bedeutender.

Heute konnte er nur noch über das arme *Würstchen* lachen, das er gewesen war. Wie hatte er die Hosen voll gehabt, vor seiner großen Reise! Dabei hatte sich seither alles zum Besten gewandelt. Schnell hatte er gewusst, dass er nicht länger in seinen Ängsten gefangen war, dass er das Leben nicht länger an sich vorbei gleiten lassen musste. Damals hatte er auch die erste Ahnung davon bekommen, dass sich ihm eine große Aufgabe, ja eine Bestimmung offenbaren würde, die nur er erfüllen konnte, sogar erfüllen *musste*.

Bereits zwei Jahre nach seiner großen Reise hatte er die Kraft gehabt, seine Frau los zu werden. Nicht, dass er sie gehasst hätte. Selbst ihre Liaison mit dem Gitarrenlehrer, die ihm nicht entgangen war, hatte ihn nicht wirklich verstimmt, allenfalls etwas beleidigt. Aber sie war ihm zunehmend lästig geworden. Sie hatte dem neuen Sinn, den er in seinem Leben sah, doch zu sehr im Weg gestanden.

Jetzt dachte er fast dankbar an seine Frau, denn ihr Tod hatte ihm zum ersten Mal vor Augen geführt, welche Fähigkeiten in ihm steckten. Nicht der Hauch eines Verdachtes war auf ihn gefallen. Nur er selbst kannte den Weiher, in dem die Gebeine seiner beiden Opfer verwesten. An derselben Stelle hatte er auch den Spaten versenkt, mit dessen Hilfe er dem Gitarrenlehrer den Schädel gespalten hatte.

Seine Frau hatte nicht soviel Glück gehabt. Sie war noch am Leben, während er sie, fest an ihren dahingeschiedenen Freund und an einen mit Steinen gefüllten Sack gebunden, über den Rand des Ruderbootes stieß. Wie lustig sie gezappelt hatte! Sie zu ersäufen war eine kleine Revanche für die Beleidigung und natürlich ein nettes Vergnügen gewesen. Gut, sie verschwinden zu lassen war dadurch etwas schwieriger, das Risiko etwas größer geworden, doch es war halt ein kleiner Luxus, den er sich einfach mal gönnen wollte.

Dann war er geduldig geblieben, wartete, zweifelte nie ... Und schließlich hatte er sich ihm tatsächlich offenbart der Sinn seiner Existenz. Doch erfreulicherweise gab es auf dem Weg zum großen Ziel noch ein paar sehr erquickende Zwischenziele – ein kleiner Mord hier, ein kleiner Mord da, das großzügige Verteilen von Leid und Verzweiflung ...

Aber die größte Qual, das größte Leid, aus kleinen Anfängen Schritt für Schritt immer näher an sie herangetragen, würden natürlich seiner Bestimmung vorbehalten sein. Denn nur sie war seiner würdig, nur sie verdiente seinen ganzen, reinen, ungeteilten Hass, nur sie war es, die bis in den letzten Winkel ihres Verstandes und ihres Fleisches zerstört werden musste, sein kleiner Schatz – Anna.

1. Bereit

Nackt stand Anna vor dem großen, weit geöffneten Fenster und genoss die kühle Abendluft, die wie ein sanfter Hauch hereinströmte und ihren Körper umschmeichelte. Doch es war nicht nur der Lufthauch, der für das leichte Prickeln auf ihrer Haut sorgte und die Spitzen ihrer Brüste fast bis an die Schmerzgrenze härter werden ließ, es war auch das Wissen um das, was gleich geschehen würde. Da spürte sie auch schon, wie Patrick ihr rotbraunes Haar, dass sie heute lang und offen trug, sachte zur Seite schob, seine rechte Hand ganz locker zwischen ihre Schulterblätter legte, dann langsam, sehr langsam mit Fingerkuppen und Nägeln nach unten strich, so dass ihr Körper zwei, drei Mal unter winzigem Zucken erschauerte.

Nun fühlte sie auch die warme Haut seines Brustkorbs, wie er sich an sie schmiegte und schließlich seine Hände unter ihren Achseln hindurch schob, bis er ganz sachte, mit kaum wahrnehmbar kreisenden Bewegungen ihre zarten Brüste umfasste. Und dann machte sich seine rechte Hand ganz langsam auf die Reise nach unten, entlockte ihr ein leises Stöhnen, während sie noch über ihren flachen Bauch glitt, um schließlich mit sanften Fingerbewegungen für ein gar nicht mehr so leises Stöhnen zu sorgen. Als sie schon meinte, es nicht mehr auszuhalten, machten sich beide Hände wieder, ganz langsam, auf den Rückweg, bis sie auf ihren Armen ruhten, während sie seine Lippen ganz sachte in ihrem Nacken spürte, was schon allein genügte, um für einen weiteren hauchzarten Seufzer zu sorgen. Anna war bereit – so bereit, wie sie es nur sein konnte.

Patrick drehte sie herum, blickte in ihre grünen Augen, küsste sie zärtlich und hob sie schließlich ein kleines Stück hoch, um sie auf die Kante der nächsten Schulbank zu setzen. Nun hob er sanft aber bestimmt ihre Beine an und ...

Moment mal ...

Schulbank???

Wieso Schulbank?

Anna drückte Patrick mit der flachen Hand auf seinem Brustkorb problemlos zurück und sah sich um.

Das durfte ja wohl nicht wahr sein! Sie waren tatsächlich in Annas Klassensaal! Splitternackt und offenbar gerade im Begriff ... Die Glocke zum Schulbeginn schrillte, und vom Flur her näherten sich viele Schritte und Gemurmel.

»Oh-mein-Gott!!!«, rief Anna – und erwachte.

*

»Oh-mein-Gott!!!«, rief auch die erwachte Anna noch einmal, aufgeschreckt in ihrem Bett sitzend, dann ließ sie sich aufatmend in ihr Kissen zurück sinken.

»... nur ein Traum«, flüsterte sie sich selbst leise zu. Da schon helles Tageslicht durch die Ritzen der Rollläden fiel, musste sie wieder lange geschlafen haben – was kein Wunder war, nach den vergangenen Tagen.

Ja, es war nur ein Traum gewesen, aber was für einer! Noch immer spürte sie das keineswegs unangenehme Kribbeln auf ihrer Haut, und das sorgte für den Gedanken, dass es nett sein könnte, wenn Patrick jetzt tatsächlich hier wäre. Und wenn sie dann auch noch ungestört sein würden, dann ... dann könnte er ihre Sommersprossen zählen, wie er es neulich – nicht so ganz im Scherz – vorgeschlagen hatte. Die meisten waren zwar um ihre kleine Nase verteilt, aber er könnte ja noch weiter suchen. Und dann könnten sie tatsächlich zum ersten Mal ... Doch da klopfte ihr Realitätssinn energisch an ihr Gehirn. Wie konnte sie jetzt nur an Sex denken?

Das galt natürlich nicht grundsätzlich, denn schließlich: sie war erst vor wenigen Tagen 17 Jahre alt geworden, sie war ein gesunder junger Mensch, neugierig und durchaus auch belesen, und nicht zuletzt hatte sie jemanden, der sie liebte und den sie liebte. Da war es sicher nicht sonderlich ungewöhnlich, auch mal von Sex zu träumen ... Und nicht wenige ihrer Freundinnen hatten so ein gewisses angeberisches Understatement drauf, wenn sie, mehr oder minder direkt, ihre Erfahrungen andeuteten – was vermutlich nicht immer der Wahrheit entsprach.

Aber die anderen Mädchen konnten sich dem Thema ja auch viel unbeschwerter zuwenden, denn sie wurden wohl eher nicht von einem wahnsinnigen Killer verfolgt, der schon viele Menschen grausam umgebracht hatte. Bestimmt waren sie auch noch nicht über Mordopfer gestolpert und von der Polizei verdächtigt worden, irgendwie in der ganzen Sache mit drin zu hängen. Dass sie schon Mal von zwei brutalen Schlägern, die von besagtem Wahnsinnigen angeheuert worden waren, durch unterirdische Katakomben gejagt worden waren, stand auch nicht zu vermuten. Ebenso wenig wie jüngst die Entführung durch einen bekloppten Reporter, der nur vorgetäuscht hatte, die »Bestie von Saarfurth« zu sein, wie der Killer von der Boulevardpresse inzwischen genannt wurde. Ganz sicher hatten ihre Freundinnen auch keine übersinnliche Verbindung zu eben jenem Killer und auch nie irgendwelche unheimlichen, übernatürlichen Begegnungen in irgendwelchen Krankenhäusern gehabt. Und ganz bestimmt hatte auch keine von ihnen jemals erfahren müssen, dass sie als Baby heimlich ausgetauscht und zu einer Familie gegeben worden war, deren eigenes Baby einen Unfall nicht überlebt hatte, während der Vater des überlebenden Babys ein brutaler Schläger war, der seine eigene Tochter halb tot geprügelt hatte, der ihr aber immerhin den Gefallen getan hatte, im rechten Moment in den Tod zu springen, so dass die dringend benötigte Spenderniere den Ärzten gewissermaßen vor die Füße gefallen war ...

Dieser letzte Punkt hatte Anna zwar das Leben gerettet, aber er brachte sie immer wieder zum Grübeln. Dass sie ein Stück von Max Klinger, ihrem leiblichen Vater, in sich trug, war nach wie vor eine beängstigende Vorstellung. Denn auch wenn alle anderen tausend Mal sagen mochten, dass es nicht stimmen konnte, so war sie doch überzeugt, dass diese heißen Wellen der Wut, die manchmal durch sie hindurch brandeten, von eben jenem Mann kamen. Sein Zorn musste wie ein rasender Urinstinkt gewesen sein, der sich ungehemmt Bahn brechen durfte und der es ihm erlaubte, ohne den Hauch von Reue seine Frau und sein kleines Kind zu schlagen – so jedenfalls stellte Anna es sich vor.

Aber Max war tot. Und dennoch musste irgendein Zusammenhang mit jenem unbekannten Mörder bestehen, der es sich offenbar zur Lebensaufgabe gemacht hatte, Anna zu verfolgen und zu quälen. Dass er sie bisher noch nicht wirklich töten wollte, das, da war sich Anna sicher, lag nur daran, dass er sich seiner abartigen Ansicht nach Beste bis zum Schluss aufheben wollte.

Eine offensichtliche Verbindung zu Klinger Tod gab es jedenfalls – leider. Denn diese Verbindung bestand darin, dass der Mörder nach und nach die Mitglieder des Operationsteams umgebracht hatte, die damals Anna gerettet hatten: Karl Palusky – den Schädel eingeschlagen, Roswitha Zapf – die Kehle aufgeschlitzt, Dr. Kurt Kleinschmidt – mit einem Fettabsauger in einer Schönheits-Klinik ermordet. Anna hatte nie wissen wollen, wie der Mörder das genau gemacht hatte, ebenso wenig, wie er Sabine Magnussen samt Mann und Tochter in Luxemburg abgeschlachtet hatte.

Jetzt waren nur noch zwei übrig: Randolph Filipowitz, der nach einem frühen Schlaganfall zurückgezogen irgendwo bei Hamburg lebte, und natürlich Dr. Peter Alban, damals der leitende Chirurg und derjenige, der alles eingefädelt und die anderen überzeugt hatte.

Die besonderen Umstände damals hatten es ihm ermöglicht, die Babys auszutauschen – die geliebte tote Anna gegen die misshandelte lebende Sarah, die heute Anna war. Der Doktor und die Eingeweihten hatten Lars und Kathrin Silvan lange hingehalten, so dass sie ihr schwer verletztes und dick bandagiertes Kind monatelang kaum sehen durften. – Monate, in denen sich das kleine Mädchen natürlich durch ihr Heranwachsen, durch ihr längeres Haar, durch den Unfall und die Trennung von den Eltern verändert hatte ... Die Zeit war so lange gewesen, dass sie ihre Eltern, als es endlich aufwärts ging, gar nicht zu erkennen schien. Doch die Liebe ihrer Familie machte sie schnell wieder zu einem fröhlichen, vertrauensvollen, lachenden Baby ...

Von ihrer wahren Identität hatte Anna, unter ziemlich dramatischen Umständen, von Ruppert Weinberg erfahren, der selbst erst Jahre nach den Ereignissen die Wahrheit erkannt hatte. Ruppert war der zweiten Mann ihrer leiblichen Mutter Sandra, die, aus schwierigen Verhältnissen stammend, Max Klinger als naive, blutjunge Frau geheiratet hatte. Der viel ältere Ruppert hatte Sandra, ein Jahr nach Max' Tod, offenbar am absoluten Tiefpunkt ihres Lebens kennengelernt. Später hatten sie geheiratet und sogar ein Kind bekommen. So musste Anna auch erfahren, dass sie -- Überraschung! – eine fünfjährige Halbschwester namens Petunie hatte – sehr verwirrend, das Ganze.

Für Anna waren zwar ganz eindeutig Lars und Kathrin Silvan ihre richtigen Eltern, ganz egal, wer ihre biologischen Erzeuger sein mochten. Dennoch hätte sie Sandra gerne kennengelernt, und sei es nur, um mehr über ihre Vergangenheit zu erfahren. Doch das war nicht möglich, denn Sandra war vier Jahre zuvor verschwunden. Ruppert war sich sicher, dass sie nicht mehr lebte, und nach allem, was Anna nun wusste, befürchtete sie, dass auch Sandra ein Opfer des Mörders geworden war. Zumal Anna inzwischen weit mehr über die Vorgänge vor 16 Jahren erfahren hatte, als Ruppert Weinberg. Viel mehr. Und das lag an Dr. Peter Alban.

Durch einen Anruf Annas gewarnt, dass ein Killer sein Operationsteam von damals dezimierte, hatte er erst seine Familie in Amerika in Sicherheit gebracht, war aber kürzlich wieder zurückgekommen und hatte Anna und ihren Eltern unglaubliches offenbart: Er, Dr. Peter Alban, hatte nicht nur durch den Austausch der Babys Schicksal gespielt, sondern auch durch die Rettung des Mädchens, das heute Anna war. Die hatte damals unbedingt diese Spenderniere gebraucht. Und Peter Alban hatte sie gemeinsam mit seinem Freund Karl Palusky besorgt. Direkt vom Objekt. Und etwas nachgeholfen.

Denn Max Klinger hatte seine Niere keineswegs freiwillig herausgerückt, und er war auch nicht wirklich aus eigenem Antrieb dahingeschieden. Eigentlich hatte dieser *Selbstmord* auch gar nicht zu ihm gepasst, aber all zu viel Sorgfalt war nicht auf die Untersuchung seines Todes verwendet worden – niemand hatte diesem brutalen Schwein auch nur eine Träne nachgeweint. Dennoch war es ganz schön heftig gewesen, der Geschichte des Doktors zuzuhören. Max war offenbar nicht so einfach aus dieser Welt zu befördern gewesen. Anna musste schlucken, als sie an den Teil der Geschichte dachte, als sich Max, das Gehirn schon zermatscht, nochmals auf dem Operationstisch aufsetzte, was an dem scharfen Skalpell und dem Schnitt liegen mochte, den der Doktor gerade angesetzt hatte ...

Aber da musste noch etwas an der Geschichte des Doktors gewesen sein, dass sie nicht zur Ruhe kommen ließ. Irgendetwas, das er gesagt hatte, und das sie dem Mörder vielleicht einen Schritt näher bringen könnte. Doch sie bekam es nicht richtig zu fassen. Sie hatte nur die vage Ahnung, dass es mit ihren sonderbaren Träumen zusammenhängen könnte – immerzu hatte sie irgendetwas mit Augäpfeln geträumt.

Ohnehin hatte sie zu ihren Träumen in jüngster Zeit ein ganz besonderes Verhältnis – spätestens, seit sie in einem Traum sehr real von dem hinter einer blutigen Arztmaske verborgenen Killer auf einen Operationstisch geschnallt worden war. Aber es gab auch etwas Gutes bei diesen Träumen, etwas sehr gutes sogar: Wenn sie in Gefahr war oder ihn brauchte, dann konnte Patrick, seit jenem unheimlichen Angriff, von seinen Träumen in ihre Träume hinüberwechseln. So hatte er sie schon zwei Mal gerettet und sie hatten auch einen schönen Nachmittag auf einem Traum-Rummelplatz verbracht.

Tja, Träume und Patrick ... hmmm ... gleich erschien auch wieder der Traum von vorhin auf der Leinwand ihrer Phantasie und sie dachte an den Jungen mit den braunen Augen, wie er behutsam ihren Körper erkundet hatte, – und dann diese Kribbeln, als seine Hand so zart über ihren Bauch geglitten war, wo nun unwillkürlich ihre eigene Hand lag ...

»Oh-mein-Gott!!!« – wieder war Anna aus ihrem Kissen hochgeschreckt und führte, vollkommen gegen ihre Gewohnheiten, Selbstgespräche: »War das ... war das gerade auch so ein Traum, in dem Patrick *tatsächlich* da war? In *meinem* Traum? Dann hätte ich ihn ja geradezu mehr als nur eingeladen, mich ...«

Die Decke zurückwerfen und aus dem Bett zu springen war eine einzige Bewegung, zwei Sekunden später rannte sie schon die Treppe hinunter zum Telefon und tippte fahrig Patricks Nummer ein. Verdammt, natürlich war zuerst sein Vater, Edgar Mayer, am Apparat ... »Hallo, Herr Mayer, kann ich bitte ... ach, ich bin's Anna, kann ich bitte ... wie? Ich höre mich seltsam an? Ah ... ja, schlecht geschlafen, die ganze Aufregung und so ... ja, danke ...«

Endlich hörte sie Patricks vergnügtes: »Hallo Langschläfer, auch endlich aufgestanden?«

Aber ... hatte das nicht *sehr* vergnügt geklungen? Sie sah ihn vor sich, mit seinem leisen Lächeln, eine Augenbraue hoch gezogen – was ihm den Spitznamen *Mr. Spock* eingebracht hatte. Sie sah sein hellbraunes, kurzes Haar, seine braune Augen, den so gerne breit grinsenden Mund, der wie sich herausgestellt hatte, auch zum Küssen gut geeignet war.

Patrick und sein Vater, der hier Sektionschef einer großen Werbeagentur geworden war, waren erst vor ein paar Monaten nach Saarfurth gezogen. Seine Mutter hatte die Familie verlassen, weil sie offenbar nicht mehr mit einem Workaholic verheiratet sein wollt. Aber das hatte seiner Entwicklung offenbar nicht geschadet. Er war ein paar Monate älter und mit 1,75 Meter ein Stück größer als Anna. Und er war sportlich, hatte nicht übermäßig aber doch recht breite Schultern. Schultern, die, wenn sie an ihren Traum von heute Morgen dachte ...

»Hallo«, kam es aus dem Hörer, »Anna, bist Du noch dran?«

»Äh, ja, alles klar ... ich meine ... ich habe wieder geräumt ...«

»Oh weh, wieder ein Alptraum?«

»N... also nein, nicht wirklich ... aber das heißt, Du warst nicht mit mir zusammen in meinem Traum?«

»Das wüsst' ich.«

Anna fiel ein Stein vom Herzen. Dann war es wohl nur ein ganz normaler Traum gewesen ... na ja, eigentlich doch nicht *ganz* normal, aber halt nicht übernatürlich.

»Anna? Warum hast Du grade so geseufzt? Kannst Du mir vielleicht mal sagen, was los ist«

»Ach, äh, nichts, wollte nur wissen, ob Du nachher vorbei kommst.«

»Ja, natürlich, das war doch abgemacht.«

»Äh, ja, klar, das war es.«

»Du bist seltsam.«

»Wir haben hier übrigens keine Schulbank.«

»...?«

»Uuups!«

»Du bist *sehr* seltsam!«

»A... also, bis später dann.«

Hastig legte Anna wieder auf, als gerade ihre Mutter mit ein paar Besorgungen zur Tür herein kam.

Kathrin Silvan, fast 1,80 Meter groß und sportlicher, trug ihr langes braunes Haar ausnahmsweise mal nicht zu einem Pferdeschwanz zusammengebunden sondern offen, was gut zu ihren braunen Augen passte und die für eine Mitteleuropäerin recht hoch stehenden Wangenknochen der 42-Jährigen durchaus hübsch anzusehen einrahmte.

»Hallo Liebling«, begrüßte sie ihre Tochter, die, noch immer in ihrem kurzen Schlafanzug, offenbar gerade erst aus den Federn gekrochen war, »endlich aufgestanden? Aber wir haben dich extra ausschlafen ... – Sag mal, Du hast ja einen knallroten Kopf?«

»Aaaah ... muss mir noch die Zähne putzen.«

»Bitte? Aber was hat das denn mit ...«

Doch da rannte Anna die Treppe auch schon wieder hoch, um das Zähneputzen mit einer eiskalten Dusche zu kombinieren.

*

Der Rest des Tages war herrlich ereignislos verlaufen, und so hatte sie sich auch bemüht, alle Gedanken an einen Killer, an Tote und Übersinnliches und Augäpfel für ein paar Stunden aus dem Kopf zu bekommen – wenigstens, so lange die Sonne am Himmel stand.

Am Abend hatte Lars etliche Leckereien – ihr Vater wusste, was sie mochte – vom Chinesen mitgebracht. Lars konnte selbst Unmengen Ente-Süß-Sauer aus dem kleinen

Restaurant neben seiner Anwaltskanzlei in sich hinein stopfen, was man dem schwarzhaarigen Mann mit dem markanten Kinn aber nicht anmerkte; mit 44 Jahren und gut 1,80 Meter groß war ihr Vater noch immer sehr schlank. Annas Bruder Tom, erst vor kurzem elf Jahre alt geworden und dafür recht groß, hatte beim Hauptgang nicht gar so sehr zugeschlagen, allerdings nur, weil der dunkelblonde Junge noch genug Platz für die überbackene Bananen lassen wollte.

Am Abend, nach dem überraschend entspannten Essen mit ihrer Familie, fühlte sich Anna tatsächlich so erholt, wie man es in ihrer Situation nur sein konnte. Zwar war sie auch an diesem Tag nicht allzu früh ins Bett gekommen, doch war sie diesmal noch wach genug, um, alleine im dunklen Zimmer, noch etwas nachzudenken. Wieder kam ihr die Sache mit dem Auge in den Sinn. Und endlich war es soweit. Diesmal war es auch kein Traum oder irgendetwas Ungewöhnliches, sondern tatsächlich ganz einfach das Grübeln das sie auf die Lösung bringen sollte.

Sie versuchte, Schritt für Schritt vorzugehen: Gestern war sie darauf gekommen, dass die Antwort damit zusammenhing, dass es sich nur um *ein* Auge handelte. Genau genommen war es ja auch in ihrem Traum kein Augenpaar gewesen, das sie erschreckt hatte, sondern es waren etliche einzelne Augäpfel, mit denen Dr. Alban in Gestalt eines Clowns jongliert hatte. Und dann hatte er ihr auch noch *ein* Auge auf seiner Handfläche präsentiert.

Schließlich war da noch der Doktor selbst. Es musste irgendwie mit ihm zusammenhängen. Wieso hätte ihr Unterbewusstsein sonst ausgerechnet ihn als Augenpräsentator ausgewählt? Und das auch noch zu dem Zeitpunkt, als sich der Doktor endlich bei ihnen gemeldet hatte, um sein erschreckendes Geständnis abzulegen. – Wie war das doch gleich in ihrem Traum gewesen? Da hatte es doch auch geheißen, sie solle den Doktor fragen. Aber wie stand Peter

Alban oder irgendetwas, das er gesagt oder getan hatte, mit *Augen* in Verbindung?

Mit Augen ..., Max Klingers inszenierter Selbstmord ..., Max Klinger, der sterben musste, damit sie leben konnte ..., Max Klinger als ...

Mit einem Satz sprang Anna aus dem Bett – *jetzt hatte sie es!*

Und sie hatte das aufregende Gefühl, dass sie der Lösung plötzlich sehr nahe war. Aber sie musste den Doktor tatsächlich fragen. Schon wollte sie zum Telefon laufen, als ihr einfiel, dass siebzehn Minuten nach Mitternacht nicht gerade der ideale Zeitpunkt für einen Anruf war. Sie musste sich wohl oder übel bis morgen gedulden. Na toll! Da hatte sie endlich so etwas Ähnliches wie eine Spur, kam aber wieder einmal nicht weiter. Und das brachte ihre Gedanken erneut zum Kreisen. Die Konsequenz war ihr klar: Mit dem Einschlafen war es erst einmal Essig.

*

Da Anna erst nach zwei Uhr eingeschlafen war, kam sie auch am nächsten Morgen nicht allzu früh aus der Kiste: Um halb neun wachte sie auf. Nachdem sie sich schnell den Schlaf aus dem Gesicht gewaschen und die Zähne geputzt hatte, lief sie gleich zum Telefon und schlug die Telefonkladde unter »A« auf, wo sie selbst Adresse und Telefonnummer des Doktors eingetragen hatte.

Anna wählte, und Peter Albans Stimme meldete sich: »Hallo und guten Tag ...«,

»Dr. Alban? Ent...«,

»... hier ist der automatische Anrufbeantworter von Miriam und Peter Alban. Wir sind im Augenblick leider nicht zu Hause ...«

Anna hatte ein sehr unangenehmes Déja-vu-Gefühl. Am liebsten hätte sie aufgelegt, aber sie wartete, bis die Ansage abgelaufen war und hinterließ nach dem Pfeifton die Nachricht, der Doktor solle dringend zurückrufen. Dann versuchte sie es in dem Krankenhaus, in dem er arbeitete. Sie bekam schließlich eine etwas missmutig klingende Sekretärin an den Apparat, die Anna auch nicht sehr viel weiterhelfen konnte: »Der Chef? Der ist schon wieder unterwegs. Es ist dringend? Tut mir leid, da kann ich auch nichts tun. Ich weiß nur, dass er noch gestern Abend los wollte, um heute einen ehemaligen Kollegen zu besuchen – irgendwo im Norden, ich glaube, bei Hamburg.«

Anna bedankte sich und legte auf. Sie erinnerte sich, dass der Doktor mit dem Hauptkommissar über einen Randolph-Irgendwie gesprochen hatte, abgesehen von Peter Alban selbst der einzige Überlebende des Operationsteams von damals, der allerdings durch einen Schlaganfall ziemlich außer Gefecht gesetzt war. Was wollte der Doktor nur von ihm? Aber auf jeden Fall könnte sie versuchen, Herrn Alban bei diesem Randy – jetzt fiel ihr auch der Nachname wieder ein – Filipowitz zu erreichen. Pauli hatte sicher die Adresse.

Doch Hauptkommissar Pauli, ein kräftiger Mann um die Fünfzig mit einer von grauem Haar eingerahmten Halbglatze und auffallend faltenloser, fast rosiger Haut, war nicht im Kommissariat, ebenso wenig sein Assistent Hartmann Walter, noch Kommissar Pascal N'Tobo. Und der Beamte, mit dem sie sprach, wollte ihr die Auskunft nicht geben. Es war einfach wie verhext! Sie hinterließ für den Hauptkommissar die Nachricht, dass er sie bitte zurückrufen solle, und wenn sie selbst nicht da wäre, dann könne er ihr doch bitte die Telefonnummer von Randolph Filipowitz ausrichten lassen.

Oder hatte Ruppert Weinberg die Adresse? Schließlich war der ja auch sehr intensiv an ihrem *Fall* dran gewesen.

Anna wählte Rupperts Nummer in Nürnberg. Auf der anderen Seite wurde abgehoben, und die piepsige Stimme eines kleinen Kindes meldete sich: »Hallo, hier ist Pet Weinberg. Ja! Und wer bist Du?«

Anna wurde es plötzlich vor Aufregung ganz flau im Magen – Pet Weinberg, das konnte nur Petunie sein, ihre kleine Halbschwester. Ruppert hatte ihr zwar schon ein Foto seiner Tochter gezeigt, das er stolz aus seiner Brieftasche hervorgefischt hatte, aber jetzt am Telefon, das war der erste persönliche Kontakt mit ihrer Schwester. Seltsam, sie hatte nur einmal kurz die Stimme des Mädchens mit diesem verrückten Namen gehört, und schon begann das *Halb* vor der *Schwester* zu verblassen.

Anna antwortete: »Guten Tag, Petunie, hier ist ...«

Doch sie wurde von einem zornigen Ausruf unterbrochen: »Nein, nein, nein! Ich will das nicht. Ja!«

»Äh, was willst Du nicht?«

»Dass Du mich *Petunie* nennen tust.«

»Na, der Name ist doch lustig, warum magst Du ihn denn nicht?«

»Weil der Jacob doch immer sagt, das ist eine Blume, und dass das doof ist, wenn einer den Namen von einer Blume haben tut! Ja!«

»Und wer ist der Jacob?«

Mit einer Stimme, die Anna klar zu erkennen gab, dass sie offensichtlich nicht voll zurechnungsfähig war, weil doch wohl jeder Jacob kannte, antwortete Petunie: »Das ist doch der Junge mit den vielen Sommersprossen. Ja!«

»Ach, und ist das ein Nachbarjunge von dir?«

Jetzt zeigte Pets Stimme, dass bei Anna mit Sicherheit Hopfen und Malz verloren waren, aber dennoch erklärte sie: »Nö, Mensch, der Pasquale ist doch der Junge, der mein Nachbarjunge ist. Der Jacob, das ist doch der, der bei mir im Kindergarten ist.«

»Und der ärgert dich immer wegen deinem Namen? Pass auf: Wir haben hier im Zoo einen Beo, das ist ein Vogel, der heißt auch Jacob. Und wenn dich der Jacob im Kindergarten noch mal ärgert, dann sag ihm, er würde heißen wie ein Vogel, und das wär' ja wohl auch ganz schön doof.«

Anna hörte Petunie kichern, dann sagte das kleine Mädchen: »Das ist lustig. Das mache ich. Ja! He, sag mal, wer bist Du denn eigentlich?«

Aha, also kam Anna doch noch zu ihrer Vorstellung: »Ich bin die Anna. Anna Silvan.« Dann wollte sie noch neugierig wissen: »Weißt Du, wer ich bin?«

Etwas skeptisch aber gleichzeitig auch gespannt kam es zurück: »Bist Du die Anna, von der der Papa erzählt hat, dass sie meine Schwester ist? Wirst Du dann jetzt bei uns wohnen? Dem Pasquale seine Schwester wohnt doch auch bei den Eltern vom Pasquale. Ja.«

»Nein, das geht wohl nicht.«

»Weil wir nur Halbschwestern sind? Ja? Weißt Du, Halbschwestern, das ist nämlich, wenn zwei Schwestern da sind, und die eine Schwester hat einen Papa, die andere hat aber auch einen Papa, aber das ist dann ein anderer Papa. Ja!«

»Ui, da weißt Du ja schon mächtig viel«, antwortete Anna anerkennend, »aber Du hast recht, Pet, damit hängt das wohl zusammen.«

Nun wollte Petunie wissen: »Wenn Halbschwestern nicht zusammen wohnen, dürfen die dann auch nicht zusammen spielen?«

»Also, dagegen ist sicher nichts einzuwenden. Ich glaube sogar ganz bestimmt, dass die zusammen spielen dürfen.«

»Toll. Spielen wir dann auch? Mit Betty und mit Mr. Stubs? Und mit Bobo? Wann kommst Du? Wenn Du nachher kommst, dann kannst Du bestimmt zum Mittagessen bleiben!«

»He, he, nun mal langsam«, unterbrach Anna lachend, »weißt Du, die Stadt, in der ich wohne, die ist ganz, ganz weit weg von deiner Stadt. Da kann man leider nicht mal eben so vorbeikommen. Und zurzeit habe ich auch ganz schrecklich, schrecklich viel zu tun. Aber das klappt ganz bestimmt mal, dass wir zusammen spielen. Ganz ehrlich.«

Nun hörte Anna Ruppert Weinbergs Stimme aus dem Hintergrund: »He, Muffel-Maus, wer ist denn am Telefon?«

Seine Tochter antwortete: »Das ist Anna. Die mit dem anderen Papa. Ja.«

Nun hatte Anna Ruppert am Telefon: »Ah, guten Morgen, Anna, schön, dich zu hören. Wie geht es dir?«

»Na ja, dafür, dass irgend so ein Irrer hinter mir her ist, geht's mir eigentlich noch recht gut. Ja!«

»Oh, ich merke schon: Du hast bereits eine ganze Weile mit meiner Pet gesprochen.«

»Eigentlich noch nicht so lange. J... . Aber immerhin kenne ich schon Jacob und Pasquale und auch Betty, Mr. Stubs und Bobo. Ach, *kennen*: Das erinnert mich daran, warum ich eigentlich angerufen hatte!«

Aber Ruppert Weinberg konnte Anna nicht weiterhelfen. Auch er kannte die Adresse von Randy Filipowitz nicht. Da blieb ihr also im Augenblick nichts anderes übrig, als auf den Rückruf des Kommissars zu warten. Und sie war zum platzen gespannt, ob er ihre Vermutung bestätigen würde.

Aber immerhin konnte sie die Wartezeit fürs Erste recht angenehm bei einem ausgedehnten Frühstück verbringen.

Hätte Anna in diesem Augenblick gewusst, was dieser Mittwoch noch für sie bereithielt, der Appetit wäre ihr überaus gründlich vergangen.

2. Filipowitz und die Folgen

Randolph Filipowitz und Peter Alban waren in den Jahren ihrer Zusammenarbeit nicht unbedingt große Busenfreunde geworden. Ihre Kontakte waren selten über das berufliche Miteinander hinausgegangen. Allerdings waren sie während der Arbeit immer gut miteinander ausgekommen.

Peter hatte den guten Filipowitz immer für reichlich konservativ, um nicht zu sagen, für sehr spießig gehalten. Randolph war dagegen das unkonventionelle Verhalten, das Peter manchmal an den Tag legte, nie ganz geheuer gewesen. Aber respektiert hatten sie sich, sowohl menschlich als auch beruflich. Obendrein gehörten beide Mediziner damals, in der Hubertusklinik, einer einigermaßen seltenen innerbetrieblichen Fraktion an, nämlich gar keiner: Sowohl Peter als auch Randy dachten gar nicht daran, sich in irgendwelche kleinen Intrigen und Intrigchen hineinziehen zu lassen, wie sie in jedem größeren Betrieb am Köcheln sind. Dadurch hatten sie oft ungewollt eine Allianz gebildet, wenn es in der Hubertusklinik darum ging, irgendwelche Probleme und Streitfragen sachlich zu lösen – auch wenn ihre Motive dafür unterschiedlicher Natur waren: Randolphs Einstellung zu Ethik und Verantwortung hätte es ihm schwer gemacht, einen anderen als den geraden Weg zu gehen. Peter dagegen sah es einfach nicht ein, warum er auch nur eine winzige Menge seiner Kraft und seines Lebens für persönlichen Animositäten oder Eitelkeiten verschwenden sollte – weder für eigenen und schon gar nicht für die anderer.

Jedenfalls war Peter ehrlich erschüttert gewesen, als er vor ein paar Jahren von Randys Schlaganfall erfahren hatte. Auch Peters Gewissen hatte sich dabei zu Wort gemeldet: Ganz zaghaft hatte es angeklopft und wollte wissen, ob er nicht vielleicht eine winzige Mitverantwortung für den Schlaganfall haben könnte.

Er hatte nie mit Filipowitz darüber gesprochen, aber er wusste, dass es seinen Kollegen tief getroffen haben musste, als sich der vermeintlich tote Max Klinger auf dem OP-Tisch aufgesetzt hatte und wie ihm dann Kurt Kleinschmidt und er selbst auch noch den Rest gegeben hatten. Sicher, fachlich gesehen musste Klingers Hirn zu diesem Zeitpunkt bereits nur noch ein nutzloser Haufen grauer Zellen gewesen sein – was also kein allzu großer Unterschied zum vorherigen Zustand gewesen war. Aber das Ding, zu dem diese Zellen gehört hatten, das hatte noch gelebt. Und dieses lebende Etwas zu einem toten Etwas zu machen, um an seine Organe zu kommen, das dürfte kaum mit Randolphs moralischen Vorstellungen in Übereinklang zu bringen gewesen sein. Peter hatte sich sogar gefragt, ob Randy nicht vielleicht den Verdacht geschöpft hatte, dass an Klingers Tod durch *Selbstmord* eigentlich nur die zweite Silbe echt gewesen war. Randy, da war sich Peter sicher, wäre intelligent und sensibel genug gewesen, um etwas zu ahnen.

Und nun hatte Peter wieder ein schlechtes Gewissen wegen Randy – diesmal war es von der Art, wie es viele Menschen mit sich tragen: Es war das schlechte Gewissen der Marke *Ich-hätte-mich-ja-eigentlich-längst-mal-wieder-melden-müssen.* Und dieses Gefühl hatte Edda Filipowitz noch verstärkt. Randolphs Frau war am Telefon ganz schön überrascht gewesen, als Peter seinen Besuch angekündigt hatte. Doch das war noch nicht alles: Hinter dieser Überraschung war fast so etwas wie Feindseligkeit zu spüren gewesen.

Nur ein einziges Mal hatte Peter seinen ehemaligen Kollegen nach dessen Schlaganfall besucht. Das war kurz nach dem Anfall gewesen, Randolph hatte noch im Krankenhaus gelegen und kaum auf Peter reagiert. Ob sich Randolphs Zustand in den vergangenen Jahren wohl gebessert hatte? Und warum wollte er ihn eigentlich besuchen? Die Entscheidung zu dieser Reise hatte er mehr mit dem Gefühl als mit dem

Verstand getroffen. Irgendwie hing es vermutlich damit zusammen, dass nur noch sie beide von dem Operationsteam übrig geblieben waren, das sich damals Max' – nun ja – angenommen hatte. Wie schnell hatte sich ihr Team doch dezimiert: Karl – erschlagen. Roswitha – die Kehle aufgeschlitzt. Kleinschmidt – mit einem Fettabsauger gefoltert und erstickt. Sabine und ihre Familie – Peter würde die Bilder wohl nie aus dem Kopf bekommen, die ihm dieser Hauptkommissar Pauli gezeigt hatte.

Seine Arbeit hatte Peter schon lange genug vernachlässigt. Er hatte einiges zu tun gehabt, um den Verwaltungsrat der Hubertusklinik wieder einigermaßen zu beruhigen. Deshalb war Peter mit dem Nachtzug nach Hamburg gefahren, und auch für die Rückfahrt würde er einen Schlafwagen nehmen, so konnte er schon am Donnerstagmorgen einigermaßen ausgeschlafen wieder im Krankenhaus sein.

In Hamburg hatte er sich dann gleich einen Wagen gemietet. Die Familie Filipowitz wohne doch gut 60 Kilometer außerhalb der Stadt in einem Dorf in Schleswig-Holstein.

Kurz vor halb zehn erreichte Peter das geräumige Einfamilienhaus ganz am Rande des kleinen Dorfes, Direkt an das Haus schloss sich eine große Weide an, auf der eine Kuhherde wiederkäuend in der Sonne döste.

Soweit sich Peter erinnern konnte, war Edda Filipowitz mit ihrem Mann wieder in das Haus ihrer Eltern gezogen. Aber an der Klingel vor dem Tor zum Vorgarten stand jetzt nur noch der Name Filipowitz. Wie auch immer, die Familie der Frau schien nicht gerade arm zu sein: Peter blickte auf ein großes, weißes Haus mit zwei Stockwerken plus Dachgeschoss. Das Haus schien erst kürzlich gestrichen worden zu sein, denn der Rauputz strahlte geradezu. Die Fenster und die in einem Bogen nach oben abschließende Eingangstür waren mit rauen, unregelmäßigen Sandsteinplatten eingefasst, das hohe Dach mit Riedgras gedeckt.

Peter war doch ein wenig mulmig zumute, als er auf den Klingelknopf drückte. Durch die Gegensprechanlage an der Vorgartenpforte fragte eine Männerstimme: »Ja, bitte?«

»Hier ist Peter Alban aus Trier. Ich hatte vorgestern schon mit Frau Filipowitz telefoniert und meinen Besuch angekündigt.«

»Augenblick.« Mit einem »Klick« wurde der Hörer der Gegensprechanlage im Haus eingehängt. Ob das Randy gewesen war? Dann schien er ja zumindest seine Stimme wieder unter Kontrolle zu haben. Doch als nach gut vier Minuten die Haustüre aufging, trat ein gesunder, sportlich wirkender Mann heraus, den Peter noch nie gesehen hatte. Der Mann mochte etwa dreißig Jahre alt sein, trug eine legere, hellbraune Bundfaltenhose mit einem geflochtenen Ledergürtel, ein weißes, kurzärmeliges Sommerhemd und weiße Turnschuhe. Die dunkelblonden Haare waren fast zu einer Stoppelfrisur geschoren, und auf der schmalen Nase in dem schmalen Gesicht saß eine kleine, modische Brille mit rechteckigen Gläsern in einem rötlichen Rahmen. Soweit war das alles ja noch normal. Was Peter allerdings beunruhigte, war die großkalibrige Pistole, die der Mann im Gürtel stecken hatte und dazu die Tatsache, dass seine rechte Hand locker auf dem Kolben der Waffe lag.

Am Gartentor angekommen fragte der Mann: »Können Sie sich ausweisen?«

Peter fiel ein Stein vom Herzen. Natürlich! Er wusste doch, dass Filipowitz unter Personenschutz stand. Vorsichtig zog er seine Brieftasche aus der Innentasche seines leichten, hellgrauen Leinenjacketts, fischte seinen Ausweis heraus und gab ihn dem jungen Pistolenträger, der ihn eingehend studierte.

Schließlich gab er ihn zurück, öffnete die Gartentüre und bat: »Kommen Sie rein, Herr Alban. Mein Name ist Berlinger. Oberwachtmeister Berlinger. Soweit mir bekannt ist, sind Sie mit dem Fall vertraut und werden verstehen, dass wir sehr vorsichtig sind. Man möchte ja nicht unvorbereitet einem Serienkiller gegenüberstehen.« Auf dem Weg zur Haustür ließ Berlinger auch noch ganz beiläufig einfließen: »Ich habe auch schon meine Dienststelle informiert, dass Sie angekommen sind.«

Offensichtlich waren sie hier wirklich sehr vorsichtig.

In der Eingangsdiele wurde Peter von Edda Filipowitz erwartet. Er erkannte sie nicht wieder, und das lag nicht daran, dass er ihr früher nur ein paar Mal begegnet war. Peter hatte Edda als kräftige, aber wohlproportionierte Frau in Erinnerung. Die Frau, der er jetzt gegenüberstand, wirkte fast mager. Von dem dunklen Braun, das ihre Haare einmal hatten, war nichts mehr zu sehen. Nun war ihr Haar, das glatt und schmucklos bis zu den Schultern reichte, uneinheitlich grau und von ein paar dünnen, weißen Strähnen durchzogen. Wenn Peter richtig rechnete, dann dürfte Edda die Fünfzig eigentlich noch nicht überschritten habe, sie wirkte aber eher, als ginge sie auf die Sechzig zu. Viele kleine Falten zogen sich durch das schmale, blasse Gesicht. Überhaupt schien alles an der Frau schmal zu sein: Die Nase, die Lippen, die Augenbrauen, Arme und Beine, die Füße in den hellbraunen Leinenschuhen, Hände und Finger und auch der ganze Körper, der in dunkelblauen Flanellhosen und, trotz der Sommertemperaturen, in einer dunkelgrünen Strickjacke steckte. Nur diese dunklen Augen passten irgendwie nicht zu der Gesamterscheinung; sie waren groß und rund, in ihnen schien noch mehr Leben zu wohnen als im ganzen Rest der kleinen Gestalt. Und diese dunklen, großen, runden Augen musterten Peter sehr intensiv.

So intensiv, dass sich Peter schon unbehaglich zu fühlen begann – was vermutlich auch beabsichtigt war –, bevor ihn Edda Filipowitz begrüßte: »Ja, ich bin alt geworden, Doktor Alban. Wir haben uns sehr lange nicht gesehen.«

War ihm seine Überraschung so sehr anzusehen gewesen? Peter versuchte sich herauszuwinden: »Guten Tag, Frau Filipowitz. Wir sind alle nicht jünger geworden.«

Edda bat ihn nicht, weiter ins Haus zu kommen, sondern wollte wissen: »Was verschafft uns denn nach all den Jahren die Ehre Ihres Besuchs?«

Peter musste aufpassen. Weniger wegen Edda, sondern vor allem, weil sich Hauptwachtmeister Berlinger hinter ihr aufgebaut hatte und ganz unverhohlen zuhörte.

»Ehrlich gesagt, ich wäre froh, wenn ich das selbst mit absoluter Sicherheit wüsste«, begann Peter, »aber Sie wissen ja, dass irgendein Wahnsinniger neben anderen Menschen auch schon mehrere Mitarbeiter der Hubertusklinik umgebracht hat. Dabei scheint er es besonders auf ein Operationsteam abgesehen zu haben, das vor über sechzehn Jahren ...«

»Ja«, winkte Edda ab, »die Geschichte kenne ich inzwischen.«

»Dann wissen Sie ja auch, dass ihr Mann und ich die letzten Überlebenden aus diesem OP-Team sind. Und ich möchte mit ihm sprechen, weil ich ..., na, ich will Sie nicht beunruhigen, aber ich weiß nicht, wie lange wir überhaupt noch miteinander sprechen können. Und immerhin besteht ja die Möglichkeit, dass wir, wenn wir darüber reden, doch noch darauf kommen, warum irgendwer wegen der Ereignisse von damals diese ganzen Wahnsinnstaten begeht.«

»Aber die Polizei hat schon ausführlich mit meinem Mann gesprochen. Und das war alles recht anstrengend für Randolph.«

Verzweifelt erklärte Peter: »Ja, sicher, mir ist klar, dass Randolph schon vernommen wurde. Aber nur von der Polizei, – entschuldigen Sie, Herr Berlinger –, doch er hat weder mit einem Fachmann aus seinem Metier gesprochen, noch mit einer Person, die selbst in dem ganzen Schlamassel mit drin steckt. Ich bin beides. Vielleicht hat die Polizei ja die falschen Fragen gestellt oder richtige Antworten falsch interpretiert? Ich weiß es natürlich nicht. Und vermutlich kann ich ja wirklich nichts Neues herausfinden. Aber ich möchte es wenigstens versuchen. Bitte.«

Edda Filipowitz sah ihn weiter schweigend an, da fügte Peter noch hinzu: »Immerhin besteht auch eine kleine Chance, weiteres Morden zu verhindern. Lassen Sie mich mit ihm reden.«

Edda sah Peter noch weitere zehn Sekunden wortlos an, Peter starrte zurück, dann schien ein winziger Ruck durch die Frau zu gehen, und sie meinte: »Nun gut, ich war schon lange nicht mehr in Hamburg, in Ruhe einkaufen. Sie werden Randy heute Gesellschaft leisten, ich komme irgendwann am späten Nachmittag wieder. Kommen sie mit.«

Während Peter, gefolgt von Berlinger, den langen Flur hinter Edda herging, sagte er: »Es tut mir leid. Auch, dass ich mich erst jetzt wieder gemeldet habe.«

Edda warf einen kurzen Blick über ihre Schulter zurück, sagte aber nichts. Sie gelangten in ein großes, mit antiken Möbeln eingerichtetes Wohnzimmer. Statt mit Tapeten waren auch hier im Innenraum die Wände mit grobem Rauputz bearbeitet. Offenbar stand Edda, oder wer auch immer den Raum ausgestattet hatte, auf Rustikal: Zwei Eisenlüster baumelten zwischen dunklen Deckenbalken herab, und der Fußboden bestand aus einfachen Buchenholzdielen. Zwei Gegenstände stachen sofort ins Auge, weil sie nicht sonderlich zu den ganzen alten Möbeln passten: Ein mittelgroßes Aquarium in einer Ecke des Zimmers und ein elektrischer Rollstuhl, der direkt neben der Tür an der Wand stand. Der Rollstuhl war leer, aber mit dem Rücken zu Peter saß ein Mann in einem hohen, geschnitzten Stuhl an einem großen bretonischen Holztisch. Der Mann schien mit irgendetwas zu hantieren, denn ein hölzernes Klappern war vom Tisch her zu hören.

Edda trat neben den Mann und sagte: »Doktor Alban ist jetzt hier«, es hörte sich so an, als hätte sie es keinen Augenblick ernsthaft in Erwägung gezogen, dass sie Peter vielleicht nicht zu ihrem Mann vorlassen würde, »ich werde mal wieder nach Hamburg rein fahren, ein paar Besorgungen machen. Herr Alban wird dir solange Gesellschaft leisten.«

Dann drückte sie dem Mann einen schnellen Kuss auf den Kopf, warf Peter und Berlinger noch ein kurzes, aber nicht unfreundliches »Bis später« zu und verließ das Zimmer.

Erst jetzt trat Peter um den Tisch herum, und er hoffte, dass sein Adamsapfel nicht allzu sehr hüpfte. Ja, das war Randy – irgendwie. Und irgendwie auch wieder nicht. Seltsam, seine schlichte, recht kurz gehaltene Frisur hatte sich in all den Jahren nicht geändert. Auch hatte er immer noch sein volles, braunes Haar. Das Gesicht darunter war ein wenig aufgedunsen, aber immer noch waren Randys Gesichtszüge darin zu erkennen, auch wenn die vollen Lippen auf der linken Seite ein wenig schief nach unten hingen. Besonders die Nase war unverkennbar: Genau über ihre Kuppe lief eine kleine Narbe von oben nach unten; soweit sich Peter erinnern konnte, hatte ihm Randy einmal erzählt, dass er die Narbe einem Sturz vom Fahrrad in seinen Kindertagen zu verdanken hatte. Ein gutes Stück fülliger war Randy allerdings geworden. Er trug ein weißes Hemd, die drei oberen Knöpfe offen und die Ärmel hochgerollt.

Aber was *machte* er da? Vor sich hatte er ein buntes, hölzernes Kinder-Steckspiel liegen. Unbeholfen hantierte er damit herum und versuchte gerade, mit der linken Hand ein oranges, dreieckiges Klötzchen in die dafür vorgesehene Öffnung zu schieben. Peter befürchtete plötzlich, Randys Schlaganfall könnte so heftig gewesen sein, dass er ihn dauerhaft auf den Wissensstand eines Kleinkindes zurückkatapultiert hatte.

Doch dann sah Randy kurz auf, verzog seine rechte Gesichtshälfte – was ein Grinsen sein konnte oder auch nicht – und meinte mit einem deutlichen Nuscheln: »Hanno ... H... Hallo, Peter. Augenblick noch. Gehört tschur Therapie.«

Mit konzentriertem Gesicht, dass ein winziges bisschen hin und her wackelte, drehte er das Klötzchen mit zitternder Hand so lange über der Öffnung hin und her, bis es klickend in seine Halterung rutschte. »Scho, für heut langtsch«, sagte er dann aufatmend und streckte Peter über den Tisch hinweg die rechte Hand entgegen.

Peter freute sich, dass diese Bewegung recht zügig und der Händedruck ziemlich fest war.

Randy erklärte: »Um einesch gleich klarschuschtellen«, dann begann er sehr langsam zu sprechen, wodurch das Nuscheln merklich nachließ, »ich hatte Glück im Unglück: Meine linke Seite hat es ordentlich erwischt, und das Sprachtschentrum. Na ja, merkst Du ja. Aber sonst sitzt in meinem Oberstübchen noch alles einigermaßen beisammen. Ein paar Sachen waren zwar weg gewesen, aber das habe ich nochmal gelernt. Also: Sprich mit mir gantsch normal, das ist mir am liebsten.«

Das war wirklich Randy. Peter erinnerte sich gut, wie sein Kollege immer alles offen und direkt angesprochen hatte.

Peter nickte: »Geht klar.«

Und dann musste Peter lange erzählen: Von Karl Palusky und Roswitha Zapf, von der Hubertusklinik und wie sich Saarfurth verändert hatte und natürlich von sich selbst und seiner Familie. Nur einmal unterbrach Randolph das Gespräch, um die Goldfische zu füttern.

»Gehört auch zur Therapie, – dass ich mich um was kümmern muss. Wie findest Du mein Aquarium?«

»Ehrlich gesagt: Wenn sie nicht gebraten auf meinem Teller liegen, dann kann ich mit Fischen nicht sonderlich viel anfangen.«

»Ehrlich gesagt, ich auch nicht.«

Mühsam, aber ohne Stützen war Randolph zum Aquarium hinübergehinkt, um etwas Trockenfutter in das Becken zu kippen. Zurück an seinem Platz, hatte er nach einem: »Mann, das Zeug stinkt vielleicht«, das Gespräch gleich wieder aufgenommen. Berlinger war manchmal bei ihnen gesessen und hatte sich sporadisch an der Unterhaltung beteiligt, dann war er wieder um oder durch das Haus patrouilliert. Um die Mittagszeit hatte Peter auf Randys Anregung hin für alle drei das Essen aus der nahegelegenen Dorfschenke herüberkommen lassen.

Viel war bisher geredet worden, aber das Thema, das Peter am meisten interessierte, hatte weder er noch Randolph angesprochen.

*

In Saarfurth, Starweg 7, klingelte das Telefon. Hätte Anna bloß geahnt, dass der Hauptkommissar sie gerade jetzt zurückrufen würde. Doch so hatte sie nur wenige Augenblicke zuvor das Haus verlassen, um auf einen Sprung zu Spock hinüber zu gehen. Heike hatte bald Geburtstag, und Anna wollte mit Patrick beratschlagen, was sie ihrer Freundin schenken könnten.

Heike, ein wenig kleiner als Anna, aber durch ihr seit dem achten Lebensjahr betriebenes Schwimm-Training und ihre Mitgliedschaft in der Jazz-Dance-AG muskulöser und mit breiteren Schultern, hatte sich während des ganzen Ärgers der vergangenen Monate als Annas beste Freundin erwiesen. Neben ihr gab es eigentlich nur noch Roland, der sich von seiner Angst nicht unterkriegen ließ. Dabei war Annas Klassenkamerad, ein Junge mit braunen, derzeit etwas zu langen und ungebändigten Haaren, eigentlich so etwas wie der Klassenclown gewesen. Heike hatte gewusst, dass

Roland sie *mochte*, und sie hatte ihn ja auch lustig und nett gefunden – mehr aber nicht, zumal er sogar ein paar Zentimeter kleiner und ein paar Monate jünger als sie war. Doch während ihrer nicht ganz freiwilligen Abenteuer hatte Heike gemerkt, dass mehr in dem Jungen steckte, als es den Anschein hatte – und was sie hinter dem Unsinn, den der Kerl manchmal machte, entdeckt hatte, das gefiel ihr ... So waren inzwischen auch Heike und Roland ein Paar.

Das Roland nun im siebten Himmel schwebte, konnte Anna gut verstehen, wenn sie an Heike dachte: Das Mädchen mit dem glatten, an einen Pagenkopf erinnernden Kurzhaarschnitt – allerdings waren die braunen Haare zum Hinterkopf hin leicht abgeschrägt – hatte ein offenes, meist ungeschminktes Gesicht mit großen braunen Augen und der Andeutung von Pausbäckchen. Das konnte darüber hinwegtäuschen, dass sie bei Problemen nicht so schnell klein bei gab und sich auch von großen Gefahren – wie etwa frei herumlaufende Mörder – nicht davon abhalten ließ, zu ihrer Freundin zu stehen.

Anna wollte sich also besondere Mühe mit dem Geburtstagsgeschenk geben, war jetzt bei Patrick, und so war es Tommy, der das Telefongespräch entgegen nahm.

»Hallo, Bursche«, begrüßte ihn der Hauptkommissar, »kannst Du mal deine Schwester holen? Sie wollte, dass ich zurückrufe.«

»Oh, tut mir leid, Sie haben sie gerade verpasst, und wohin sie gegangen ist, weiß ich auch nicht.«

»Kannst Du mir denn sagen, warum sie die Telefonnummer von Herrn Filipowitz haben wollte?«

»Ich glaube, sie wollte den Doktor, also, Doktor Alban etwas fragen, und der ist gerade dort zu Besuch.«

»Und was wollte Anna so dringendes vom Doktor wissen?«

»Hat sie mir auch nicht gesagt.«

Pauli überlegte, ob er die Telefonnummer trotzdem herausrücken sollte, aber schaden konnte es ja eigentlich nichts: »Gut, hast Du was zum Schreiben? Dann notier dir die Nummer, aber richte Anna aus, dass sie mich anrufen soll.«

Dann diktierte er Tommy die Telefonnummer.

Es wäre ihm nicht im Traum eingefallen, dass er damit, als Glied in einer Kette von Ereignissen, die Ermittlungen viel weiter voran trieb als in all den wochenlangen Untersuchungen, die er bisher geführt hatte.

*

Nach dem Essen hatten sie sich noch etwas unterhalten, dann hatte Randolph höflich aber bestimmt darauf bestanden, mit Peter unter vier Augen zu sprechen, doch machte er Berlinger das Zugeständnis, dass er sich mit Peter in den kleinen Gartenpavillon zurückziehen würde, den der Polizist von einem bequemen Terrassensessel aus im Auge behalten könnte. Das filigrane, achteckige Bauwerk mit dem spitzen Strohdach bot innen gerade Platz für eine umlaufende Bank und einen runden, durchbrochenen, schmiedeeisernen Tisch.

Randolph ließ sich schwer auf eines der bunten Sitzpolster sinken, die auf der Bank verteilt waren, Peter nahm ihm gegenüber Platz. Randolph verschnaufte einen Moment, dann brach er das Schweigen mit dem Satz: »Wir hätten es nicht tun dürfen.«

»Du hast recht. Und Du hast nicht recht. Es wäre schön, wenn man immer eindeutig sagen könnte, was richtig und was falsch ist. Natürlich war es illegal, das Kind einer anderen Familie unterzuschieben. Natürlich war es falsch, eine nicht genehmigte Organentnahme durchzuführen. Und ich gebe zu, es war nicht nur rechtlich gesehen falsch, es war auch moralisch wie ethisch nicht richtig gewesen. Aber das Mädchen *lebt*. Und wie lebendig sie ist.«

»Du hascht schie ..., Du hast sie getroffen?«

»Oh ja, erst kürzlich. Und glaub mir: Es ist wunderbar, dass sie lebt. – Ihre neue Familie hält zu ihr, genauso, wie sie zu ihrer Familie hält. Sie ist gerade erst Siebzehn geworden, und sie ist ein verdammt mutiges Ding. Außerdem ist sie ..., sie ist ..., ich weiß gar nicht, wie ich es sagen soll ... . Sie ist *gut*, wenn Du verstehst, was ich meine. Ja, wir haben damals eine Schuld auf uns geladen. Besonders ich habe das getan. Aber wenn wir es nicht getan hätten, dann wäre Anna gestorben und hätte nie die Chance bekommen, zu dem zu werden, was sie heute ist. Und glaube mir Randolph: Die Welt wäre ärmer.«

Randolph verzog sein Gesicht, und diesmal war es Peter klar, dass es wohl tatsächlich ein Lächeln sein sollte, als sein ehemaliger Kollege entgegnete: »Du scheinst die Kleine ja mächtig in dein Herz geschlossen tschu haben, wasch?«

Peter nickte ernst: »Ja. Ja, das habe ich wohl tatsächlich. Ich war eigentlich nur einen Tag bei den Silvans, aber das hat genügt, um mich zu überzeugen, dass wir unser Gewissen nicht umsonst belastet haben.«

Randolph sah Peter nachdenklich an und wollte schließlich wissen: »Ob es wohl möglich ist, dass ich sie auch einmal kennenlerne?«

»Ich wüsste nicht, was dagegen sprechen sollte. Ich hoffe, die Polizei erwischt diesen Verrückten bald. Danach, wenn Du willst, werde ich Anna bitten, dass wir dich besuchen. Sie wird nichts dagegen haben.«

»Ja, das wäre schön«, seufzte Randolph. »Wenn Du wüsstest, wie oft ich früher mit dem Gedanken gespielt hatte, mein Gewissen zu erleichtern, zur Politschei tschu gehen und alles zu erzählen. Aber dann musste ich immer an dieses Mädchen denken, das ich gar nicht kenne, und was für ein Schock es für sie und ihre Familie sein müsste, wenn sie die

Wahrheit erfahren würden, – über ihre Herkunft und über die Umstände ihrer Rettung.

Scha, der Fall hat mich wirklich sehr beschäftigt. Ich habe damals auch alles gesammelt, jede Kleinigkeit, die ich in Erfahrung bringen konnte, sämtliche Unterlagen aus der Klinik. Und auch als Gras über die Sache gewachsen war, ging sie mir nie völlig aus dem Kopf. Dann hatte ich meinen Schlaganfall und war mit meinen eigenen Problemen beschäftigt. Und dann, weißt Du, es klingt vielleicht seltsam, aber dann bin ich irgendwie ruhiger, vielleicht sogar abgeklärter geworden. Du erinnerst dich sicher, dass ich früher oft ziemlich nervös und angespannt war? Nun, das zumindest bin ich heute nicht mehr. Aber die Antwort auf *eine* Frage, die möchte ich gerne auch heute noch wissen. Eine Antwort, die ich nie mit Sicherheit herausgefunden habe, trotz all der gesammelten Daten.«

Randolph sah Peter in die Augen, und das leichte Wackeln seines Kopfes, das wieder eingesetzt hatte, verriet seine Anspannung: »Schei ehrlich: Der Schprung ..., der Schelbschdmord von Max Klinger. War dasch wirklich ein Schelbschdmord?«

Peter setzte zum Sprechen an, wollte eine Lüge hervorbringen, zögerte und meinte schließlich: »Randolph, angenommen, es war kein Selbstmord und ich würde dir sagen, was wirklich geschehen ist, dann würdest Du zum Mitwisser werden. Und gerade hast Du gesagt, dass es schon wegen der illegalen Organentnahme schwer für dich war, nicht zur Polizei zu gehen. Ich weiß, Du hast eine andere Einstellung dazu, aber ich ... ich will mich nach all den Jahren nicht für *etwas* verantworten. Ich wäre nicht bereit, wegen Klinger mir und meiner Familie irgendetwas aufzubürden. Also werde ich deine Frage nicht beantworten.«

Noch langsamer als er ohnehin schon sprach, entgegnete Randolph: »Du hast mir die Frage gerade beantwortet. Ich wünsche dir, dass Du damit leben kannst. Und ich wünsche dir, dass Du damit irgendwann auch sterben kannst. Ich wünsche dir, dass dir vergeben wird. Aber ich weiß es nicht. Der Zweck heiligt nicht immer die Mittel. Ich weiß es nicht ...«

Es dauerte eine ganze Weile, bis Peter schließlich entgegnete: »Was auch immer ich auf mich genommen habe: Wenn Anna *jetzt* noch etwas passiert wegen der damaligen Ereignisse, dann wäre alles umsonst gewesen. Also lass uns über die Vorgänge von damals reden und gemeinsam all die Daten durchgehen, die du gesammelt hast. Vielleicht entdecken wir ja etwas.«

»Da gibt esch allerdings ein Problem.«

»Und das wäre?«

»Als wir hierher getschogen sind, damals lebten Eddas Eltern noch, haben wir all meinen Bürokram auf den Speicher verbannt. Und da oben ist er immer noch. Einschließlich einer alten, braunen Ledermappe, in der alle Unterlagen stecken, – dasch hoffe ich zumindescht, denn wo die Mappe genau gelandet ist, kann ich wirklich nicht sagen. Mein Schwiegervater hatte damals ein paar Jungs aus dem Dorf gebeten, allesch auf den Speicher zu räumen, – ich selbst konnte ja nicht.«

»Und jetzt?«

»Nun, dann müssen wir eben schuchen. Du und Berlinger, ihr müsse mir helfen, auf den Speicher schu kommen.«

*

»Na gut, na gut, Du hast gewonnen. Dann eben das Armband.« Spock hatte halb belustigt, halb entnervt aufgegeben. Anna konnte ganz schön zäh sein. Sie hatte sich an ein Armband erinnert, dass ihr in einem Krims-Krams-Laden in der Stadt aufgefallen war – es würde auch Heike gefallen.

Spock hatte aber zunächst nicht so gezogen. Er war eher dafür gewesen, ihrer gemeinsamen Freundin ein Kochbuch zu schenken, das sie mal interessiert durchgeblättert hatte, als sie gemeinsam durch verschiedene Läden gestreunt waren.

Anna hatte die Augen verdreht, den Kopf geschüttelt und gemeint: »Uuuh – ein Kochbuch! Als Geburtstagsgeschenk! Für ein Mädchen! So was kann nur einem männlichen Homo Sapiens einfallen. Ach was sag ich: einem Neandertaler!«

Und schon war der schönste Streit im Gange, über Kochbücher im speziellen und Chauvinismus im Allgemeinen, sowie ganz besonders über den Chauvinismus eines anwesenden Pseudo-Vulkaniers. Doch schließlich hatte Anna ihr hinterhältigstes Augenklimpern eingesetzt, und dem hatte Spock noch nie widerstehen können. Also erklärte er sich einverstanden mit dem Armband, allerdings nur unter der Bedingung, dass er einen Kuss bekommen würde, was jedoch (»Na meinetwegen, wenn's halt unbedingt sein muss«) kein allzu großes Opfer für Anna war.

Fünf Minuten später riss sie sich wieder von Patrick los und meinte etwas kurzatmig: »Aber jetzt muss ich doch noch mal zu Hause vorbeischauen. Vielleicht hat sich der Kommissar inzwischen gemeldet, wegen der Nummer von diesem Filipowitz.«

»O.k., o.k.«, entgegnete Spock mit leicht rotem Kopf, »aber mach dir besser keine zu großen Hoffnungen: Selbst wenn Du mit deiner Vermutung recht hast, dann glaub' ich eigentlich nicht, dass Doktor Alban nach all den Jahren noch irgendwelche Einzelheiten weiß. Aber eine kleine Chance ist es immerhin. Sag mir gleich Bescheid, falls Du etwas herausfindest.«

Patrick brachte Anna noch bis vor die Haustüre.

Mit einem Blick zum Himmel meinte er: »Du wirst es wohl noch trocken nach Hause schaffen, aber ich glaube, da zieht sich ein ganz hübsches Gewitter zusammen.«

3. Das Unwetter

Lars war noch in der Kanzlei, Kathrin hatte ein Treffen mit ihren Freunden von *Shakespeares Waisenkinder*, einer Amateurtheatergruppe, für die sie oft die Gestaltung der Bühnenbilder übernahm. So war nur Tommy im Haus, als Anna heim kam. Ihr Bruder genoss heute einen langweiligen Tag. Die Beine über der Seitenlehne, hing er quer in einem der Wohnzimmersessel und sah sich einen Kinderfilm an, den er vor zwei Wochen mit dem Videorekorder aufgezeichnet hatte. Anna glaubte, *Ronja Räubertochter* zu erkennen.

Sie fragte: »Sag mal, hast Du die Polster von den Liegestühlen weggeräumt? Wir dürften bald ein anständiges Gewitter bekommen.«

»Hm?«, nur ungern ließ sich Tommy davon ablenken, wie Ronja gerade von den Graugnomen bedrängt wurde; er nuschelte: »Nö, darfst Du machen.«

»Na prima. Kleine Brüder sind schon 'ne Wucht – fast so notwendig wie Sodbrennen.«

Dann ging sie selbst auf die Terrasse, um die Polster in die Garage zu bringen. Die trockene Hitze des Vormittags war einer feuchten, schwülen Hitze gewichen. Als Anna zurück ins Haus ging, hörte sie in der Ferne ein leise grummelndes Donnern.

Sie fragte Tom: »Hat jemand für mich angerufen?«

»Hm? Ja, der Pauli, der hat 'ne Nummer für dich dagelassen.«

»Jassas«, Anna verdrehte die Augen, »hättest Du das nicht gleich sagen können?«

»Ne«, Tommy warf ihr schnell ein freches Grinsen zu, »wenn Du gleich telefoniert hättest, dann hätte ja *ich* die Polster ins Trockene bringen müssen.«

»Warte, das werde ich dir noch heimzahlen«, drohte Anna, während sie in die Diele ging.

Auf dem Schreibblock, der immer auf dem Telefontischchen lag, stand ganz dick »Filipowitz«, dann folgte die Telefonnummer. Was allerdings fehlte, war das Telefon.

»Tommy!«, schrie Anna Richtung Wohnzimmer, »wo in Drei-Teufels-Namen hast Du das Telefon hingeschusselt?«

»Schrei doch nicht so«, brüllte Tommy zurück, »ich hab's hier im Wohnzimmer.«

Also riss Anna das oberste Blatt von dem Block, ging wieder zurück, entdeckte das gesuchte Objekt neben der Couch auf dem Boden, wo es eine zweite Einsteckbuchse für das Kabel gab, und murrte: »Warum kannst Du eigentlich das Telefon nie an seinen Platz zurück stellen?«

»Ja mein Gott, wie soll ich denn sonst mit meinen Kumpels telefonieren und gleichzeitig fernsehen? Soll ich vielleicht den Fernseher in die Diele schleppen?«

Wieder einmal verdrehte Anna die Augen, dann setzte sie sich und wählte. Sie musste ziemlich lange warten und wollte gerade enttäuscht aufgeben, als sich schließlich doch noch eine männliche Stimme ein wenig außer Atem meldete: »Hier bei Filipowitz.«

Diese Stimme kannte sie doch? Anna erwiderte: »Guten Tag, hier ist Anna Silvan. Sind Sie's, Herr Alban? Da habe ich es ja mal richtig getroffen.«

Überrascht kam es zurück: »Anna? Wie hast Du mich hier gefunden? Übers Krankenhaus und über Pauli, nehme ich an? Na so was. Da muss es ja mächtig wichtig sein?«

»Es *kann* wichtig sein«, kam Anna gleich zur Sache: »Mir ist etwas eingefallen. Etwas, das Sie gesagt hatten, als Sie davon berichteten, wie Max Klinger im Operationssaal noch einmal zu sich gekommen ist. Sie haben erzählt, wie sich einer Ihrer Kollegen, ich glaube, Kleinschmidt war es, auf Klinger stürzte, der bereits auf dem Boden lag. Und dabei sei ein Auge von Klinger *zerstört* worden, richtig?«

»Ja, aber warum …«

»Und dann haben Sie gesagt, sie hätten später nur noch ein Auge von Max *an die Augenbank* schicken können. *Augenbank*: Ist es das, was ich glaube? Da werden Augen von Organspendern gesammelt, die noch, na ja, irgendwie zu verwerten sind?«

»Ja, genau. Vor allem für Netzhaut-Transplantationen. So eine Netzhaut lässt sich relativ lange aufbewahren.«

Annas Herz klopfte bis zum Hals, als sie fortfuhr: »Heißt das auch, da Sie schon Klingers Auge verwertet haben, dass Sie noch mehr Organe, vielleicht alles, was möglich ist, für Transplantationen freigegeben haben? Nicht nur…, Sie wissen schon, meine Niere?«

»Aber selbstverständlich. Oh!« Kurz herrschte Schweigen, dann fuhr Peter langsam fort: »Ich glaube, ich weiß, worauf Du hinaus willst. Aber das kann nicht sein! Nun, auf jeden Fall wäre es mir niemals in den Sinn gekommen, es *nicht* zu tun. Wenn ich schon eine illegale Organentnahme durchzog und dafür gesorgt hatte, dass ein Spenderausweis auf den Namen Klinger gefälscht wurde, ja wenn ich sogar *getötet* hatte, dann sollte es sich auch rentieren. So konnte wenigstens der tote Klinger den Menschen helfen. Du glaubst ja gar nicht, wie viele Teile eines Menschen medizinisch verwertet werden können. Ich habe dir mit einer seiner Nieren geholfen und in irgendwelchen anderen Krankenhäusern, irgendwo in Deutschland oder den Benelux-Staaten, haben andere Ärzte anderen Patienten mit Teilen aus Klingers Körper geholfen, Leiden gelindert, Krankheiten und Verletzungen geheilt oder sogar Leben gerettet.

Ganz abgesehen davon: Hätte ich damals nur die Niere entnommen und die ganze Geschichte wäre genauer untersucht worden, dann wäre doch sofort die Frage aufgekommen, warum wir uns wohl trotz vorliegendem Organspendeausweis ausschließlich auf die Niere konzentriert hätten. Und ehrlich gesagt, wäre es mir nie in den Sinn gekommen, auch nur ein Organ ungenutzt zu lassen, wo es doch ohnehin viel zu wenige Organspender gibt. Wieso also hätte ich verzichten sollen?«

Anna antwortete sachte: »Nun ja, vielleicht deshalb, weil jetzt in irgendeinem Menschen noch genug von Max Klinger steckt, um die Leute heimzusuchen, die den echten Max getötet haben. Die Leute, denen er die Schuld an seinem Untergang gibt. In erster Linie ich, – das schreiende Balg, das ihm so auf die Nerven ging und das schließlich, aus seiner Sicht, die Ursache für seinen Tod war.«

Anna konnte fast durch das Telefon sehen, wie Peter ungläubig den Kopf schüttelte. Schließlich sagte er nur ein Wort: »Unmöglich« – aber er sagte es nicht mit einem Ausrufezeichen, ja fast schien es Anna, als habe er es mit einem Fragezeichen versehen. Sie erklärte: »Ein paar Dinge, die mir passiert sind, die hatte ich Ihnen noch nicht erzählt, eben weil Sie nicht daran geglaubt hätten. Aber eines kann ich Ihnen garantieren: An dieser ganzen Geschichte ist überhaupt nichts unmöglich. Natürlich konnten Sie das damals nicht wissen – woher sollten Sie auch?«

»Nein, Anna, tut mir leid, das kann wirklich nicht sein.«

»Na schön, vielleicht können Sie ja dann damit leben: Stellen Sie sich vor, da ist ein Mann, der ohnehin schon gegen die Schleuse geschwommen ist ...«

»*Was?*«

»... ah, ich meine, ein Mann, dessen Geist ohnehin nicht ganz klar ist. Der psychisch labil ist und der vielleicht auch zu Gewalttaten neigt. Jetzt stellen Sie sich vor, dieser Mann bekommt ein neues Organ und erfährt durch irgendeinen dummen Zufall, wer der Spender ist: Max Klinger, der als Totschläger durch die Presse geisterte. – Als Totschläger, der seine eigene Tochter umgebracht hat. Unser Mann entwickelt nun eine fixe Idee, stellt ein paar Nachforschungen an, findet tatsächlich ein paar Sachen heraus und dreht sich in seinem wirren Kopf alles so hin, wie er es braucht. Und dann beginnt das Morden. Na, immer noch unmöglich?«

»Hm, die Chance auf einen Sechser im Lotto ist größer.«

»Mag ja sein, aber seit es die Lottogesellschaften gibt, sind ja wohl schon etliche Tausend Sechser ausgespielt worden, oder?«

Peter hmste wieder, bevor er entgegnete: »Also, ich glaube nicht daran. Aber da wir praktisch keine Spuren haben, will ich es als eine Art Arbeitshypothese durchgehen lassen.«

Anna entgegnete: »Nur um das klarzustellen: So, wie ich es gerade erzählt habe, *so* glaube ich auch nicht dran. Nur was ich wirklich denke, würden Sie absolut nicht glauben. Ich wollte Ihnen nur eine, wie Sie's so schön sagen, *Hypothese* liefern, damit wir ein wenig weiter in diese Richtung gehen können.«

»Und wie?«, wollte Peter wissen.

»Tja, wir müssten jetzt natürlich wissen, wer die Empfänger der Organe waren.«

»Das wird nach all den Jahren sehr, sehr schwierig, wenn nicht unmöglich sein. Zumal die zentrale Koordinationsstelle für Transplantationen innerhalb Europas ihren Sitz in den Niederlanden hat.«

»Aber in jeder Klinik muss es doch so etwas wie einen Verbindungsmann geben, der dafür sorgt, dass Spender-Daten an diese Zentralstelle weitergeleitet werden?«

»Verbindungsmann? Na ja, so könnte man es nennen. *Oh*!«

»Was?«

»Der Verbindungsmann, damals ...«

»*Was?*«

»Das war Randy.«

»Was!«

*

»Pass auf«, sagte Peter , »Randy hat mir erzählt, dass er damals viele Unterlagen über den ganzen Fall gesammelt hat. Ob er an die Namen der Organempfänger gekommen ist, kann ich im Augenblick nicht sagen – mach dir mal lieber keine großen Hoffnungen. Jedenfalls scheinen seine Unterlagen noch zu existieren. Das Dumme ist: Wir wissen nicht genau, wo. Wir suchen schon fast eine Stunde auf dem Speicher nach dieser verflixten Aktenmappe. Sollten wir was finden, dann rufe ich dich sofort zurück. Bist Du zu Hause?«

»Ja, und ich werde mich nicht vom Telefon weg rühren, bis Sie zurückgerufen haben.«

Peter wollte sich schon verabschieden, doch Anna warf ein: »Augenblick. Eines noch, ich tippe ...«

»Ja?«

»O.k. Vielleicht halten Sie mich ja für verrückt, aber falls meine Theorie stimmt: Ich tippe auf das Herz.«

Peter antwortete nur mit einem »Hm« und einem leisen: »Sollte mich wundern, wenn die Pumpe überhaupt so lange gehalten hat«, dann verabschiedete er sich und stieg nachdenklich wieder auf den Speicher.

Randy empfing ihn mit dem, was Peter inzwischen als ein Grinsen identifiziert hatte und dazu mit den Worten: »Ha, wasch hatsch denn scho lange gedauert? Wollteschtdich wohl drücken, wasch?«

Peter hatte den Eindruck, dass es Randy Spaß machte, auf dem Speicher zu sitzen, in alten Sachen zu wühlen und sich anständig schmutzig zu machen, sein Hemd war zumindest nicht mehr allzu weiß. Beim Herumstöbern, Kramen und Möbelrücken – es war ein großer Dachboden – konnte er zwar nicht viel helfen, aber er hatte sich mitten im Speicher auf dem Boden niedergelassen, und Peter und Berlinger brachten ihm immer wieder Koffer, Schubladen, Kartons und Kisten, die er dann langsam und umständlich, aber auf jeden Fall gründlich durchsuchte.

Berlinger hatte man zu Beginn der Suche angemerkt, dass er nicht sehr begeistert war. Anfangs war er auch bemüht gewesen, seine Kleider nicht schmutzig zu machen, doch irgendwann hatte er dieses ohnehin sinnlose Unterfangen mit einem Seufzer aufgegeben, um sich doch noch vorbehaltlos in die Suche zu stürzen. Er hatte es inzwischen sogar geschafft, dass ihm ein schöner schwarzer Abdruck seiner eigenen Hand im Gesicht prangte.

Peter berichtete von Annas Anruf, beschränkte sich aber im Wesentlichen auf die Hypothese mit dem geisteskranken Organempfänger.

Als Peter geendet hatte, rief Randy: »Dsch ischt ja inter'schant!«, und war wegen seiner Aufregung kaum zu verstehen, doch dann riss er sich zusammen und erklärte, langsam wie gewohnt: »Ich habe tatschächlich damals auch eine Liste der Organempfänger zusammengestellt. – Du weißt ja, Peter, wasch für ein elender Pedant isch immer war. Mag schein, ich hätte es gar nicht machen dürfen. Aber du'sch meine Verbindungen hatte ich die Möglichkeit, mir die Namen und Adressen der Transplantat-Empfänger zu besorgen. Das hört schich vielleicht nicht nach viel an, aber die Lischte ist komplett. Und das sollte genügen. Vorausgesetzt natürlich, wir finden diesche verflikschte Mappe.«

Berlinger wollte wissen: »Wie konnten Sie an die Namen kommen? Ich meine: Wie läuft das denn überhaupt ab, bei so einer Transplantation?«

Randolph sah Peter an und meinte: »Schei scho gut, erklär Du es – geht schneller.«

Also antwortete Peter für Randolph: »Na ja, am Anfang steht in der Regel unser Freund TIS ...«

»Tis?«, unterbrach Berlinger.

»T - I - S, *Transplantations-Informations-System*, in dieses Computersystem werden die Daten von Spenderorganen und von Patienten eingegeben. Die Transplantationszentren haben dafür eigens Mitarbeiter mit dem schönen Titel Transplantations-Koordinator. Der wird im Normalfall vom Arzt des Verstorbenen benachrichtigt. Mit Hilfe von T.I.S. werden die Daten dann an die Eurotransplant-Zentrale geleitet. Und dort, in der holländischen Stadt Leiden, sind alle potentiellen Organempfänger aus Österreich, den Benelux-Staaten und Deutschland registriert, auch zu anderen Staaten können Querverbindungen hergestellt werden. Und von Leiden aus werden die Organe dann nach bestimmten Kriterien vermittelt, wie Wartezeit, Dringlichkeit und natürlich Gewebeverträglichkeit. Eurotransplant informiert die Transplantationszentren, die geeignete Empfänger für die Organe auf der Warteliste haben. Und die Zentren nehmen wiederum Kontakt zu dem Krankenhaus auf, in dem der verstorbene Organspender, nun ja, wartet, wenn man so will. Chirurgenteams aus den Transplantationszentren kommen dann in das entsprechende Krankenhaus, um die Organe zu entnehmen: Herz, Lunge, Leber, Nieren, Bauchspeicheldrüsen, Hornhäute, Gehörknöchelchen, Knochenmark und noch etliches mehr. In der Zwischenzeit werden natürlich auch die Empfänger selbst informiert und auf die Operation vorbereitet.«

Berlinger rieb sich das Kinn, was sein Gesicht noch ein bisschen schwärzer machte, und meinte: »Ist ja verdammt durchorganisiert, muss aber wohl so sein.«

»Ja, das muss so sein, – aber auch hier kann es begründete Ausnahmen geben, wie zum Beispiel im Fall der Niere, die der kleinen Anna übertragen wurde.«

Berlinger sah Peter fragend an, der fortfuhr: »Zum einen gehört die Saarfurther Hubertusklinik selbst zu den Krankenhäusern, in denen Transplantationen durchgeführt werden, sie ist also selbst ein Transplantationszentrum. Zum anderen war, aus Sicht der kleinen Patientin, der Idealfall eingetreten, dass ein bestens geeigneter Spender im selben Krankenhaus zur Verfügung stand.«

»Und dasch auch noch gansch ... frisch«, warf Randolph ein und ließ dabei Peter einen Blick zukommen, der diesem gar nicht behagte.

Schnell sprach der Doktor weiter: »Natürlich hat Randolph recht: Der Faktor Zeit spielt eine ungeheuer wichtige Rolle. Daher war auch unser Operationsteam relativ klein, – weil wir keine Zeit mit dem Warten auf Kollegen verlieren wollten.« »(Und weil wir nicht noch mehr Mitwisser gebrauchen konnten«, aber das sagte Peter nicht laut.) »Es ist sogar so: Die besten Chancen einer langfristig positiven Übertragung bieten Lebend-Spenden, was insbesondere vorkommt, wenn ein Elternteil einem Kind eine Niere zur Verfügung stellt. In Mitteleuropa stammen zwar nur etwa drei bis vier Prozent der Nieren-Transplantate von lebenden Spendern, – weitaus weniger als zum Beispiel in Japan oder den USA –, aber im Fall von Anna bot sich diese ideale Möglichkeit, die wir ohne Umweg über Eurotransplant nutzten: Klinisch war Klinger zwar schon tot«, Peter hoffte inständig, dass Berlinger sein Schaudern nicht bemerkt hatte, »aber die Transplantation erfolgte nicht nur unmittelbar nach seinem Selbstmord, sondern auch noch direkt aus seinem Körper heraus, dessen Funktionen mit Hilfe von Maschinen während der OP aufrechterhalten wurden.«

Mit großen Augen sah Berlinger den Chirurgen an und meinte dann mit einem Anflug von Erschöpfung: »Und ich dachte immer, *ich* hätte einen komplizierten Beruf. – Na gut, dann wollen wir uns mal wieder auf die Suche nach dieser sonderbaren Namensliste machen.«

*

Nur wenig später aber viele Kilometer entfernt bekam Hauptkommissar Pauli in Saarfurth eine Liste ganz anderer Art. Eine Liste, auf die er schon gewartet hatte.

Pauli sehnte sich nach einem Durchbruch. Heute Vormittag hatte es zwar schon eine Meldung gegeben, die erfreulich schien: »Bambam« alias Balthasar Maria Pfeiffer war vergangene Nacht in angetrunkenem Zustand aufgegriffen worden. Kaum hatte Pauli davon erfahren, hatte er sich auch schon mit Walter auf den Weg gemacht. Sein Assistent Hartmann Walter, Mitte 30 und mit blassem, von vielen Sommersprossen übersätem Gesicht, hatte ordentlich aufs Gas getreten, um sie schnell zu der Polizeiwache zu bringen, in der Bambam festsaß. Und der Zuhälter, der vergeblich bezahlt worden war, um Anna und ihre Freund in die Mangel zu nehmen, wollte gar nicht mehr mit dem Reden aufhören. Ganz offensichtlich saß die Angst sehr tief, dass er genauso enden würde wie sein verblichener Kollege Hugo-Achim Kühlmann. Nur leider brachten Bambams ges(t)ammelte Arien dem Hauptkommissar noch weniger als wenig neue Erkenntnisse, was ganz einfach daran lag, dass der Zuhälter absolut nichts Verwertbares wusste. Für Bambam selbst war das wohl gar nicht so schlecht, vermutete Pauli, denn diese Unkenntnis mochte auch der Grund dafür sein, dass der Lude sein mieses Leben noch weiter leben durfte.

Pauli war langsam am verzweifeln. Ihm standen eine Sonderkommission und ein riesiger Apparat zur Verfügung, aber allzu viel hatte das bisher nicht genutzt. Und langsam musste er sich fragen, wann es wohl soweit sein würde, dass er als Leiter der Sonderkommission einem Anderen Platz machen musste. Sehr viel Zeit hatte er wohl nicht mehr.

Er schüttelte den Kopf, um solche Gedanke zu vertreiben und sich wieder auf den Fall zu konzentrieren, da kam Pascal N'Tobo in Paulis Büro stolziert, in Golfschuhen, weiten Tweedhosen und blauem Polohemd. Die Vorfahren des schlanken Mannes waren lange vor seiner Geburt aus Mali eingewandert. Mit der linken Hand hielt Kommissar N'Tobo, der eine auffällig gerade Körperhaltung hatte, seine leichte weiße Jacke am Kragen fest, die er sich über die Schulter geworfen hatte. In der Rechten schwenkte er ein paar Bogen Papier.

Der Hauptkommissar konnte eine kleine Aufmunterung vertragen, also begrüßte er Pascal: »Wie, – heute keine Jeans? Und überhaupt, sag mal: Was soll denn diese ganze Verkleidung?«

Pascal entgegnete lässig: »Ich habe halt Geschmack. Was man keinesfalls von allen hier anwesenden Hauptkommissaren behaupten kann.«

»Komm schon! Wenn Du dich so seltsam ausstaffierst, dann hast Du doch auch irgendwas vor?«

»Stimmt genau.«

»Und was?«

»Nun, was habe ich denn da wohl für Schuhe an?«

Pauli beugte sich vor, damit er über seinen Schreibtisch sehen konnte. »Hm, Golfschuhe?«

»Ja ist das denn ..., der Mann hat's tatsächlich erraten. Bravo, Sherlock Holmes! Und was macht man für gewöhnlich mit Golfschuhen?«

»Vielleicht ... Golf spielen?«

»Sagenhaft! Der Mann ist heute in Bestform! Schon wieder richtig! Und bevor Du dein Hirn noch weiter verrenkst: Ich habe heute Spätdienst, deshalb hab' ich den Vormittag für ein paar lockere Übungsrunden genutzt.«

»Du willst mir doch nicht weiß machen, dass Du dich ernsthaft für Golf interessierst?«

»Du vergessen? Ich schwarzes Mann, ich nix können weiß machen! Außerdem, na ja, Golf ist schon ganz nett, ist doch mal was anderes, als den ganzen Tag Baumwolle pflücken und Gospel singen.«

»Hast Du jemals auch nur eine Baumwollkapsel in Natura gesehen?«

»Ich? – bewahre!«

»Und was ist noch dran, am Golfspielen?«

»Oh, Bewegung, viel frische Luft, Sonne, Natur.«

»Und?«

»Eine Golfspielerin, die ich gerne etwas besser kennenlernen möchte.«

»Na also. Und ich hatte schon fast gedacht, ich müsste mir irgendwie Sorgen um dich machen. – Was sind denn das für Blätter, mit denen Du mir da die ganze Zeit vor der Nase herumwedelst?«

»Ouh, wenn Massa haben etwas Hirsebrei, ich zeigen großes Häuptling von Polizei schönes, weißes Papierrä.«

Pauli ließ seine Stirn auf die Schreibtischplatte sinken und stöhnte: »Oh Gott, wie oft muss ich mir diese Masche noch anhören? Vermutlich bis zu meiner Pensionierung.«

»Wie kommst Du eigentlich darauf, ich würde dich *nach* deiner Pensionierung in Ruhe lassen? Und was die Papiere betrifft: Warum bin ich wohl so gut gelaunt? Auf welche Liste warten wir schon ein paar Tage?«

Pauli wurde in seinem Schreibtischstuhl ein paar Zentimeter größer: »Ach, das ist ja interessant. Sind das die Besitzer von diesen Apparaten, die Video-Standbilder als Fotos ausspucken können? Diese Videoprinter, mit denen unser Killer auch die Fotos von Anna gedruckt hat?«

»Genau. Es hat doch etwas länger gedauert als vermutet, bis wir die Liste einigermaßen komplett hatten. Vielleicht hätten wir da unseren amerikanischen Leutnant nicht so sehr mit einspannen sollen, der kennt sich hier halt noch nicht so gut aus. Aber es war schon richtig: Hier in der Region von Saarfurth gibt es tatsächlich nicht allzu viele von diesen Apparillos. Um genau zu sein: 127 haben meine Leute bisher aufgespürt. Und Konrad ist immer noch damit beschäftigt, herumzuschnüffeln, ob wir vielleicht irgendwo einen übersehen haben.«

Pauli schüttelte erfreut den Kopf: »Jessas, da hat der die Liste und hält mich mit seinem Kasperkram hin! Schon reingeguckt?«

Pascal schüttelte den Kopf: »Nein, wollte dir doch die Überraschung nicht verderben. Na ja, ich habe schon ab und an einen Blick drauf geworfen, als noch daran gearbeitet wurde. Scheint so, als seien es oft keine Privatpersonen, sondern vor allem diverse Firmen, die diese Dinger haben. Wir müssen uns also darauf einstellen, bei diesen Unternehmen gründlich auf den Busch zu klopfen.«

»Na dann lass uns doch eine erste Sichtung vornehmen.«

Der Hauptkommissar rief Walter herüber, dann setzten sie sich um Paulis großen Schreibtisch herum. Jeder nahm sich ein paar Blätter, las sich langsam durch die Liste der Namen und wartete auf ein Klingeln im Hinterkopf.

Pauli brauchte nicht lange zu warten.

Er stutzte bei einem Namen. Er las den Namen ungläubig ein zweites Mal, und es klingelte keineswegs sachte, sondern es war eine ganze Sirene, die sich in seinem Schädel meldete.

In der Ferne grollte ein Donner.

Zorn und Triumph lieferten sich in Paulis Gefühlswelt einen wüsten Streit, während er mit brutaler Ruhe sagte: »Na, Pascal, wer weiß? Vielleicht müssen wir doch nicht allzu lange irgendwelche Firmen abklappern, bevor wir etwas finden.« Er griff sich einen roten Textmarker aus einem Becher auf seinem Schreibtisch, umkreiste dick und fett einen Namen auf der Liste, dann drehte er das Blatt herum, damit auch seine Kollegen den Namen lesen konnten.

Walter sprang auf und rief: »Himmel, ich werd' verrückt! Der Kerl hat uns ganz schön verarscht!«

Pascal ließ sich in seinem Stuhl zurücksinken und murmelte fassungslos: »Jetzt brat' mir einer 'nen Storch«, dann fragte er: »Wie viel Mann sollen wir mitnehmen?«

Pauli antwortete: »Ein Mannschaftswagen mit zehn Jungs in voller Montur: kugelsicher, mit Tränengas und was sonst noch so dazugehört. Dazu noch zwei schnelle Streifenwagen für den Notfall und natürlich auch einen Krankenwagen. Und kurz bevor wir da sind, soll Larissa die *Entschuldigung,-ich-habe-mich-verwählt*-Nummer durchziehen, damit wir wissen, dass er auch wirklich zu Hause ist. Schließlich wollen wir ihn ja nicht warnen, indem wir in ein leeres Nest hineinplatzen.«

Kommissarin Larissa Schmidt-Rodtdörfer, fast 180 Zentimeter groß, kräftig, mit Henna-rot gefärbtem kurzen Haar und alles andere als zimperlich, war Paulis Kollegin beim Sittendezernat und auch mit dem Fall befasst.

In Windeseile stellten Pauli und Walter die Mannschaft zusammen. Endlich hatten sie ihn!

Walter fragte noch: »Wollen wir unseren Ami mitnehmen?« Er spielte damit auf Bill Brown an, einem großen und kräftigen, etwa fünfzigjährigen Polizeileutnant aus Los Angeles, der wegen eines Interpol-Austauschprojektes einige Monate in Paulis Abteilung arbeiten sollte, der aber, wie er einräume musste, das *C.O.P-Austauschprojekt* auch genutzt hatte, um ein paar persönlichen Problemen in den USA aus dem Weg zu gehen.

Pauli antwortete: »Hab' Brown heute noch nicht gesehen – keine Ahnung, wo der sich rumdrückt. Zum Suchen ist keine Zeit. Los jetzt!«

Der Hauptkommissar wollte gerade sein Büro verlassen, um sich in der Tiefgarage mit seiner Mannschaft zu treffen, aber als er schon unter der Türe stand, ging er nochmal zurück zu seinem Schreibtisch, raffte die Blätter mit den Namenslisten zusammen und stopfte sie in die Innentasche seines Jacketts, dann hastete er los.

*

»Schowasch, schowasch! Da haben wir dasch Biescht ja endlisch!« – Unbeholfen und triumphierend schwenkte Randolph eine große, alte, braune Lederaktenmappe hin und her.

Peter und Berlinger, die gerade eine Bauernkommode aus den dreißiger Jahren verrutschen wollte, ließen die Kommode Kommode sein und eilten zu Randolph.

Während er mit dem rechten Handrücken Staub und Dreck auf seiner Stirn noch mehr verrieb, meinte Berlinger: »Oh Mann, gut, dass Sie das Ding endlich gefunden haben, Herr Filipowitz, ehrlich, ich wollte fast schon aufgeben.«

»Ich muss gestehen, ganz allmählich hatte auch ich die Lust verloren«, räumte Peter ein, »ich bin wohl doch nicht mehr so ganz in dem richtigen Alter, um auf einem Speicher herumzukrauchen. Wo hat sie denn gesteckt?«

»Man schollsch kaum glauben«, wunderte sich Randolph, »hier in dem alten Nähkorb, den ihr vorhin zu mir ‘rüber gebracht habt, und den ich beinahe gar nicht beachtet hätte. Und dann schteckte die Mappe natürlisch gantsch unten, unter einem Haufen alter Stoffreste. Wie sie gerade da hingekommen ist, weiß der Himmel.« Dann fügte er nachdenklich und fast liebevoll hinzu: »Oder vielleicht auch Edda. – Die gute Edda.«

Peter ging in die Hocke, hielt die Mappe fest, Randy öffnete sie und kramte eine Weile mit der rechten Hand darin herum, zog schließlich einen dünnen, hellbraunen Papp-Schnellhefter hervor und verkündete: »Trallalla – da hätten wir’sch ja!« Dann übergab er Peter den Schnellhefter, der ihn sofort aufklappte, während Berlinger ihm über die Schultern starrte.

Peter blinzelte Randy zu und meinte: »Wenn ich nicht ohnehin wüsste, dass Du die Liste angelegt hast, spätestens jetzt wär’s mir klar geworden. Die Namen alphabetisch geordnet! Wer hätte sich sonst die Mühe gemacht?«

»Heh, heh, jetscht beschwert er sich. Aber wenn ich nicht scho pedantisch wäre, dann hätten wir die Liste gar nicht. Nun schag schon, kennscht Du einen Namen?«

Peter überflog die drei Blätter, dann ging er sie noch einmal etwas langsamer durch, schüttelte schließlich den Kopf und meinte bedauernd: »Also, bisher ist mir nichts aufgefallen. Hm, da hätten wir zum Beispiel die Galle: Die hat ein gewisser Stavros Odineikis in Brüssel verpasst bekommen. Na, das ist ja wohl kaum unser Mörder. Das meiste von Klingers, äh, Hinterlassenschaft ist allerdings in Deutschland geblieben. Aber auch die deutschen Namen sagen mir nix. Das Herz ..., nee, da klingelt bei mir nichts. Na ja, vielleicht hat sich Anna geirrt. – Vielleicht kann sie aber auch mehr als wir mit einem der Namen anfangen? Ich werde sie gleich zurückrufen, wenn Du nichts dagegen hast, Randy?«

»Klar, mach nur. Bin ja schon schelbscht mäschtig gespannt. Ihr müsse mir nur erst mal wieder ins Wohntschimmer 'runter helfen. Mann, ich war schon verdammt lange nicht mehr auf diesem verflikschtem Speicher.« Dann betrachtete er lachend seine Hände und meinte: »Edda wird mir gantsch schön was ertschählen, wenn sie mich so sieht.«

*

Pauli und seine kleine Streitmacht waren fast an ihrem Ziel angelangt. Vor zwei Minuten hatte er schon an die anderen Wagen den Befehl gegeben, Blaulicht und Sirene abzustellen. Während Walter fuhr, hielt der Hauptkommissar über Funk auch Verbindung mit der Zentrale und mit Larissa Schmidt-Rodtdörfer, die sich gerade wieder meldete: »Ich habe angerufen, und Scheiße noch eins, Du kannst mir glauben, dass es mir verdammt schwer gefallen ist, bei dieser Ratte die *Entschuldigung-Verwählt-Frau* zu spielen. Aber was soll's, der Drecksack ist zu Hause. Schnappt ihn euch!«

Während die ersten kleinen Regentropfen gegen die Windschutzscheibe des Polizeifahrzeugs zizelten, dachte Pauli: »Ihn schnappen? Meine liebe Larissa, das brauchst Du mir wirklich nicht zu sagen.«

Nur für den Fall, dass das Monster doch durchbrechen würde, orderte Pauli noch ein paar Streifenwagen, die von ihren derzeitigen Plätzen abgezogen wurden und sich dafür in der näheren Umgebung bereithalten sollten. Dann streifte er sich schon mal die kugelsichere Weste über, die bisher auf seinem Schoß gelegen hatte.

Ein großes, fettes Wolkenfeld tauchte den Sommertag in graues Zwielicht.

*

Schon vier vorbei! Wahrscheinlich hatte Dr. Alban die Mappe nicht gefunden. Oder Filipowitz hatte gar keine Unterlagen über die Empfänger der Organe. Vielleicht hatte der Doktor aber auch einfach vergessen, sie zurückzurufen? Anna wurde von Minute zu Minute unruhiger, und das lag keineswegs an dem Gewitter, das nun fast da war.

Sie sah sich zusammen mit Tommy den Film an, aber obwohl sie die Geschichte mochte, gelang es ihr diesmal nicht, der Handlung mit Interesse zu folgen. Das Telefon klingelte. Endlich. Das erste Läuten war noch nicht verklungen, da war Anna schon wie elektrisiert in die Höhe gesprungen. Sie rief zu Tommy: »Mach mal die Kiste aus«, und auf ein lahmes »Oh« von ihrem Bruder hin zischte sie: »Aber sofort!«

Tommy gehorchte erschrocken und wunderte sich über die vielen kleinen Schweißperlen, die plötzlich auf Annas Stirn erschienen waren, während sie abnahm und sich meldete: »Anna Silvan. – Ah, hallo Herr Alban, ich habe schon auf Ihren Anruf gewartet, aber das wissen Sie ja. Hatten Sie Erfolg?«

Tommy beobachtete fasziniert seine Schwester. Ihre Stimme war ganz ruhig, aber sie hatte sich zum Telefonieren nicht auf das Sofa gesetzt, sondern war mit nervösen kleinen Schritten so weit in die Mitte des Wohnzimmers gegangen, wie es das Telefonkabel erlaubte. Ihr Gesichtsausdruck war so angespannt, wie Tommy es nur selten gesehen hatte.

Plötzlich rief sie aus: »Eine *komplette* Liste? Sehr gut! ... Wie? Nichts?«

Nun hörte sie wieder eine Weile zu und schien dann auf eine Frage zu antworten: »Ja, bitte, lesen Sie vor.«

Dann hörte sie wider zu, während sie nervös am Ausschnitt ihres Masupilami-T-Shirts zupfte, als sei es ihr plötzlich zu eng geworden, gleichzeitig biss sie sich auch noch auf ihrer Unterlippe, und Tommy erschrak, als dort ein winziger Blutstropfen erschien. Doch nun konnte es Anna offenbar nicht mehr auszuhalten, denn sie unterbrach den Doktor: »Nein, warten Sie. Bevor Sie die Liste weiter durchgehen: *Das Herz!* Wer hat das Herz bekommen?«

Tommy sah Anna, wie sie zuhörte, sah, wie ihr Gesicht leer wurde und ihr Unterkiefer haltlos herunter klappte, sah, wie sie kraftlos zu Boden sank, mit ausgestreckten Beinen auf dem Boden saß, das Telefon noch an ihr Ohr gepresst, die Schultern herabhängend, den Oberkörper kaum merklich hin und her wiegend. Plötzlich drückte sie ihr Kreuz durch, blickte Tommy an und meinte, als ob sie über das Wetter reden würde: »Das muss ja wohl ein Zufall sein, den Namen gibt es sicher öfter«, aber dabei waren ihre Augen weit aufgerissen und flackerten panisch; sie fragte in die Sprechmuschel hinein: »Aus welcher Stadt ..., woher kam er?«

Nach ein paar Sekunden drehte sie ihr Gesicht in Zeitlupe wieder ihrem Bruder zu und bewegte ihre Lippen. Tommy glaubte, einen Windhauch zu hören, der über einen zugefrorenen See streicht, und dieser Windhauch sagte: »Nein. Kein Zufall!«

Dann begann Anna zu zittern, der Telefonhörer fiel aus ihrer Hand, und Tommy hörte leise die Stimme von Doktor Alban rufen: »Hallo? Hallo Anna! Was ist denn?«

Plötzlich sah Anna ihrem Bruder wieder mitten ins Gesicht, sah durch das Gesicht hindurch, und sie stellte fest: »Ich muss zu Patrick.«

Eben noch hatte sie schlaff auf dem Boden gesessen, einen Augenblick später spritzte sie empor, dass Tom erschrocken zurückfuhr, dann rannte sie los.

Tommy hörte immer noch die Stimme aus dem Telefonhörer rufen, während er selbst seiner Schwester hinterherlief und schrie: »Verdammt, sag mir doch was los ist?«

Aber sie reagierte nicht, sondern stürzte zur Haustür, riss sie auf, machte plötzlich wieder kehrt, polterte die Treppe zu ihrem Zimmer hinauf, kam nach wenigen Augenblicken wieder herunter gerannt, und Tom musste erkennen, dass sie nun das Elektroschock-Gerät in der Hand hielt, das Lars ihr zum Geburtstag geschenkt hatte. Ihr Bruder wollte sie aufhalten, aber sie rannte ihn einfach um, rannte ihn um und verschwand im Regen, der nun heftig hernieder zu prasseln begann.

*

Die Angst hätte Tom beinahe erstarren lassen, doch dann rannte auch er – zurück, zurück zum Telefon, hoffte, dass der Doktor nicht aufgelegt hatte. Aber immer noch konnte er dessen rufende Stimme hören. Er stürzte zum Hörer und rief atemlos hinein: »Hier ist Tom, Annas Bruder, was haben Sie ihr gesagt? *Wer* zur Hölle hat das Herz bekommen?

... *WER???*«

*

Ohne Sirenengeheul war Paulis Armada an ihrem Ziel angelangt. Nur ein Streifenwagen war an der letzten Kreuzung ausgeschert, um sich an der Rückseite des Häuserblocks zu postieren. Da Pauli hoffte, dass der Überraschungsmoment auf seiner Seite stehen würde, entschied er sich für den Frontalangriff.

Als die Polizisten aus den Fahrzeugen spritzten, staunten ein paar Passanten nicht schlecht, aber es blieb ihnen nicht viel Zeit dafür. Der Widerstand der Haustür ließ nicht einmal einen Schweißtropfen auf der Stirn des kräftigen Polizeibeamten erscheinen, der die Türe mit einem einzigen kurzen Ruck eines schweren Brecheisens aufsprengte. Schon zwei Sekunden später waren acht Mann des Einsatzkommandos, gefolgt von Pauli und Walter, in das Haus eingedrungen und stürmten die Treppe in den ersten Stock hinauf. Zu gerne hätte Pauli die Spitze selbst übernommen, aber er wusste natürlich, dass er mit den extra für solche Situationen ausgebildeten und wesentlich jüngeren Männern nicht mithalten konnte, und behindern wollte er sie gerade in diesem Augenblick auf gar keinen Fall.

Er hatte noch nicht einmal den zweiten Treppenabsatz erreicht, da hörte er auch schon aus dem ersten Stock ein Krachen und Splittern – adieu, Wohnungstür –, dann ein kurzes Poltern, nach dem eine eigentümliche Ruhe einsetzte.

Pauli und Walter erreichten den ersten Stock. Direkt gegenüber der letzten Treppenstufe hingen die traurigen Überreste einer hölzernen Wohnungstür in verbogenen Angeln. Die beiden Polizisten betraten den kleinen Flur der Wohnung. Zwei Meter zur Linken stand ein Mann der Sturmtruppe vor dem türlosen Durchgang zu einem Zimmer. Er hielt seinen Helm mit dem kugelsicheren Visier lässig unter den linken Arm geklemmt, schenkte Pauli ein kurzes, halb verkniffenes Lächeln und deutete stumm mit der rechten Hand in den Raum hinein.

Der Sprint die Treppe hinauf hatte Pauli angestrengt, er wischte sich mit der linken Hand den Schweiß von der Stirn, holte einmal tief Luft und folgte dann dem Fingerzeig des Sturmtrupp-Mannes. Pauli betrat ein Wohnzimmer und blieb stehen, um sich die Szene zu betrachtetn. Unwillkürlich musste er an die längst vergessene Tradition lebender Bilder denken, von denen sich einst die Reichen zu besonderen Gelegenheiten entzücken ließen. *Dieses* lebende Bild war zwar nicht gerade von herausragender Ästhetik geprägt, aber dennoch entzückte es den Hauptkommissar ganz besonders. Die Kulisse: Ein paar moderne, bunte Drucke auf weißer Raufasertapete, an den vier Fenstern hellblaue Lamellenrollos statt Gardinen. Ein zart hellblau gebeizter Dielenboden, darauf verteilt eine Reihe Ikea-Möbel: Ein Kiefer-Regalschrank mit ziemlich viel Durcheinander darin an der linken Wand, daneben eine kleine Sitzgruppe aus Korbmöbeln, der runde Tisch mit Zeitungen übersät, rechts ein schlichter Esstisch mit sechs Stühlen und ein schlankes Sideboard. Dann noch ein paar Topfpflanzen und gegenüber der Sitzgruppe die üblichen Elektrogeräte: HiFi-Anlage, Fernsehen, Videorecorder. Daneben aber auch ein Gerät, dessen Bedeutung nicht auf den ersten Blick ersichtlich war.

Die lebenden Figuren befanden sich in der Mitte des Zimmers, Pauli direkt gegenüber schienen sie festgefroren. Am meisten interessierte den Kommissar der große und kräftige Mann, der ausgestreckt rücklings auf dem Boden lag. Dass der sich im Augenblick nicht rührte, konnte Pauli gut nachvollziehen, denn schließlich knieten zwei schwergewichtige Beamte auf seinen Armen, und eine noch bessere Wirkung hatte vermutlich ein weiterer Polizist, der mitten auf der Brust des Mannes kniete. Die Sturmtrupp-Leute sahen zu Pauli hinüber, schienen auf ein Zeichen zu warten. Unmerklich nickte er. Sofort waren die drei Männer zur Seite gerutscht, hatten den am Boden liegenden Mann noch in derselben Bewegung mit festen Griffen auf den Bauch gedreht und schlossen seine Hände hinter dem Rücken mit Handschellen zusammen. Dann rissen sie ihn im Aufstehen mit sich hoch. Zwei von ihnen hielten ihn fest in ihrer Mitte und drehten ihn dann in die Richtung des Kommissars. Von der Last auf seiner Brust befreit, begann der Mann röchelnd und tief Luft zu holen, sprechen konnte er noch nicht.

Als Pauli ein stierer Blick aus jetzt blutunterlaufenen Augen traf, trat er auf den Mann zu und meinte: »Wer hätte gedacht, dass wir uns so schnell wiedersehen, Blue?« Seinen Blick starr in Blues Augen gesenkt, fuhr er fort: »Karl-Heinz Bäcker, Sie sind verhaftet. Wegen zehnfachen Mordes. – Karl Palusky, Sonja Zimmer, Roswitha Zapf, die beiden Verwaltungsangestellten aus dem Krankenhaus, Sabine und Piére Magnussen und ihre Tochter, Dr. Kleinschmidt und den Zuhälter Kühlmann. Und ich vermute, zu den Fällen, die wir bisher kennen, werden noch ein paar dazu kommen. Hinzu kommt natürlich noch versuchter Mord, Vergewaltigung, Körperverletzung, Nötigung, Androhung von Gewalt, sexuelle Belästigung, Diebstahl, Einbruch und Betrug. Aber was soll's? Allein die Morde – *diese* Morde – genügen, um den Schlüssel getrost die Toilette hinunterzuspülen, wenn sich die Zellentür hinter dir schließt.«

*

Anna wusste, dass sie rannte. Ihr Verstand sagte es ihr. Aber sie spürte es nicht, merkte auch nicht, dass sie vom Regen durchnässt wurde. Sie rannte, aber ihre Bewegungen kamen ihr so unendlich langsam vor, ihre Füße schienen aus Blei zu sein, so dass sie ihnen jeden Schritt gegen den Widerstand der schmerzenden Muskeln abringen musste. Schnell begann auch ihre Lunge zu schmerzen, und sie kam sich so linkisch vor, als sei dies der erste Lauf ihres Lebens, als sei sie nicht in der Lage, die einfachsten Bewegungen auf natürliche Weise zu koordinieren. Jeder Schritt war eine Ewigkeit. Die einzige Erleichterung, die sie hatte, war ihr Wissen, dass Patrick ganz in ihrer Nähe wohnte, ihr Wissen, dass sie ihn zwangsläufig erreichen musste. Ganz egal, wie dumm sie sich auch anstellte, was immer sie auch empfand: Der Sperlingweg war nahe, nach der wirklichen Zeit gemessen würde sie bald bei ihm sein.

*

Karl-Heinz Bäcker alias Cliff Baker alias Blue hatte die Augen in seinem kantigen Gesicht weit aufgerissen, während er sich ein Stammeln abrang: »Ein Missverständnis! Ohgottohgott! Ein Missverständnis! Das muss ein schreckliches Missverständnis sein!«

»Gib's auf«, knurrte ihn der Kommissar an, »Du hast uns lange genug an der Nase herumgeführt. Irgendwann musste ja mal Schluss sein. Die Bilder waren es, die dir das Genick gebrochen haben, diese Bilder von Anna Silvan aus der Umkleidekabine. Wir hatten herausgefunden, dass es sich dabei um Abzüge von Videoaufnahmen handelt, tja, und dann haben meine Männer einige Mühe daran gehängt, herauszubekommen, wer hier in der Region über einen Video-Printer verfügt, mit dem man die fotografischen Abzüge von den Videobändern machen konnte. Nun, auf der Liste der Firmen und Privatpersonen, die solche Dinger besitzen, – wen finden wir da? Überraschung! Und dann ist es mir wie Schuppen von den Augen gefallen: Wer tauchte so oft am Ort des Geschehens auf? Blue! Und nicht etwa, weil er wie eine Fliege von der Scheiße angelockt wurde, sondern weil er er schon vorher Bescheid wusste.

Wer hatte durch seinen Beruf die Erfahrung, um sich verschiedene Informationen zu beschaffen? Blue. Und welches arme Unschuldslamm hatte angeblich ein paar überwiegend falsche Informationen von dem Killer zugespielt bekommen, um dieses Geschmiere über Anna in die Zeitung zu bringen? Blue. Und wer hatte schon als blutjunger Schreiberling über den Tod von Max Klinger und die Vorgänge in der Hubertusklinik berichtet? Richtig – wieder Blue. Schon damals hattest Du versucht, mit einem miesen Trick in das Krankenzimmer von Sandra Klinger vorzudringen, nicht? Aber Karl Palusky war zur Stelle und hat dir ein blaues Auge verpasst. Und fünfzehn Jahre später hast Du's ihm dann heimgezahlt. War doch sicher ein tolles Gefühl, als Du seinen Kopf auf der Treppe zertrümmert hast. Bist schon ein wenig nachtragend, was?«

Blue jammerte: »Aber wieso ...? Aber was ...? Das ist alles Zufall, ein unglücklicher Zufall!«

Pauli fuhr unbeirrt fort: »Und dann natürlich die Sache mit der ... – was war es nun eigentlich? Ein vorgetäuschter Versuch, sich mit Anna zu treffen? Eine vorgetäuschte Entführung? Nein. Es war die Vortäuschung einer vorgetäuschten Entführung und für das Mädchen viel gefährlicher als wir es im Nachhinein vermutet hatten. Aber Du konntest dir natürlich ausrechnen was geschehen würde, wenn Du uns bei dieser sonderbaren Entführungsaktion ins Netz gehen würdest: So unmöglich, wie Du dich benommen hattest, würden wir glauben, Du hättest das Ganze nicht als Killer, sondern als skrupelloser Reporter arrangiert. – Und ich Depp bin auch noch drauf reingefallen!«

Aufstöhnend versuchte sich Blue aus den Griffen der beiden Polizisten loszureißen, doch als sie ihm die Arme verdrehten, gab er seinen Versuch ganz schnell wieder auf. Dafür jammerte er nun wieder: »Aber mein Beruf! Ich musste doch in der Nähe sein, am Ball bleiben! Ich hatte doch von Anfang an mit dem Fall zu tun.«

»Eben«, entgegnete Pauli kalt, »und ich bin schon gespannt, was unser Polizeilabor zu dem Baby dort hinten sagt«, dabei deutete der Hauptkommissar auf den metallisch glänzenden, mit verschiedenen Schaltern versehenen, schwarzen Kasten, – den Video-Printer, der neben dem Videorecorder stand.

Blue wollte wieder etwas entgegnen, doch Pauli winkte unwirsch ab und befahl seinen Männern: »Schafft ihn raus. Wir machen auf dem Revier weiter.«

*

Vier Minuten, nachdem sie ihren Bruder umgerannt hatte, raste Anna durch den Vorgarten des großen Einfamilienhauses Sperlingweg Nummer 11, wäre fast auf den regennassen Fliesen vor dem Eingang ausgerutscht, fing sich mit den Händen an der Haustür ab und nahm ihren Finger nicht mehr von der Klingel, bis Patrick zehn Sekunden später öffnete. Noch im gleichen Moment lag Anna ihm in den Armen, und Patrick wurde bewusst, wie heftig der Regen inzwischen geworden war, als ihr tropfnasses Masupilami-T-Shirt fast augenblicklich die Vorderseite seines kurzärmeligen, weißen Baumwollhemdes durchtränkte und drei Tropfen durch den Stoff der schwarzen Espandrilles drangen, die er statt Hausschuhen an den Füßen trug. Überrascht war Patrick nicht. Ihm war gleich klar, dass wieder etwas passiert war, dass es wieder um *IHN* ging. Also zog er Anna erst einmal in den geräumigen Vorraum, von dem verschiedene Türen und die Treppe zum Obergeschoss und zum Keller abzweigten.

Er schloss die Eingangstür hinter ihr, dann hielt er sie mit ausgestreckten Armen an den Schultern und sah sie an.

*

»... bitte melden, Zentrale an Grün eins, bitte melden«, hörte Pauli gerade noch, als er durch den Regen zu seinem Dienstfahrzeug gesprintet war. Er ließ sich auf den Fahrersitz fallen, schnappte sich das Mikrofon des Funkgerätes und fragte, wie immer alle Regeln des Funkverkehrs außer Acht lassend: »Was gibt's?«

Wegen des Sommergewitters mit leisen Knacksern untermalt kam die Antwort: »Wir haben hier einen überaus aufgeregten Jungen in der Leitung, er sagt, er sei Tom Silvan und dass er nun wüsste, wer hinter seiner Schwester her ist.«

»Na, wenn das stimmt, dann möchte ich wissen, wie er das geschafft hat. Auf jeden Fall kommt er fünf Minuten zu spät. Wir haben ihn! Aber gut, ich werde mich später bei den Silvans melden. ... oder halt, legen Sie mir das Gespräch auf mein Autotelefon«, damit steckte Pauli das Mikro wieder an seine Halterung, als auch schon das Telefon zwischen den beiden Vordersitzen zu piepsen begann.

*

Nun war Patrick doch überrascht – überrascht und sehr besorgt, als er Annas verstörtes Gesicht sah. Hatte sie etwa einen Schock? Dieser starre Blick, die extrem geweiteten Pupillen, das alles erinnerte ihn unangenehm an eine Lektion des Erste-Hilfe-Kursus, den er vor zwei Jahren mit seiner Klasse besucht hatte. Er zog sie wieder zu sich heran und fragte sanft aber bestimmt: »Was hat er nun schon wieder angerichtet? Sag mir was los ist.«

Doch nun war es Anna, die für eine Armeslänge Abstand sorgte. Sie wollte antworten, aber ihre Kehle war plötzlich so trocken, dass sie glaubte, kein Wort hervorbringen zu können. Schließlich krächzte sie: »Oh Patrick, es ..., ich ..., ich weiß, wer es ist.«

Erschrocken fuhr Patrick einen Schritt zurück.

Nach all dem, was sie zusammen durchgemacht hatten, nach all den Ängsten und Sorgen, wurde er durch Annas Ankündigung völlig überrumpelt. Noch eben war ihre Zukunft, ihr gemeinsames Überleben ungewiss, und einen Augenblick später sollte sich tatsächlich alles auflösen?

Das überraschte »Wer?« lag Patrick schon auf den Lippen, als ihn das surrende Zurückgleiten der Rauchglas-Schiebetür, die zum Wohnzimmer führte, erschrocken herumfahren ließ.

»Ah, hallo Anna«, grüßte Patricks Vater jovial, als er in den Vorraum trat, »hab' ich also doch richtig gehört, dass es geklingelt hat. Ich war gerade im Garten, um die Markise unter das Vordach zu kurbeln und war mir nicht ganz sicher ..., he, was habt ihr denn? Ist wieder etwas passiert?«

Anna wandte sich nun Edgar Mayer zu. Die Trockenheit in ihrer Kehle schien genauso schnell verschwunden, wie sie gekommen war.

Annas Stimme war vollkommen klar, vibrierte nicht einmal, als sie ruhig und deutlich sagte: »Sie waren es. Die ganze Zeit waren Sie es gewesen.«

Patrick verstand nicht.

Er fragte: »Anna, was ist denn los?«

Traurig und verzweifelt wandte sich Anna erneut an Patrick: »Aber begreifst Du denn nicht? Dein Vater ...«, und wieder zu Edgar Mayer: »Sie sind *ER*.«

Verwirrt unterbrach Patrick: »Nein, Anna, nein, hör zu, da muss ein schrecklicher Irrtum vorliegen.«

Anna sah ihrem Freund in die Augen.

Sie sagte: »Er hat sein Herz. Oh Patrick, es tut mir so leid.« Dann richtete sich ihr Blick wieder auf Edgar Mayer und sie fragte: »Wie haben Sie sich gefühlt, damals, nach der Herztransplantation in Heidelberg?«

»*NEIN!*«, Patricks Schrei musste noch einen Straßenzug weiter zu hören gewesen sein, »Anna! Anna, sei ruhig! Hör auf!« Mit lauter, rauer Stimme, drängend, wandte er sich an Edgar Mayer: »Vater – sag doch was –, sag, dass es nicht stimmt!«

Edgar Mayers Lippen verformten sich zu einem Lächeln, und er grinste seinem Sohn mitten ins Gesicht.

*

Walter saß inzwischen neben dem Hauptkommissar auf dem Beifahrersitz und beobachtete, wie das Gesicht seines Chefs immer länger, sein Gesichtsausdruck immer verdutzter wurde, während er den Telefonhörer an sein Ohr gepresst hielt.

»Augenblick«, sagte Pauli plötzlich, griff mit der freien Hand in die Innentasche seines Jacketts, zog die zerknautschte Liste mit den Besitzern der Videoprinter hervor, warf einen kurzen Blick darauf, verlor den Rest Farbe aus seinem Gesicht und rief bestürzt: »*Glaze!* Himmel – die Werbeagentur, bei der Edgar Mayer arbeitet, hat auch so ein Ding! – Und ich habe vorhin Annas Bewacher abberufen und zu Blue bestellt!«

Er ließ den Hörer fallen, schaltete mit der linken Hand Martinshorn und Blaulicht ein, drehte mit der rechten den Zündschlüssel und ließ den Wagen mit quietschenden Reifen davonschießen, während sich Walter das Mikro griff, um Anweisungen an die anderen Einsatzfahrzeuge und an die Zentrale zu geben.

*

Es ging so schnell, dass Anna den Übergang gar nicht bemerkte. Eben noch hatte Patricks Gesicht die gesunde Sommerfarbe eines kräftigen jungen Menschen gehabt, doch jetzt, keine halbe Sekunde später, war es grau, fleckig und eingefallen, die glasigen, dunkel umränderten Augen lagen tief in ihren Höhlen und starrten durch die Unfassbarkeit hindurch auf dieses Wesen – ein Wesen in einem menschlichen Körper, in dem das gleiche Blut floss, wie in Patricks Körper. Blut, das von einem fremden Herz, von Max Klingers Herz durch die Arterien dieses Körpers gepumpt wurde.

Patrick schwankte. Sein Mund stand halb offen, die Unterlippe hing herab. Ein kurzer, dünner Speichelfaden begann sich in seinem rechten Mundwinkel zu sammeln.

Flehentlich, leise, bat Anna: »Patrick! Hör mich an: Wir müssen hier raus!«

Er reagierte nicht.

Anna, aus den Augenwinkeln heraus den Blick auf Edgar Mayer gerichtet, griff sich Patricks Arm, wollte ihn mit sich ziehen, – es ging nicht. Es gelang Anna noch nicht einmal, Patricks Arm zu bewegen, seine Muskeln schienen zu Eis erstarrt.

Mit amüsierter Faszination betrachtete Edgar Mayer die Szene, und wieder umspielte ein Lächeln seine Lippen, als er sagte: »Aber Anna, mein kleiner Liebling, glaubst Du allen ernstes, Du könntest einfach so davon spazieren? Und diesen Tölpel auch noch mitnehmen? Weißt Du, genaugenommen hast Du mir ja wieder einen kleinen Strich durch die Rechnung gemacht: Eigentlich wollte ich dich noch ein wenig zappeln lassen und mich zunächst intensiver deiner Familie und natürlich dem guten Peter Alban widmen. Aber jetzt, wo Du Bescheid weißt, muss ich mich wohl früher als geplant deiner annehmen. Nun, ich denke, damit ich mich dir an einem ruhigen Ort in aller Ruhe widmen kann, werde ich erst mal diesen armen Tropf beiseite schaffen. Er hat seinen Zweck erfüllt, und Du, mein Schatz, hast ja jetzt mich.«

Alles in Anna schrie: Raus hier! Zurück zur Tür und raus hier! Und Patrick? Vielleicht könnte sie ja noch rechtzeitig Hilfe holen – nur erst mal um jeden Preis: Raus hier!

Aber sie rannte nicht zur Tür. Stattdessen verschwand ihre rechte Hand hinter ihrem Rücken und griff unter ihr T-Shirt, das ein gutes Stück über den Bund ihrer alten Garten-Shorts herunterhing. Die Shorts wurden nicht durch einen Gummizug gehalten, sondern durch eine Kordel, die vorne zugebunden werden musste. Hinter diese Kordel hatte Anna den Taser auf ihren Rücken geklemmt, den sie nun hervorzog. Und statt zur Tür zu rennen, ging sie keuchend, langsam, zögernd, den Arm mit der Waffe leicht nach vorne gestreckt, auf Edgar Mayer zu.

Dessen Augenbrauen hoben sich erstaunt. Er kratzte sich kurz am linken Nasenflügel und beobachtete interessiert Annas Annäherung.

Mit jedem Schritt wurde Annas Keuchen lauter, war die Bosheit um Mayer schwerer zu durchdringen. Doch schließlich war sie heran. Sie wollte den Kopf der Waffe gegen ihren Feind pressen. Sie hatte nicht den Hauch einer Chance. Ihre rechte Hand, in der sie die Waffe hielt, befand sich plötzlich in einem menschlichen Schraubstock. Als sie unbeholfen mit der linken Hand nach Mayer schlug, erwischte er auch ihr linkes Handgelenk, drehte ihren linken Arm ohne Probleme hinter ihren Rücken, so dass er sie gleichzeitig festhalten und, als wollte er einen Walzer tanzen, zu sich heranziehen konnte.

Als er sein Gesicht ganz nahe an ihres gebracht hatte, fragte er flüsternd: »Was wirst Du jetzt tun? Sag es mir. – Was? Du willst nicht reden? Dann, mein Engel, werde ich dir sagen, was Du tun wirst: Nichts. Du kannst nichts mehr tun! Aber vielleicht, meine Süße, hilft dir ja dein kleiner Freund? Rettet dich? Los, schau ihn dir an, sieh deinem Helden ins Gesicht.«

Ohne es zu wollen schielte Anna zu Patrick hinüber – und verlor jede Hoffnung. Er hatte sich keinen Millimeter gerührt, stand nur da und starrte auf Anna und seinen Vater, starrte durch sie hindurch, hatte vielleicht schon seine eigene Existenz aufgegeben.

Mayer zog Anna noch fester zu sich heran, presste sie an sich, seufzte: »Endlich«, näherte sich mit seinen Lippen ihren Lippen, bis sie ihren Oberkörper nicht mehr weiter zurück biegen konnte, dann drückte er ihr einen sanften Kuss auf die Unterlippe. In Annas Kopf begann sich alles zu drehen, Panik, Ekel und Entsetzen mischten sich miteinander. Nachdem er sich nun nicht mehr verstellen musste, brandete seine Bosheit ungehindert auf sie ein, umspülte ihren Verstand von allen Seiten, drohte, ihn davonzuschwemmen. Anna stemmte sich dagegen. Sie hatte keine Hoffnung mehr, doch irgendetwas in ihr kämpfte auch ohne Hoffnung weiter. Vielleicht war es ein Stück ihres Verstandes, vielleicht ihr Herz, vielleicht ihre Seele – irgendetwas versuchte auch weiterhin, eine letzte Bastion verzweifelt zu verteidigen, zu schützen gegen die schwarze Aura, gegen das Böse in ihrem Feind.

Mayer spürte ihren Kampf, spürte das Beben ihres Körpers. Entzückt sagte er: »Ich bewundere dich!«, dann zog er ihre Hand, die den Elektro-Schocker hielt, immer näher zu ihrem Gesicht. Sie stemmte sich dagegen. Vergeblich. Schließlich spürte sie, wie sich das kalte Metall gegen ihre Lippen presste. Mayers Daumen rutschte über ihren Zeigefinger, der immer noch auf dem Auslöser der Waffe lag. Mayer drückte zu.

*

Ein hauchfeiner Stich.

Nur einen hauchfeinen Stich spürte Anna. Sie war überrascht und Hoffnung keimte in ihr auf. Das Gerät hatte nicht funktioniert! Und wenn er sie nun loslassen würde, dann könnte sie versuchen, doch noch zu entkommen.

Mayer ließ sie los. Sie wollte wegrennen, doch stattdessen brach sie wie vom Blitz getroffen zusammen, konnte nicht einmal ihre halbgeöffneten Augenlider bewegen.

Mayer blickte auf sie herunter und meinte: »Hat eine recht interessante Wirkung, was? Du bekommst alles mit, kannst dich bloß nicht mehr rühren. Nun, bevor wir beide verschwinden und ich dich lehre, was wirkliche Schmerzen sind, will ich dir noch ein kleines Schauspiel bieten.«

Schnell nahm Mayer einen leichten Sommermantel von einem Garderobenhaken und knüllte ihn zusammen, dann ging er neben Anna in die Hocke, zerrte etwas an ihr, drehte sie ein wenig und stopfte ihr den zusammengeknüllten Mantel wie ein Kissen unter den Kopf. Nun zog er noch vorsichtig ihre Augenlider ganz nach oben. Jetzt hatte er Anna so ausgerichtet, dass sie aus ihrer Froschperspektive genau auf Patrick blicken konnte, der immer noch wie zur Salzsäule erstarrt war.

Sie wusste, was das bedeutete. Hätte sie in diesem Moment ihrem Herz das Schlagen verbieten können, vielleicht hätte sie es getan.

Mayer ging zu seinem Sohn hinüber und meinte munter: »So mein Junge, dich brauchen wir nicht mehr.«

Er baute sich seitlich vor Patrick auf, immer darauf achtend, dass er Anna nicht den Blick auf ihren Freund verstellte. Dann zog er ein schmales Stilett aus seiner Hosentasche, ließ die dünne, zehn Zentimeter lange Klinge hervorschnellen, holte aus, zögerte, senkte die Klinge wieder und meinte: »Auf ein Wort noch, mein Junge: Vielleicht hat sich dein kleines bisschen Verstand ja schon verabschiedet und Du hörst mich gar nicht mehr. Falls aber doch, dann will ich dir noch etwas mit auf den Weg ins Grab geben. Was deine kleine Freundin betrifft: Im Gegensatz zu dir werde ich ihr nicht hier und jetzt den Bauch aufschlitzen. So einfach kommt sie mir nicht davon.

Ich werde sie mitnehmen. Sie wird leiden. Sehr lange. Sehr grausam. Und was deine Mutter betrifft: Sie ist nicht durchgebrannt. Ihre angeblichen Karten aus Südamerika, die kamen von mir. Weißt Du, die Schlampe ist mir schon vor Jahren hinderlich geworden, da habe ich sie ersäuft. – Ah! Ich sehe, deine Lider zucken, und jetzt laufen sogar Tränen aus deinen Augen! Du verstehst mich also. Fein. – Dann noch ein Letztes: Vielen Dank, kleines Arschloch, dass Du mir immer fleißig erzählt hast, was deine Freundin und ihre Sippschaft vorhatten. So war ich jederzeit bestens informiert, und das hat mir bei meinen kleinen Späßen doch sehr geholfen. Ich hätte ja nie zu denken gewagt, dass es so gut laufen würde, damals, als ich das mit euren Fahrrädern arrangiert hatte. Ich hatte bloß gehofft, dass ihr miteinander bekannt werdet. So hätte ich einen lockeren Kontakt zu den Silvans herstellen können. Wer hätte gedacht, dass ihr euch sogar ineinander *verliebt*? Weißt Du, damit hast Du sie mir eigentlich erst so richtig ans Messer geliefert. Und nun: Schönes Sterben, Schwachkopf.«

Und während Mayer das Messer langsam wieder anhob, lachte er. Es war kein triumphierendes Lachen, weil er siegte. Es war kein Lachen der Freude, weil er wieder töten konnte. Es war auch kein krankes oder perverses Lachen. Dieses Lachen war ganz eindeutig ein Auslachen. Er lachte seinem Sohn ins Gesicht, lachte ihn aus, lachte über sein ahnungsloses Werkzeug, lachte über den geschlagenen Verlierer. Mayer hätte alles machen können und wäre davongekommen. Alles, aber nicht das. Er hätte seinen Sohn nicht auslachen sollen.

Patrick explodierte wie eine Bombe. Aus der Erstarrung heraus schoss sein Kopf nach vorne, seine Stirn brach das Nasenbein seines Vaters, seine Faust, die fast im selben Augenblick gegen Mayers Kinn krachte, ließ den Killer nach hinten taumeln, und als Mayer die Arme hochriss, um sein

Stolpern auszubalancieren, flog das Stilett hoch und prallte mit dem Griff gegen die Decke. Noch bevor es den Boden erreicht hatte, noch während Edgar Mayer mit den Armen ruderte, setzte Patrick einen linken Schwinger nach, der Mayer endgültig aus dem Gleichgewicht brachte und rücklings so schwer zu Boden krachen ließ, dass der starke Blutstrom aus seiner Nase in winzigen Tröpfchen fast dreißig Zentimeter in die Luft spritzte. Die Spitze des Stiletts bohrte sich neben seinem Kopf in den glänzenden, nun mit ein paar roten Tröpfchen gesprenkelten Parkettboden. Mit einem verzweifelten Schrei hechtete Patrick auf den am Boden liegenden Mann, ließ sich mit seinem ganzen Gewicht auf ihn fallen, mit einer Wucht, die dem Mann die Luft in einem scharfen Stoß aus den Lungen trieb, so dass er das Blut, das sich auf seinen Lippen gesammelt hatte, in feinen Fäden über das Gesicht seines Sohnes verteilte. Patrick riss das Stilett aus dem Boden und wollte es mit einem erneuten Schrei in Max Klingers Herz treiben. Er wusste: Wenn er überhaupt eine Chance hatte, die Sache zu beenden, dieses Monster zu besiegen, dann hier und jetzt.

Doch der Körper, in dem dieses Herz schlug, war der Körper seines Vaters. Sicher, es war auch der Körper eines sadistischen Mörders, der Körper des Mannes, der Anna terrorisierte und quälte, aber dennoch: Es war der Körper seines Vaters.

Es kam Patrick so vor, als würde sein Gehirn nach einer Fahrt in einem wilden Karussell gegen eine Wand prallen und mit einer Zwangsvollstreckung wieder einrasten. Seine Tränen mischten sich mit dem Blut auf dem Gesicht seines Vaters, und er keuchte: »Ich – kann – es – nicht.«

Durch das Blut hindurch verzog sich das Gesicht unter ihm zu einem bösen Lächeln und Patrick hörte ein gezischtes: »Schwächling! Gib mir das Messer!«

Mit einem Schwung richtete sich Patrick auf und trat Edgar Mayer kräftig in die Hoden. Dann achtete er nicht weiter auf die sich krümmende Kreatur, sondern steckte das Messer ein und wandte sich Anna zu, die ihre Beine schon wieder etwas bewegen konnte. Patrick konnte sich selbst kaum auf den Beinen halten, aber er legte sich Annas Arm um die Schultern, zog sie hoch und murmelte heißer: »Nur raus hier.«

Er musste Anna geradezu hinter sich herschleifen, hinaus in den strömenden Regen. Wenigstens belebte der Wolkenbruch ihre Sinne, und Anna konnte Patrick nun schon besser unterstützen.

Aber sie waren kaum durch den Vorgarten gekommen und ein paar Meter die Straße hinunter gewankt, als sie einen Schrei hinter sich hörten, der durch das heftige Prasseln des Regens drang. Sie fuhren herum und sahen ein Schemen durch die Wasserwand hindurch auftauchen, deutlicher werden, und schließlich blieb Edgar Mayer etwa drei Meter von ihnen entfernt stehen. Patrick hatte wieder das Stilett gezogen und die Klinge hervorschnellen lassen.

Mayer musste laut rufen, um sich durch den Regen hindurch verständlich zu machen: »Gib sie mir! Dann darfst Du dich meinetwegen verpissen, aber das Mädchen gehört mir.«

Als Patrick nicht antwortete, kam Edgar Mayer zwei Schritte näher und rief: »Tu gefälligst, was dir dein Vater sagt. Oder willst Du, dass Papa böse wird?«

Wie unter einem Schlag ins Gesicht zuckte Patrick zusammen, aber er schrie zurück: »Ich schwöre dir: Wenn Du Anna zu nahe kommst, dann steche ich zu. Vielleicht kann ich den Kampf nicht gewinnen, aber ich werde es versuchen. Ich werde versuchen, dich zu töten.« Edgar Mayer neigte überrascht den Kopf zur Seite, aber dennoch kam er einen weiteren Schritt näher.

Anna hatte noch gar nicht gemerkt, dass ihre Stimmbänder wieder funktionierten, doch mit einem Mal spritzten kleine Tröpfchen des Regenwassers davon, das ihr über Gesicht und Lippen floss, als sie schrie: »Sirenen! Hör doch, Patrick: Sirenen! Sie kommen näher!«

Edgar Mayer zögerte, dann ließ er seine rechte Hand vorschnellen, deutete mit dem ausgestreckten Zeigefinger auf Anna, drehte sich um und rannte los. Wenige Augenblicke später übertönte ein gequälter Motor das Prasseln des allmählich nachlassenden Regens, und ein Auto schoss davon.

*

Kaum war Edgar Mayer verschwunden, da war es plötzlich Patrick, der Hilfe brauchte. Von einem Moment zum anderen stützte er sich, am ganzen Körper zitternd, schwer auf Anna, dann keuchte er ein kurzes hysterisches Lachen hervor und rief verzweifelt: »Wir haben gewonnen!«

Gewonnen? Natürlich, er hatte recht ... aber Anna hätte nie gedacht, dass ein Sieg *so* aussehen könnte. Dabei hatten sie sogar in dreifacher Hinsicht gewonnen: Schon die Tatsache, dass sie noch am Leben waren, war für sich genommen ein nicht unerheblicher Sieg. Und dass sie endlich herausgefunden hatten, wer der wahnsinnige Mörder war, der Anna zerstören wollte und so viele Menschen umgebracht hatte, das war natürlich auch ein Sieg und ebenso, dass es ihnen gelungen war, das Rätsel um Max Klingers Tod und seine unfreiwillige Organspende zu lösen. Doch um welchen Preis? All die Toten ... Und was nützten ihre wunderbaren Siege, wenn das Monster noch immer auf freiem Fuß war?

Anna gab sich keine Sekunde der Illusionen hin, dass Edgar Mayer aufgeben würde. Ganz im Gegenteil: Dass er heute, an diesem Tag, den Kürzeren gezogen hatte, das musste ihn schier wahnsinnig in seinem Hass machen. Schon bald, da hegte sie nicht den geringsten Zweifel, würde er sich etwas Neues einfallen lassen, um ihr das Leben zur Hölle zu machen, um sie zu quälen und – letztlich – zu töten.

Und dann natürlich Patrick. Es brach Anna schier das Herz, ihn so leiden zu sehen – der eigene Vater ein mordendes Ungeheuer. Konnte er da jemals drüber hinweg kommen? Aber vielleicht, so dachte Anna, hatte sie ja wenigstens die Möglichkeit, ihm durch seinen Schmerz hindurch zu helfen. Dann kam mit heulenden Sirenen das erste Polizeifahrzeug um die Ecke.

*

Flucht. Er musste sich zusammenreißen, um nicht seine Flucht zu vermasseln, zu der ihn diese dreckige kleine Hure gezwungen hatte. Er konnte es noch immer nicht fassen, dass es diesem Miststück gelungen war, seine Identität zu enthüllen. In Edgar Mayer und in Max Klingers Herz brannte die Wut derart stark, dass er ganz unbedingt in naher Zukunft jemanden umbringen musste, um nicht zu verbrennen. Allein die Vorfreude beruhigte ihn etwas, half ihm, sich zu sammeln, bis er schließlich wieder seine Überlegenheit erkannte. Denn war er nicht immer vorausschauend und gut vorbereitet? Und deshalb hatte er natürlich einen Plan B im Ärmel. Schon besserte sich seine Laune noch mehr, als er daran dachte. Er würde Anna ganz einfach einladen. Und sie würde nicht nein sagen können.

*

Keine zwanzig Sekunden nach dem ersten Polizeifahrzeug kam Paulis Wagen schlitternd neben Anna und Patrick zum Stehen, die, sich gegenseitig stützend, am Straßenrand standen. Einen Moment später wimmelte der Sperlingweg von Polizeifahrzeugen. Pauli öffnete die Wagentür und sah zu Anna herüber, die besorgte Frage im Blick.

Sie nickte und antwortete erschöpft: »Edgar Mayer. Er ist mit dem Wagen geflohen – er fährt einen metallic-blauen BMW. Sie haben ihn gerade verpasst. Er wird es wohl wieder über den Waldweg versuchen, über den er schon einmal vom Vogelberg entwischt ist.«

Pauli schlug die Tür zu und brauste, gefolgt von seinem Tross, wieder los. Ebenso schnell, wie sich die Straße gefüllt hatte, war sie wieder leer. Nur hinter den Fenstern der Häuser, in der trockenen Sicherheit, erahnte Anna ein paar neugierige Blicke. Ohne Vorankündigung löste sich Patrick von ihr, wankte zum nächsten Laternenpfahl, hielt sich daran fest, beugte sich vor und erbrach sich laut keuchend und hustend in den Rinnstein. Anna kam hinter ihm her und presste ihre Handflächen auf seine Schultern. Als sein Magen leer war und er sich schwer atmend wieder aufrichtete, legte sie von hinten ihre Hände an seine Schläfen und drehte sanft sein Gesicht nach oben, in den Regen. Dann strich sie ihm sachte das Haar aus der Stirn zurück, während der Regen den Schmutz von seinem Gesicht wusch. Patrick hatte den Mund leicht geöffnet, schmeckte den Regen und atmete jetzt ganz ruhig.

Das Gewitter verlor von Sekunde zu Sekunde an Kraft, und nach ein paar Minuten war das fette, schwarze Wolkenfeld endgültig weitergezogen. Die Sommersonne des Nachmittags kam wieder hervor. Sie war noch heiß genug, um die ganze Gegend zum Dampfen zu bringen.

Wieder hielt das Auto des Hauptkommissars am Straßenrand, doch diesmal ohne Gefolge. Dennoch bremste hinter ihm ein zweiter Wagen noch bevor Pauli ausgestiegen war: Nach dem Gespräch mit dem Hauptkommissar hatte Tom seine Eltern verständigt.

Kathrin und Lars waren, gefolgt von ihrem Sohn, aus dem Auto gesprungen und wollten ihre Tochter an sich ziehen, doch mit einem schnellen Seitenblick zu Patrick schüttelte Anna den Kopf. Ihre Eltern verstanden und ließen sie an der Seite ihres Freundes. Doch nun standen Kathrin, Lars, Tom, Pauli und ein Polizist, den die anderen noch nicht kannten, im Halbkreis um Anna und Patrick herum. Dabei wünschte sich das Mädchen im Augenblick nichts so sehnlichst, wie in Ruhe gelassen zu werden.

Pauli schilderte: »Der Vogelberg ist abgeriegelt, zusätzlich sind Kontrollen und Sperren in ganz Saarfurth organisiert. – Ich hoffe, diesmal erwischen wir ihn.« Dann wollte er wissen: »Das mit dem Herz ..., die Transplantation, was Tommy uns da erzählt hat, stimmt das?«

Anna nickte: »Ja, aber das können Sie alles von Doktor Alban erfahren. Ich vermute, der ist jetzt noch bei Randolph Filipowitz.« Erstaunt fügte sie hinzu: »Es ist noch keine halbe Stunde her, da habe ich mit ihm telefoniert.« Dann, um es hinter sich zu bringen, erzählte sie in knappen Sätzen, was sich ereignet hatte, nachdem sie losgerannt war, um Patrick zu warnen.

Patrick sah die ganze Zeit geistesabwesend zu Boden. Wie sollte er auch aufblicken können? Vielleicht müsste er dann ja Annas Mutter oder ihrem Vater in die Augen sehen? Doch plötzlich stutzte er. Zwischen den Worten, die um ihn herum brandeten, hörte er jetzt etwas anderes. Vogelgezwitscher.

Nach dem Gewitter waren die Piepmätze wieder hervorgekommen und krakeelten erfrischt und munter in der reinen Luft um die Wette. Patrick hob erstaunt den Kopf. – Wie konnte das sein? Tatsächlich: Da stand die leuchtende Sonne am blauen Himmel und unter ihr hatte sich nach dem heftigen Gewitter sogar ein prächtiger Regenbogen ausgebreitet. Ja aber ... *wie konnte das sein?* Der Sommer hatte der

Welt einen wunderschönen Nachmittag geschenkt, einer Welt, die aufgehört hatte, zu existieren.

Als Patrick jetzt auch noch von Pauli angesprochen wurde, hörte er gar nicht zu, sondern drängte sich mit einem Aufstöhnen an ihm vorbei, stolperte, fing sich wieder und rannte so schnell er konnte zurück zu seinem Haus.

Anna wollte gleich hinterher, doch Lars hielt sie am Arm fest. Sie riss sich los, nahm sich aber noch die Zeit zu erklären: »Hört zu: Ich habe alles gesagt. Patrick braucht mich jetzt. Wenn es ihm besser geht, wenn ich es für richtig halte, melde ich mich, dann könnt ihr fragen, soviel ihr wollt. – Aber bitte habt Geduld.«

Kathrin rief noch: »Willst Du dir nicht wenigstens erst trockene Sachen anziehen?«, doch da war ihre Tochter schon auf und davon.

*

Als Anna Patricks Haus erreichte – daran, dass es eigentlich Edgars Haus war, wollte sie nicht denken –, stand die Eingangstür offen. In der Wohnung nahm sie sich die Zeit, die Türen zu verriegeln, die Klingel abzustellen und die Telefonanlage von der Leitung zu trennen.

Dann stieg sie in den ersten Stock hinauf. Die Tür zu Patricks Zimmer war angelehnt. Anna trat ein.

Er saß im Schneidersitz auf seinem Bett. Nur die durchweichten Espandrilles hatte er abgelegt, die tropfnassen Kleider schienen ihn nicht zu stören. Den Kopf hatte er leicht nach vorne gebeugt, das Gesicht in seinen Händen vergraben.

Anna kam näher und hörte sein leises Weinen.

Sie strich ihm wortlos über den Rücken, trat dann zu den Fenstern, um die Jalousien ein Stückchen herunter zu lassen. Schließlich suchte sie sich aus Patricks Kleiderschrank ein langes weißes T-Shirt heraus, mit dem sie in seinem kleinen, direkt an sein Zimmer grenzendes Bad verschwand. Anna zog sich aus, nahm das Badetuch ihres Freundes, das neben der Duschkabine hing, trocknete sich langsam ab während sie mit ruhiger Nachdenklichkeit ihr Spiegelbild musterte. Schließlich legte sie das Tuch beiseite und schlüpfte in nichts weiter als das frische T-Shirt. Als sie, mit einem neuen Handtuch in der Hand, wieder das abgedunkelte Zimmer betrat, saß Patrick noch so auf dem Bett, wie sie ihn verlassen hatte.

Sie strich ihm sanft durch sein nasses Haar und über den Nacken.

Seine Haut fühlte sich so kalt an.

Anna kniete sich hinter Patrick auf das Bett. Vorsichtig legte sie von hinten ihre Hände auf seine Unterarme und drückte sie nach unten. Dann streckte sie ihre Arme unter seinen Achseln durch und öffnete sachte, sich langsam von Knopf zu Knopf tastend, sein Hemd. Ein leises, saugendes Geräusch war zu hören, als sich der nasse Baumwollstoff von seiner feuchten Haut löste, während sie das Hemd über seine Schultern und Arme zurückzog, um es schließlich auf den Boden gleiten zu lassen.

Kräftig aber vorsichtig trocknete sie mit dem Handtuch seine Haare, dann seinen Rücken und seine Arme. Schließlich richtete sie sich leicht auf, beugte sich von hinten über ihn und rieb, sich mit der Linken auf seiner Schulter abstützend, sanft über seinen Bauch und seine Brust. Patrick weinte nicht mehr, aber er saß immer noch regungslos, sein unbewegter Blick schien etwas in weiter Ferne, tief in seinem Inneren zu betrachten.

Anna verharrte einen Moment, dann warf sie das Handtuch neben das Bett, zog in einer fließenden Bewegung ihr T-Shirt aus und ließ es neben das Handtuch auf den Boden fallen. Sie schob erneut ihre Arme unter Patricks Armen hindurch, küsste zärtlich seinen Nacken und presste sich, das Kinn auf seine rechte Schulter gelegt, sanft gegen seine Rücken.

Als Annas Brüste auf die Haut des Jungen trafen, als er ihre Wärme spürte, schien sich sein Oberkörper für einen kurzen Augenblick zu versteifen, doch dann, ganz langsam, wurde er weich und warm. Die linke Hand hatte Anna locker auf seinen Bauch gelegt, mit der rechten streichelte sie tastend seine Brust, manchmal küsste sie ihn auf die Schulter, den Hals oder auf das Ohr, zweimal nahm sie auch vorsichtig sein Ohrläppchen zwischen die Zähne.

Nach etwa zehn Minuten sagte Patrick leise: »Mein eigener Vater.«

Anna sagte nichts.

Nach weiteren fünf Minuten flüsterte Patrick mit ruhiger Stimme: »Warum habe ich nichts gemerkt? Warum? Warum ist er so geworden?«

Anna presste sich für einen Augenblick noch fester an ihn und flüsterte in sein Ohr: »Du hast dich gegen ihn entschieden – für mich.«

Es dauerte wieder etwas, bis ein kurzer Schauer durch seinen Körper lief und er mit klarer Stimme sagte: »Es tut so weh.«

Ebenso deutlich antwortete Anna: »Ich weiß. – Du sollst nicht verbrennen. Ich werde dir helfen. Bitte.«

Jetzt griff Patrick mit der rechten Hand hinter sich und streichelte locker über Annas Hüfte. Er drehte seinen Kopf zur Seite, bis sich ihre Blicke begegnen, sich festhalten konnten, dann sagte er leise: »Ich möchte dich sehen.«

Anna glitt ohne Hast vom Bett und wandte sich, sonderbar entspannt, zu ihrem Freund um. Eine Empfindung der Scheu gab es nicht. Konnte es nicht geben. Weder für Anna, die nackt vor Patrick stand, noch für Patrick, der ruhig Annas Nacktheit, ihre sanften Brüste, ihren flachen Bauch, ihre

Scham bewunderte. Als schließlich auch Patrick aufstand, trat Anna auf ihn zu und öffnete seinen Gürtel, den Knopf und den Reißverschluss der Jeans und zog behutsam seine Hosen bis zu seinen Knöcheln herunter. Dann setzte Patrick sich wieder auf den Rand des Bettes, damit Anna ihm besser Hose und Shorts über die Füße streifen konnte.

Sie setzte sich auf seinen Schoß. Sie umspannte mit ihren Beinen seine Hüften und kreuzte ihre Füße hinter seinem Rücken. Dann schmiegten sie sich aneinander.

Sie umarmten sich und streichelten lange Minuten das Gesicht, den Hals, durch die Haare und über den Rücken des anderen.

Irgendwann küsste Patrick vorsichtig die weiche Haut unter Annas linker Achsel, dort, wo der Arm in den Körper übergeht; dann ließ er seine geschlossenen Lippen ganz sachte der sanften Wölbung ihrer festen Brust folgen, bis er die harte, zarte kleine Erhebung erreichte.

Während er ein paar Mal mit den Lippen, leicht ausatmend, über die linke Brustwarze strich, begann er ihre rechte Brust vorsichtig mit seiner linken Hand zu erkunden, spürte, wie auch dort diese zarte Erhebung noch fester wurde.

Ein surrender Lufthauch kam über Annas Lippen, als sie ihren Kopf in den Nacken legte. Dann sah sie ihm in die Augen, lächelte zaghaft und sanft und ein wenig verschmitzt während sie leise forderte: »Jetzt.«

Sie legte ihre Arme um seinen Nacken. Unterstützt von Patricks Händen zog sie sich ein kleines Stück von seinen Beinen hoch und rückte noch enger an ihn heran. Ihre rechte Hand löste sich kurz von seiner Schulter und verschwand nach unten, um Patrick zu helfen. Bei der Berührung wurde sein Atem noch heftiger. Fast hätte sie ihn wieder verloren, als sie sich, leicht auf ihre Unterlippe beißend, ein klein wenig herunterließ. Schließlich klammerte sie sich wieder an

Patrick und ließ sich ganz langsam tiefer sinken. Patrick spürte einen kurzen, kaum wahrnehmbaren Widerstand, Anna warf wieder ihren Kopf in den Nacken, und ein leiser, klagender Laut des Triumphs kam über ihre Lippen. Als sie nicht mehr tiefer herabsinken konnte, umarmten sie sich heftig und lange. Dann blieben sie einige Momente regungslos und sahen sich in die Augen.

Schließlich küssten sie sich wieder und begannen, zunächst vorsichtig, sich zu bewegen. Doch der zarte Wind, der über ihre Lippen kam, wurde kräftiger und lauter, wie auch ihre Bewegungen immer heftiger wurden. Und als Anna schließlich mit einem hellen Gurren in der Stimme mehrmals heftig zusammenzuckte und über Patricks Rücken kratzte, antwortete er ihr noch im selben Augenblick.

Erschöpft sanken sie in enger Umarmung zur Seite, schenkten sich noch ein paar zärtliche Berührungen, waren aber bald für eine kurze Weile eingeschlafen.

Als sie wieder erwachten, gingen sie gemeinsam unter die Dusche und widmeten sich auch den Rest des Abends nur einander. Aber schon um zehn Uhr kuschelten sie sich nackt und eng umschlungen unter Patricks Decke. Diesmal, um wirklich zu schlafen.

Fast schon in die Traumwelt hinübergeglitten, musste Anna plötzlich leise kichern. Auf Patricks »Was ist?« antwortete sie schlaftrunken: »Ich habe mich nur gefragt, wie ich heute Abend wohl auf Rolands Stöhn-Skala abgeschnitten hätte.«

»Glaube kaum, dass die auf uns zugeschnitten ist. – Mit Schule hatte das ja wohl nichts zu tun. ... Anna?«

Aber er hörte nur noch ihr ruhiges Atmen. Und was Patrick noch vor wenigen Stunden nicht für möglich gehalten hatte: Auch er war schnell und tief eingeschlafen.

*

Am Morgen erwachte Patrick zuerst. Er war sich nicht sicher, ob er es schon konnte, aber er versuchte, seine Gefühle zu prüfen. Nach wie vor brannte die Wut auf seinen Vater in seinem Inneren, aber auch die Wut auf sich selbst: Er machte sich Vorwürfe, weil er die Gefahr – vor allem die Gefahr für Anna – nicht erkannt und weil er diesem Mann mit Max Klingers Herz in die Hände gearbeitet hatte. Doch schlimmer als die Wut waren Trauer und Angst – die Trauer über die Ermordung seiner Mutter, die Trauer darüber, dass er seinen Vater verloren hatte, dass er so getäuscht, enttäuscht und ausgenutzt worden war. Und Angst, die hatte er vor der Zukunft, denn schließlich stand er nun alleine da. – Nein, nicht alleine, sagte ihm ein Blick neben sich. Als er Annas schlafendes, zum Teil von ihren zerzausten Haaren bedecktes Gesicht sah, als er noch näher zu ihr rückte und ihren Geruch bewusst in sich aufnahm, da begriff er, wie er trotz aller Wut, trotz aller Trauer und Angst so ruhig sein konnte. Er war nicht nur auf seine eigene, wenige Kraft angewiesen. Er hätte den Widerspruch nicht erklären können, aber er akzeptierte ihn: Trotz seiner Trauer und Verzweiflung war er glücklich.

Leise murmelnd erwachte Anna, drückte sich in einer ersten Bewegung an Patrick, dann schlug sie die Augen auf, sah ihn an und fragte sanft: »Warum weinst Du?«

Er antwortete: »Ich liebe dich.«

*

An diesem Tag gab es nur zwei Dinge für Anna und Patrick: Miteinander reden und einander lieben. Sie sprachen über ihre Ängste und Enttäuschungen, über Edgar Mayer und die Gefahr, über sich selbst und ihre Zukunft. Sie massierten ihre Seelen und ihre Körper.

In mancher Beziehung ging ihnen natürlich nun auch ein Licht auf. So sagte Patrick: »Weißt Du noch, nachdem wir dich aus Blues sonderbarem Gefängnis herausgeholt hatten? Nachdem es klar schien, dass dieser bescheuerte Reporter gar nicht der Gesuchte war? Da warst Du später verwirrt, weil Du doch geglaubt hattest, *SEINE* Gegenwart zu spüren. Du hast dich nicht geirrt! Allerdings war es nicht Blue, den Du gespürt hast. Schließlich war auch *ER* dabei, als wir zu dir in diesen versteckten Raum kamen.«

Anna nickte und fügte hinzu: »Oder denk daran, wie *ER* bei mir und meinen Eltern war und uns vorgespielt hat, dass er so besorgt um dich ist, weil ich dich in etwas Gefährliches hineinziehen könnte. Und ich Depp habe gedacht, er wäre sauer auf mich und auch nervös. Aber das war es nicht gewesen, was ich an ihm bemerkt hatte ...«

Miteinander reden, sich spüren, einander genug sein, mehr wollten sie nicht an diesem Tag. Nur am frühen Vormittag hatte Anna kurz mit ihren Eltern telefoniert, um sie zu beruhigen und um ihnen zu erklären, dass sie am Abend, gemeinsam mit Patrick, nach Hause kommen wollte. Bei dieser Gelegenheit erfuhr Anna, was sie ohnehin wusste: Noch immer fehlte jede Spur von Edgar Mayer.

Schließlich, kurz vor acht Uhr abends, fragte Anna mit einem warmen Lächeln: »Wie sieht's aus, Mr. Spock, bist Du bereit?«

Patrick antwortete mit einem Seufzer: »Eigentlich nicht. Aber irgendwann muss es ja wohl sein, was? Also auf dann.«

Sie zogen sich an und machten sich auf den Weg zu Annas Eltern.

Als sie Patricks Haus verlassen hatten, meinte er beunruhigt: »Ich hab' vielleicht einen Bammel, Kathrin und Lars unter die Augen zu treten.«

Während sie weitergingen, ergriff Anna seine Hand und antwortete: »Du brauchst keine Angst zu haben. Du kennst sie doch!«

Patrick seufzte: »Ja, schon. Aber gerade weil ich die beiden gern habe, macht es das schwer. Ich beneide dich um deine Familie.«

»Es ist schon seltsam: Ich weiß, dass mein Vater eigentlich gar nicht mein leiblicher Vater ist, aber ich wünschte, er wäre es; und Du ...«

»Ja. Ich weiß, dass mein Vater auch tatsächlich mein Vater ist, aber – Himmel! – was würde ich dafür geben, wenn es nicht so wäre!«

Schweigend gingen sie weiter. Als sie schließlich fünf Minuten später vor der Haustür der Silvans standen, sagte Anna, so als wären sie noch mitten in einer Unterhaltung: »Vielleicht ist Familie ja ganz etwas anderes.«

Patrick musste nicht fragen, was sie meinte.

4. Die Einladung

Als Anna und Patrick das Wohnzimmer betraten, hatten sie den Eindruck, dass Kathrin, Lars und auch Tommy schon auf sie gewartet hatten. Der Eindruck stimmte.

»Na, habt ihr schon zu Abend gegessen?«, wollte Kathrin wissen.

Die triviale Frage überraschte Patrick, beruhigte ihn aber auch auf seltsame Weise. Es war wohl doch kein reines Klischee, dass besorgte Mütter so ziemlich als Erstes daran dachten, dass der Nachwuchs genug zu essen hatte, da brach sich vermutlich ein gut konservierter Ur-Instinkt seine Bahn in die zivilisierte Welt.

Als ihre Tochter geantwortet hatte, dass sie bereits gegessen hätten, kam Kathrins nächste Frage den aktuellen Problemen schon etwas näher: »Und Du, Patrick? Wir haben uns gefragt, wie es dir geht?«

»Na, danke, ich würde sagen, so gut, wie es die Umstände zulassen. Anna hat mir sehr geholfen.«

Das war keineswegs übertrieben. Aber die Details ließ er doch lieber beiseite.

Dann nahm er allen Mut zusammen: »Hört mal, ist es ..., macht es euch was aus ..., ich meine: Kommt ihr damit klar, dass ich *SEIN* Sohn bin?«

Ganz konnte er es nicht vermeiden, dass sich die Angst vor der Antwort in seinem Gesicht widerspiegelte, und er merkte es gar nicht, wie fest er Annas Hand drückte.

Lars kam zu ihnen herüber, zog seine Tochter und ihren Freund an sich und antwortete ernst: »Als wir die Wahrheit begriffen hatten, das war ein Schock für uns – aber das ist ja wohl klar. Doch das ändert nichts daran: Dein Vater ist dein Vater, und Du bist Du. Was dein Vater anderen Menschen und auch dir angetan hat, das ist nicht deine Schuld. Und wenn Kathrin und ich nicht wüssten, dass der Charakter eines Menschen nicht von seinem Blut abhängt, ja Du lieber Himmel! – Wenn nicht wir, wer sollte es sonst wissen?«

Patrick sah ihn fragend an, daraufhin zog Lars seine Tochter zu sich heran, legte einen Arm um ihre Schulter und sprach mit der Andeutung eines Lächelns: »Na wo bleibt denn deine Vulkanier-Logik, Mr. Spock? Wir haben hier doch das beste lebende Beispiel. Denk an Max Klinger, der Anna gezeugt hat. Ich brauche dir wohl nicht zu erklären, was wir von Klinger halten? Aber es ist mir vollkommen pipe-schnurz-wurscht-egal, welches Blut durch Annas Adern fließt – das Mädchen, das ich hier festhalte, möchte ich um keinen Preis wieder hergeben.« Dann zog er Anna leicht am Ohr und meinte: »Na ja, manchmal kann so ein Anhang – und besonders *dieser* hier – einem schon ein paar Nerven kosten. Aber ich denke, im Großen und Ganzen haben wir hier ein einigermaßen passables Menschenexemplar vor uns. – Oder nicht? Sag's nur, wenn dir meine Tochter nicht gefällt. – *Autsch*!«

Das übertriebene »Autsch« kam daher, dass Anna ihrem Vater leicht auf die Zehen trat. »Einigermaßen passabel? – Also wirklich, Papa! – Da hat dieser Mann die beste aller möglichen Töchter, und dann kommt so was. Und Du, Mr. Spock: Hör sofort auf zu grinsen und pass jetzt bloß auf, was Du sagst!«

»Nein, Lars«, antwortete Patrick nun, »da muss ich widersprechen, *ganz passabel* trifft es wirklich nicht so ganz. Und sie gefällt mir – oh Himmel, ich glaube, ich höre mich ziemlich kitschig an, aber ich wüsste wirklich nicht, was mir mehr gefällt.«

Eigentlich hatte Lars mit seiner Flapsigkeit Patrick nur die Angst nehmen wollen. Eine so ernste Antwort hatte er jedenfalls nicht erwartet, und für ein paar Sekunden herrschte Schweigen.

Dann fuhr Lars fort: »Du bist also gerne in der Nähe unserer Tochter? Ich glaube, dann habe ich eine gute Nachricht für dich: Weißt Du, Kathrin und ich haben uns überlegt, was Du nun machen willst, nachdem dein Vater, hm, fort ist, – so allein in dem Haus, das Du vielleicht gar nicht halten kannst. Ich weiß ja, Du bist sehr selbständig und alles, aber Du gehst noch zur Schule. – Was ich sagen will: Du bleibst erst mal bei uns. Das Gästezimmer brauchen wir ja kaum, und es ist recht groß. Du kannst es dir ganz nach Geschmack einrichten, und ...«

Weiter kam Lars nicht. Mit einem Jauchzer war ihm seine Tochter um den Hals gefallen, dass ihm die Luft wegblieb. Es dauerte eine ganze Weile, bis Anna wieder jemand anderes zu Wort kommen ließ.

Patrick stand da wie versteinert. Er konnte es nicht fassen: Erst gestern hatte er das bisschen Familie verloren, das er hatte, und heute schon sollte er eine neue bekommen? Und auch noch eine *komplette* Familie? Und mit Anna unter einem Dach wohnen sollte er auch noch! Er brachte es nicht fertig, sich lange zu zieren. Seine Gefühle konnte er auch kaum in Zaum halten, als er schließlich bei Kathrin und Lars einschlug. Aber er fügte noch hinzu: »Wenn ihr schon so großzügig seid, lasst mich wenigstens für mich selbst aufkommen. Schließlich: Mein Vater ist ja verpflichtet, für meinen Unterhalt zu sorgen. Und ein Teil seines Besitzes würde mir ohnehin zustehen, weil es ja ursprünglich der Besitz meiner Mutter war. Ich vermute zwar, dass er so vorausschauend war und für den Fall seiner Flucht Geld beiseite geschafft hat, aber da ist ja immer noch das Haus und einiges darin. Das lässt sich doch verkaufen oder vermieten?«

Lars klopfte ihm auf die Schulter und meinte: »Mach dir mal keine Sorgen, was das Finanzielle anbelangt. Und um den ganzen juristischen Kram, auch was das Haus betrifft, werde ich mich kümmern.«

Kathrin sagte: »Wenn Du wirklich etwas für uns tun willst, dann pass nur weiter auf unsere Anna auf. Ich glaube kaum, dass sie ohne dich bisher so glimpflich davongekommen wäre.«

Verlegen sah Patrick zu Boden, der es eher anders herum betrachtete: Was hätte er die letzten Tage ohne Anna getan? Und schließlich war es ja oft er gewesen, der den Mörder, wenn auch ohne es zu wissen, mit den neuesten Informationen versorgt hatte. Eine kräftige Umarmung von Anna brachte ihn in die Realität zurück, zumal sie ihn gleich darauf feixend fragte: »Also, wann ziehst Du ein, mein Bodyguard? – Wenn ich singen könnte, dann würde ich dich jetzt Kevin nennen!« Dann wurden noch ein paar Details erörtert.

Als Anna in die Küche ging, um sich ein Glas Orangensaft zu holen, folgte ihr Kathrin. Anna wusste, was kommen würde, aber es störte sie nicht.

Kathrin wartete ruhig, bis ihre Tochter ihr Glas gefüllt und die Flasche wieder in den Kühlschrank gestellt hatte, dann fragte sie: »Sag mal, Du warst sehr lange bei Patrick. Auch letzte Nacht.«

Anna stellte das Glas ab, umarmte ihre Mutter, drückte sie kurz an sich.

Kathrin seufzte und meinte, nur mit einem Hauch Traurigkeit in der Stimme: »Wie die Zeit vergeht! – Hm, völlig neue Erkenntnis. – Ich hoffe, Du bleibst uns trotzdem noch ein paar Jahre erhalten?«

Doch bevor Anna antworten konnte, fuhr Kathrin schnell fort, und sie versuchte, ihrer Stimme einen leicht ironische Klang zu geben: »He, aber eins sag' ich dir: Ich fühle mich noch ein bisschen zu jung, um Oma zu werden. Ich nehme an, ich brauche dir nichts mehr zu erklären, ja?«

Mit einem Kuss beruhigte Anna ihre Mutter (soweit das eben möglich war), dann gingen sie zusammen ins Wohnzimmer zurück.

Später liefen Anna und Patrick noch einmal zu seinem Haus, um schon ein paar Sachen von ihm zu holen. Sie ließen sich Zeit. Auch in den kommenden Tagen gab es häufige Besuche in Patricks altem Zimmer.

*

Nach außen hin schien ihr fast alles perfekt. Doch zwei Dinge nagten an Annas Glück. Da war zum einen der Schmerz ihres Freundes. Anna half ihm, so gut sie konnte, und sie wusste, dass auch die Zeit eine Hilfe sein würde. Sie wusste aber auch, dass die Wahrheit über seinen Vater Narben zurücklassen würde. Damit mussten sie leben.

Die andere Sache war natürlich die Ungewissheit. Was würde Edgar Mayer als nächstes unternehmen? Vermutlich gab es in ganz Westeuropa inzwischen keinen einzigen Polizisten, der nicht ein Foto des Killers in seiner Tasche hatte. Aber Anna und Patrick waren überzeugt, dass er nicht so leicht ins Netz gehen würde. Und aufgeben? Nein. Das würde er auf gar keinen Fall.

Anna hatte Angst. Um sich und vor allem um ihre Familie. Nur allzu deutlich hatte sie noch seine Worte im Ohr: *Eigentlich wollte ich dich noch ein klein wenig zappeln lassen und mich zunächst intensiver deiner Familie widmen.* Genau das würde zu ihm passen: Dass er nun versuchte, in ihre Familie einzubrechen, ihren Eltern oder ihrem kleinen Bruder etwas anzutun! Sie wussten zwar endlich, wer hinter ihr her war, aber deswegen war die Sache noch nicht ausgestanden. Sie mussten höllisch vorsichtig sein.

*

Auch Pauli war überzeugt, dass Edgar Mayer nicht aufgeben würde. Anna hatte ihm von ihren Bedenken erzählt, und er fand ihre Vorstellung keineswegs abwegig. Der Polizeischutz für die Silvans blieb weiterhin bestehen.

Der Hauptkommissar hatte inzwischen einen dem Nervenzusammenbruch sehr nahen Reporter wieder freigelassen – ohne sich zu entschuldigen. Außerdem wusste Pauli mittlerweile auch, wo Leutnant Bill Brown abgeblieben war: Der »Austausch-Polizist« aus den USA hatte Walter angerufen – aus einer Telefonzelle des Frankfurter Flughafens. Er hatte aus Los Angeles die Nachricht bekommen, dass er endgültig rehabilitiert war, denn aller Wahrscheinlichkeit nach sei der tatsächliche Mörder des zwielichtigen Gitarrenspielers geschnappt worden. Ein ehemaliger Spießgeselle hatte den Täter belastet, um sich in einer anderen Angelegenheit bessere Chancen vor Gericht zu verschaffen.

Und dann hatte es auch noch ein längeres, sehr interessantes Gespräch zwischen dem Hauptkommissar und Dr. Alban gegeben. Offiziell akzeptierte Pauli die Version der Geschichte, die auch in den Medien zu lesen und zu hören war: Mayer musste erfahren haben, wessen Herz in seinem Körper schlug. Das nahm er als willkommenen Anlass, seinen psychopathischen Sadismus auszuleben, der wohl schon in ihm angelegt gewesen war. Vielleicht hatte ihm sein krankes Hirn zu Anfang sogar die Entschuldigung vorgegaukelt, nicht er, Edgar Mayer, sondern Max Klinger sei das blutrünstige, mörderische Schwein. Vermutlich war dieses Herz eines Anderen auch der Auslöser einer Art bösartigen Schizophrenie, die dafür sorgte, dass Mayer vollkommen durchdrehte, während er gleichzeitig höllisch gerissen agierte und so für seine Umgebung eine ganz normale, bürgerliche Fassade aufrecht erhalten konnte. Möglicherweise sah er sich selbst inzwischen gar nicht mehr als Edgar Mayer sondern als Max Klinger, vielleicht auch nur als Klingers Werkzeug, doch das Resultat war immer das selbe: Er hatte sich Max Klingers Tochter als sein Hauptopfer ausersehen. Denn dass Anna eigentlich das Kind von Klinger war, das war inzwischen amtlich.

Vermutlich, so überlegte Pauli, war Dr. Alban das Geständnis der illegalen Organentnahme und des Austauschs der Babys nicht einmal allzu schwer gefallen, schließlich war beides verjährt, und wer wollte ihm diese Tat verübeln, wenn sie dem Kind wirklich das Leben gerettet hatte? Und was den Austausch der Mädchen betraf, so war auch niemand da, der sich darüber beschwerte.

Allerdings fragte sich Pauli, ob Peter Alban auch wirklich restlos alles gestanden hatte. Der Grund für Paulis Misstrauen war eine für seinen Geschmack nicht ganz zufriedenstellend geklärte Frage: Wieso hatte sich Mayer, stellvertretend für Klinger, die *»eigene«* Tochter als Opfer ausgesucht? Sicher, Klinger hatte das Kind nicht gewollt, als Plage empfunden, und aus seiner stumpfsinnigen Perspektive heraus mochte seine Tochter auch für den Ärger verantwortlich gewesen sein, den er sich durch ihre Misshandlung eingebrockt hatte. Aber genügte das? Oder redete sich Mayer ein, dass es da noch mehr gab? Oder gab es *tatsächlich* noch mehr? Etwas, das Mayer herausgefunden hatte? Vielleicht hing es mit Klingers seltsamem Selbstmord zusammen, nachdem er von dem angeblichen Tod seiner Tochter erfahren hatte? Vielleicht hatte er ja zu der Organspende ein klein wenig überredet werden müssen? Wenn man dazu noch bedachte, wie Mayer das OP-Team dezimierte, das damals Klinger unter dem Messer gehabt hatte ... Dr. Alban war ihm keineswegs unsympathisch, aber dennoch würde Pauli all diese Fragen nicht außer acht lassen.

Doch daneben gab es noch etwas, das Pauli eher persönlich betraf und das ihm zu schaffen machte: Seine eigene Meinung, warum Mayer zum Killer geworden war, entfernte sich langsam aber sicher von der offiziellen Version. Nach außen vertrat er weiterhin die These, dass es sich bei Mayer um einen völlig durchgeknallten, sadistischen Soziopathen handeln müsse. Und zum Teil mochte das auch stimmen. Aber *alles* ließ sich damit nicht erklären. Deshalb fragte sich Pauli, ob nicht doch mehr an der Sache war. – Mehr, als ein normaler Mensch begreifen konnte. Nachdem Anna und ihre Freunde von diesen *übersinnlichen* Ereignissen berichtet hatten, da hatte er sie für verrückt und für verlogen gehalten. Doch nun keimte der Verdacht in ihm, dass er ihnen unrecht getan hatte. Das beunruhigte ihn.

*

Neben all den Schrecken, die Anna bei ihrer Begegnung mit dem wahren Edgar Mayer durchlebt hatte, gelang es ihr doch, selbst in diesem fast tödlichen Zusammentreffen einen gewissen Nutzen zu erkennen. *Er* hatte sie in seinen Armen gehalten, hatte sie sogar geküsst. Der Tod hatte sie bei ihrem Namen gerufen, aber sie hatte es überlebt – und sie hatte gelernt. Und je mehr sie von *ihm* wusste, umso besser konnte sie sich schützen.

Fast im Zentrum des Bösen hatte sie gestanden, hatte seine Aura wie ein lebendiges Wesen um sich gespürt, und diesmal hatte sie sogar ein Gesicht, einen Namen zu dieser Aura bekommen. Schon bei dem Attentat, das ihrer Mutter gegolten hatte, war es das Gefühl seiner Nähe gewesen, das sie warnte. In Zukunft würde sie es wissen, wenn er da war.

Nur zu Patrick hatte sie, schon zwei Tage später, über ihrer neu gewonnenen Erkenntnisse gesprochen.

»Es kommt sogar noch etwas dazu«, hatte er nach kurzem Nachdenken erklärt, »er hat seine bürgerliche Maske fallen lassen, und nachdem Du ihn ohnehin kennst, wird er sich auch nicht mehr bemühen, sich abzuschirmen. Was Du da spürst ..., was immer es auch ist: Es wird stärker werden. Stärker und deutlicher.«

Anna war hin und her gerissen: Vielleicht mochte ihre Fähigkeit eine wichtige Hilfe sein, aber dennoch dachte sie auch mit Schaudern daran. Denn wenn sie ihn immer mehr erkannte, wenn seine Ausstrahlung immer deutlicher wurde, je weiter er sich von seinem menschlichen Ursprung entfernte – wie weit würde sie dann in seine Gedanken und Gefühle eindringen? Anna fürchtete sich vor dem, was sie dann vielleicht zu sehen, zu spüren bekommen würde. Höchst ungern erinnerte sie sich daran, wie schrecklich es gewesen war, als sie sich ihm durch ihre Wutanfälle so nahe, so verwandt gefühlt hatte.

*

Schon einen Tag, nachdem sie mit Patrick darüber gesprochen hatte, konnte Anna ihre Fähigkeiten testen – sie hätte gerne darauf verzichtet. Sie lag gerade faul neben Patrick auf dem Boden seines neuen Zimmers, wo sie gemeinsam die Fernsehzeitung studierten.

Patrick stupste sie plötzlich an und fragte: »He, was ist denn jetzt los?«

Anna wusste nicht, was er meinte und zog fragend die Augenbraue hoch. Als Antwort deutete er mit einem leichten Kopfnicken auf ihren linken Arm. Erstaunt musste sie feststellen, dass ihr Arm von einer nicht zu übersehenden Gänsehaut überzogen war. Und dann spürte sie es. Zunächst schwach, doch von Sekunde zu Sekunde stärker werdend.

Ruhig sagte sie: »Er ist in der Nähe. Noch nicht gefährlich nah, aber ziemlich nah.«

Patrick sprang auf: »Soll ich Pauli anrufen?«

Anna horchte gedankenverloren in sich hinein, dann antwortete sie: »Ich glaube nicht«, und nach ein paar Sekunden: »Nein, lass es sein. Es wird schon wieder schwächer. – Es ist weg. *Er* ist wieder weg.«

»Was wollte er bloß?« Patrick meinte das zwar eher als rhetorische Frage, aber Anna antwortete: »Ich glaube fast, das war als Botschaft gedacht.«

Als ihr Freund sie entgeistert anstarrte, schüttelte Anna den Kopf und erklärte: »Nein, ich konnte nicht erkennen, was er denkt. Es hatte nichts mit Worten oder mit der Sprache zu tun. Aber ich glaube, ich habe – ziemlich grob – einen kurzen Einblick bekommen, in seine ... ich weiß nicht ... Gefühle? Nein, das trifft es nicht ganz. Ich glaube, *Stimmung* kommt der Sache am nächsten.«

Unangenehm fasziniert wollte Patrick wissen: »Und in welcher *Stimmung* befindet er sich?«

Anna schluckte und bekam erneut eine Gänsehaut: »Es scheint, er ist ziemlich guter Dinge!«

*

Noch am gleichen Tag hatte Anna ihre Eltern und besonders eindringlich ihren Bruder gebeten, größtmögliche Vorsicht walten zu lassen. Patrick hatte es übernommen, Heike und Roland zu warnen, dass sie jetzt die Augen ganz besonders offen halten sollten, da *er* vermutlich etwas vorhätte, aber gegenüber Anna bekannte Patrick ernst: »Ich glaube, die größte Gefahr besteht im Augenblick für deine Familie. Über sie wird er versuchen, an dich heran zu kommen.«

Anna nickte traurig: »Ich weiß. Hilf mir, so gut es geht, alle im Auge zu behalten. Besonders Tommy, er ist das schwächste Glied in der Kette.«

»Lass ihn das bloß nicht hören. Aber eure Eltern lassen ihn ja jetzt schon nirgends mehr alleine hingehen. Und ich denke, *ihm* ist auch klar, dass alle ein besonderes Auge auf deinen kleinen Bruder haben.«

Wie von einer plötzlichen Müdigkeit befallen lehnte sich Anna gegen Patrick und bat leise: »Halt mich fest.«

Nachdem sie ein paar Sekunden ihr Gesicht an seine Schulter gedrückt hatte, sah sie ihm in die Augen und fügte ohne Bitterkeit hinzu: »Manchmal wünschte ich, Du hättest ...«, sie brach den Satz ab und schwieg.

»Ich weiß«, entgegnete Patrick, »das ist mir auch schon oft durch den Kopf gegangen. Aber ich konnte nicht. Obwohl ich das Messer schon in der Hand hatte, konnte ich es nicht tun. Verstehst Du das?« Anna strich ihm durchs Haar und antwortete: »Mir wäre es nicht anders gegangen. Aber es macht die Sache schwierig.«

*

Wenn man die Wahl hat, sich aus dem zehnten Stock oder von einer hohen Brücke zu stürzen, wofür soll man sich entscheiden? – Die Stimmung des Monsters zu erfassen, seine Nähe zu spüren, hatte Anna sehr beunruhigt. Aber fast noch mehr ängstigte es sie, dass er danach wie vom Erdboden verschluckt blieb. Sie hätte wirklich nicht sagen können, was schlimmer war: Zu wissen, dass er sich in ihrer Nähe herumtrieb, oder nicht zu wissen, wo er sich herumtrieb.

Doch als er sich dann drei Tage später wieder meldete, hätte Anna alles gegeben, um ihn wieder in der Versenkung verschwinden zu lassen.

*

Anna und Patrick waren gerade in Patricks Haus, weil sie noch ein paar seiner Sachen zusammensuchen wollten (zumindest wollten sie das *auch* tun). Doch bevor sie noch dazu kamen, irgendetwas zu tun, klingelte das Telefon.

Patrick nahm ab, meldete sich und hörte die Stimme seines Vaters: »Hallo, mein Junge, gib mir doch bitte mal Anna.«

In einem ersten Reflex wollte er tatsächlich einfach den Hörer weiterreichen, dann zuckte er heftig zusammen, erschrocken darüber, dass er seinen Vater noch einmal so wahrgenommen hatte, wie er ihn noch vor wenigen Tagen gekannt hatte. Als er sich wieder einigermaßen gefasst hatte, fragte er finster: »Was willst Du, Mörder?«

Als Anna merkte, wer in der Leitung war, stand sie sofort neben Patrick und schaltete den kleinen Raumklang-Lautsprecher des Telefons ein. So konnte sie noch Mayers sarkastische Antwort hören: »Na aber – sind wir heute wohl etwas dramatisch aufgelegt? Außerdem habe ich doch gesagt, was ich will: Mit der reizenden Anna möchte ich sprechen.«

Patrick entgegnete: »Wüsste nicht, was Du uns noch zu sagen hättest. Aber Anna hört zu – also rede. Ach ja, wie geht es deiner Nase? Tut's noch weh?«

Ein paar Sekunden herrschte Schweigen, dann kam die Antwort: »Oh, nicht der Rede wert. Weißt Du, die Erwartung künftiger Freuden lässt mich diese kleine Unannehmlichkeit glatt vergessen. Und damit wären wir auch schon beim Thema«, Mayers Stimme bekam einen verträumten Klang, als er sich nun übergangslos an Anna wandte: »Mein Täubchen, weißt Du noch, vor ein paar Tagen, als ich deinen weichen, warmen, entzückenden Körper in meinen Armen hielt? Natürlich weißt Du es noch. Und natürlich kennst Du auch noch meinen Liebesschwur. – Dass Du nichts mehr tun kannst, habe ich zu dir gesagt. Nun, das gilt immer noch – das gilt noch genauso, als wärst Du noch immer von dieser niedlichen Elektrowaffe paralysiert.«

Am liebsten hätte Patrick aufgelegt, und auch Annas Verstand drängte dazu, die Verbindung zu unterbrechen, aber sie brachten es nicht fertig. – Was hatte er sich diesmal für eine Teufelei ausgedacht? Sie mussten es wissen.

Mayer sprach nun im Plauderton: »Du hast doch sicher gehofft, dass es dir hilft, zu wissen, wer ich bin? Wie dumm von dir. Du konntest doch nicht allen ernstes glauben, dass ich dich nicht kriegen würde? Aber Tatsache ist: Ich *habe* dich schon. Du weißt es vielleicht noch nicht, aber *schon in diesem Augenblick* bist Du in meiner Gewalt.«

Die Sicherheit, die diese verhasste Stimme ausstrahlte, ließ Anna das Blut in den Adern gefrieren. Mayer legte nun eine fünfsekündige Pause ein. Gegen ihren Willen warteten Anna und Patrick gebannt, was kommen würde.

Schließlich sagte Edgar Mayer mit einer tiefen Befriedigung in der Stimme: »Hör es dir an. Hör genau hin, mein Engel«, dann war Mayers Stimme verschwunden und stattdessen – er hatte wohl den Hörer etwas gedreht – war nun im Hintergrund das Weinen eines Kindes zu hören. Doch schon nach drei Sekunden meldete sich wieder Edgar Mayer, der feststellte: »Wir haben eine Verabredung, Kleines.« Dann klickte es in der Leitung.

Anna hatte die Hände vor den Mund geschlagen, starrte Patrick aus großen Augen an. Ganz plötzlich riss sie ihm das Telefon aus der Hand und tippte mit fahrigen Bewegungen eine Nummer ein. Der Hörer zitterte in ihrer Hand, während sie wartete, dass auf der anderen Seite abgehoben wurde. Schließlich hörte Patrick sie aufgeregt rufen: »Mama, schnell, ist Tommy zu Hause? Er ist *nicht* zu Hause? Oh Gott, dann ... *Was?* Er kommt gerade zur Tür rein? Gib ihn mir. ... Später, jetzt gib ihn mir. ... Tommy, bist Du's? Geht es dir gut, ja? ... Oh, Gott sei dank. ... Was? Nein, erkläre ich dir später – und beruhige Mutti, sag, ich habe mich geirrt. Bis gleich.«

Anna legte auf.

Doch obwohl sie die Stimme ihres Bruders gehört hatte, wollte sich ein Gefühl der Beruhigung nicht einstellen. Als hätte sie kalt, hielt sie ihren Brustkorb krampfhaft mit ihren Armen umschlungen.

Patrick schüttelte sie ganz sachte zweimal, gab ihr einen Kuss auf die Stirn, atmete selbst tief durch und meinte: »Ruhig – lass uns versuchen, ganz ruhig zu bleiben. Dieses Weinen – man konnte es ja nur kurz hören, aber ich hätte ohnehin nicht geglaubt, dass das Tommy war. Das war ein kleineres Kind.«

Anna tat es ihrem Freund gleich, atmete einmal tief ein und sagte: »Du hast recht. Aber im ersten Moment war ich so erschrocken, dass ich dachte ... Was sollte das? Wieso glaubt er, dass er mich schon hat?«

»Versuchen wir, der Reihe nach vorzugehen: Woher wusste er eigentlich, dass wir hier sind? Ah! ich hab's!«

»Was?«, wollte Anna verwirrt wissen.

»Überleg mal, kommt es dir nicht seltsam vor, dass er gerade dann anruft, wenn wir wirklich in seinem alten Haus sind? Und woher hat er gewusst, dass Du auch hier bist?«

Anna zuckte mit den Schultern.

Patrick beantwortete seine eigene Frage: »Unser Anrufbeantworter. Er hat nicht nur eine Fernabfrage, man kann ihn mit einer bestimmten Codenummer von jedem beliebigen Telefon aus auf Raumüberwachung schalten. Möchte wissen, wie lange er am Telefon gewartet hat, bis er uns hören konnte. Dann hat er aufgelegt und gleich wieder angerufen.«

Anna bückte sich und zog den Netzstecker des Anrufbeantworters aus der Steckdose. Als sie sich wieder aufgerichtet hatte, meinte sie: »Aber das löst nicht unser Problem. Was ...«

Vom erneuten Klingeln des Telefons wurde sie unterbrochen.

Beklommen meinte Patrick: »Ich befürchte, jetzt werden wir erfahren, was er sich ausgedacht hat.«

Diesmal nahm Anna das Gespräch entgegen, und Patrick war es, der über den Raumlautsprecher mithörte.

Was sie hörten, war die nackte Angst. Eine heißere, raue Stimme, halb wahnsinnig vor Furcht und Schmerz, stieß die Worte aus: »Das Bett war *leer. Er hat sie*. Er hat meine Tochter. Er hat Pet!«

Natürlich wusste es Anna auch ohne zu fragen, dennoch stammelte sie in den Hörer: »Ruppert ..., Herr Weinberg, sind Sie's? Was ist passiert?«

Zunächst antwortete nur ein verzweifeltes Schluchzen, das schließlich von Wörtern und Sätzen unterbrochen wurde: »Heute morgen ... ihr Bettchen ... war leer. Nur ein Zettel ... *Keine Polizei*, und ich sollte beim Telefon bleiben. Um acht hat er das erste Mal angerufen, hat mir gesagt, wer er ist. Gerade eben hat er sich wieder gemeldet, mir die Telefonnummer gegeben und verlangt, dass ich dich anrufen soll und dass Du weder mit der Polizei noch mit deinen Eltern über die Entführung reden darfst. Und dann, bevor er aufgelegt hat, hat er noch gesagt ..., hat er gesagt, dass es nun an dir liegen würde, ob Petunie etwas passiert oder nicht – oh Gott! –, *ich habe sie weinen gehört!* Wie kann ein Mensch nur ...! Anna, ich weiß, es ist viel verlangt, so ungeheuer viel. Aber bitte: Lass sie nicht im Stich! Sie ist noch so klein, Sie ist doch auch deine Schwester! *BITTE!*«

Als Patrick seinen Arm um Anna legte, spürte er, wie sie zitterte. Dennoch schaffte sie es, ruhig zu antworten: »Hören Sie zu: Ich verspreche Ihnen, dass ich alles tun werde was ich kann, um Pet zu helfen. Ich werde sie nicht im Stich lassen. Aber Sie müssen mir auch etwas versprechen: Lassen Sie sich ein Beruhigungsmittel verschreiben. Sie wollen doch nicht, dass Sie krank sind, wenn wir Petunie zurück bringen? Das wäre nicht gut für ihre Tochter, sie wird Sie dann nämlich brauchen. – Haben Sie verstanden?«

Zunächst kam ein leises »Ja«, dann schien sich Weinberg zusammenzureißen, als er fortfuhr: »Du willst es wirklich versuchen? Anna, ich kann dir nicht sagen, wie dankbar ich bin. Du weißt, was mir meine Tochter bedeutet«, ein tiefer, zitternder Atemzug zeigte, wie schwer es Weinberg fiel, den Satz fortzusetzen, aber er tat es: »dennoch: Wenn Du in Lebensgefahr kommst, wenn Du keine andere Möglichkeit siehst, dann gib auf. Ich könnte es nicht ertragen, wenn Petunie etwas zustößt. Aber wenn ich mit dem Wissen weiterleben müsste, dass ich dich in den Tod geschickt habe, das könnte ich auch nicht.«

Anna versuchte, ihrer Stimme einen leichten Klang zu geben: »Nur keine Sorge. Sie wissen doch, wie schnell ich laufen kann, wenn's drauf ankommt. Und vielleicht haben wir ja jetzt eine Chance, ihm endlich das Handwerk zu legen? So, und Sie machen das gleich, mit dem Arzt. Ich werde jetzt auflegen, denn ich weiß nicht, wie viel Zeit mir noch zum Nachdenken und zum Planen bleibt.«

Anna hörte Weinberg noch sagen: »Du bist fantastisch!«, dann hatte sie die Verbindung unterbrochen und sie ließ sich erschöpft in Patricks Armen sanft hin und her wiegen. Nach wenigen Augenblicken meinte ihr Freund: »Ruppert Weinberg hat recht: Du *bist* fantastisch.«

»Aber ich habe Angst.«

»Ich weiß. Und Du hast auch allen Grund dazu. Du wirst eine gefährliche Reise antreten. Aber nicht allein.«

Natürlich hätte Patrick Anna jetzt erklären können, dass sie es nicht tun musste und auch nicht sollte. Dass ihr niemand die geringsten Vorwürfe machen würde, wenn sie die ganze Angelegenheit einfach der Polizei übergeben würde. Aber er tat es nicht. Der Grund dafür war nicht so sehr, dass er es ihr nicht noch schwerer machen wollte, einen ohnehin feststehenden Beschluss in die Tat umzusetzen, vielmehr wollte er Anna gar nicht von ihrem Weg abbringen. Denn sollte ihrer Halbschwester etwas passieren und sie hätte nicht wenigstens versucht ihr zu helfen, die Anna, wie Patrick sie kannte, wäre verloren gewesen.

Anna sah ihren Freund fragend an: »Was meinst Du, wie lange haben wir Zeit?«

Patrick dachte kurz nach, dann schien seine Antwort zunächst gar nichts mit Annas Frage zu tun zu haben: »*Einen* Fehler hat er schon gemacht: Statt dich unverzüglich loszuschicken, lässt er uns Zeit zum Planen. Lass uns die Zeit nutzen. Ich würde sagen, er meldet sich in drei Tagen, frühestens übermorgen Abend.«

»Wie kommst Du darauf, dass er uns diese Zeit lässt?«

»Wir kennen ihn ja inzwischen. Zum einen ist es sicher sein altes Spielchen: Er will dich zappeln lassen. Ich bin sicher, mein Tipp mit den drei Tagen stimmt. Wahrscheinlich sitzt er so lange im Sessel und malt sich aus, wie wir immer nervöser werden. Dann könnte ich mir vorstellen, dass er uns auch mit einem taktischen Hintergedanken die Zeit zum Planen gegeben hat.«

»Wieso denn? Ach so, klar: Es steigert nach seinen seltsamen Vorstellungen seinen anschließenden – hm – Genuss, wenn er uns den Anschein einer Chance gibt und dadurch die Herausforderung für sich selbst erhöht.«

»Ja, das vielleicht auch. Aber es ist noch etwas anderes. Überleg mal: Wenn *er* an unserer Stelle wäre, würde er sich dann auf irgendetwas einlassen, wenn er dabei nicht die geringste Aussicht auf Erfolg hätte?«

»Er? Natürlich nicht.«

»Siehst Du – und wenn er nun seine Einstellung auf uns überträgt? Dann bedeutet das, dass er Angst hat, Du würdest vielleicht wirklich nicht selbst auf die Entführung reagieren, wenn Du nicht den Hauch einer Chance hast. Aus seiner Sicht ist diese Frist also auch ein Köder: Damit Du wirklich anbeißt, lässt er uns die Zeit, etwas auszutüfteln, damit Du denken sollst, Du hättest vielleicht eine winzige Chance.«

»Das heißt aber auch: Er hält seinen Plan für absolut bombensicher.«

»Ja.«

»Aber, Patrick, ich *habe* doch eine Chance, oder?«

»Es gibt immer eine Chance.«

*

Roland wollte von Anna wissen: »Sag, hast Du eigentlich mal daran gedacht, wirklich genau das zu tun, was er von dir verlangen wird? Ich meine, *ohne* zu versuchen, ihn auszutricksen?«

Anna schüttelte entschieden den Kopf und entgegnete ernst: »Keine Sekunde. Denn eines ist ja wohl klar: Natürlich wird er versprechen, Petunie freizulassen, wenn ich mich dafür in seine Gewalt begebe. Aber ebenso sicher ist es, dass er nicht im Traum daran denken wird, dieses Versprechen zu halten. Ob ich nun komme oder nicht komme: Er wird sie töten. Das heißt also, auch Pet hat nur dann eine Chance, wenn wir es schaffen, ihn zu besiegen.«

Anna und Spock hatten Glück gehabt, dass sie Heike und Roland noch erwischt hatten. Die beiden wollten gerade zu einer kleinen Radtour aufbrechen, als Anna bei ihrer Freundin angerufen hatte. Also hatten die beiden ihr Picknick sausen lassen und waren stattdessen so schnell sie konnten zur Krisensitzung mit ihren Freunden geradelt. Anna und Patrick hatten als Ort des Treffens ganz bewusst Edgar Mayers Haus gewählt. Heike hatte zwar gleich gemeint, dass Mayers Büro doch wohl ein ziemlich unheimlicher Ort für ihre Beratung sei, und ob sie nicht lieber zu Anna gehen sollten. Aber ihre Freundin lehnte ab: »Nein. Denn erstens sind wir hier wirklich ungestört, und zweitens ist es ja gerade diese Atmosphäre, wegen der wir euch hierher bestellt haben. Denn wenn ich überhaupt eine Chance habe, dann nur dadurch, dass wir seine nächsten Schritte möglichst genau voraussehen. Wenn wir aber überlegen, was er vorhat, dann müssen wir uns, vor allem Patrick und ich, in ihn hineinversetzen. Und dazu ist diese Umgebung ja wohl am besten geeignet, dieser Raum, in dem sich praktisch nur er aufgehalten hat, ein Raum, der noch seinen Geruch trägt und der voller Dinge ist, die er berührt und benutzt hat.«

Heike verstand, und auf ihren Vorschlag hin hatten sie dann sogar zunächst einmal eine viertel Stunde in seinen Sachen, besonders in den Schubladen seines modernen, kalten Aluminiumschreibtisches gewühlt. Erst dann hatten sie sich zur Beratung in der kleinen Sitzecke des Büros niedergelassen. Die Sitzgarnitur bestand nur aus einem schmalen Zweiersofa und einem leichten Sessel, beide Sitzmöbel waren von gleicher Art: Dünne, weiße Lederpolstern ruhten auf verchromten Metallgestellen. Heike und Roland hatten nebeneinander auf dem Sofa Platz genommen, Patrick hatte sich in dem Sessel zurückgelehnt, die Füße auf den kleinen, niedrigen Glastisch gelegt, und versuchte, sich zu entspannen. Anna zog Edgar Mayers Schreibtisch-Drehsessel heran. Als sie sich auf dem ebenfalls weißen Leder des wuchtigen Sitzmöbels Marke Chefsessel niederließ, fühlte sie ein seltsames, piekendes Kribbeln in ihrer Wirbelsäule. Wie viele Stunden mochte Mayer hier gesessen haben? Wie viele seiner Verbrechen hatte er hier geplant?

Anna wurde von Roland aus ihren Gedanken gerissen: »Werdet ihr es deinen Eltern und Hauptkommissar Pauli sagen?«

Gleichzeitig schüttelten Anna und Patrick den Kopf, dann erklärte Anna: »Was das betrifft, werden wir uns zunächst einmal an seine Anweisung halten. Denn weder meine Eltern noch Pauli würden es zulassen, dass ich alleine etwas unternehme. Falls ich *überhaupt* noch einmal den Lockvogel spielen dürfte, dann würde die Polizei auf jeden Fall wieder mit drin hängen. Und er würde es bemerken. Erstens ist er gerissen und zweitens konnte er sich ja ein ausgezeichnetes Bild von der Arbeitsweise der Polizei machen: Schließlich war er bei dem Einsatz gegen Blue dabei gewesen, als man diesen durchgeknallten Reporter für den Killer gehalten hatte. Er weiß also, wie vorsichtig er sein muss und womit er zu rechnen hat.«

Patrick murmelte düster: »Dieser Punkt wird uns eh noch genug Schwierigkeiten bereiten.«

Heike kratzte sich am Kopf und meinte ein wenig unsicher: »Das wäre also wenigstens geklärt: Die Ausgewachsenen bleiben erst mal außen vor. Und nun, wenn ich euch richtig verstanden habe, geht es darum, herauszufinden, wie *er* vorgehen wird, um zu wissen, wie *wir* vorgehen werden. Und mit Verlaub: Besonders die Rollen von Roland und mir bei der ganzen Sache würde mich natürlich schon interessieren.«

Patrick seufzte: »Wenn wir das nur schon wüssten! Aber eins nach dem anderen. Fangen wir mit der Frage an: Wo ist sein Versteck? Wo hält er Annas kleine Halbschwester gefangen? Ich glaube, in etwa kann ich es mir vorstellen, aber ich möchte wissen, ob Anna das gleiche denkt wie ich?«

Ohne lange grübeln zu müssen vermutete Anna: »Er hat sie in Nürnberg entführt. Es muss also in der Nähe von Nürnberg sein. Nicht in der Stadt selbst, nicht direkt bei der Stadt, aber auch nicht wirklich weit entfernt, und zwar in einer sehr einsamen Gegend. Vielleicht ein freistehendes Gehöft oder eine Wochenendhütte oder etwas in der Art.«

»Wie kommst Du darauf?«, wollte Roland erstaunt wissen. Statt Anna antwortete Patrick: »In der Stadt kann er sich nie wirklich sicher sein, dass Anna nicht doch von der Polizei beobachtet wird. Das hat er gemerkt, als Pauli versucht hat, Blue eine Falle zu stellen. Also wird er Anna durch eher ländliche Gegenden schicken, um zu sehen, ob sie verfolgt wird. Er wird alles tun, um die Fehler zu vermeiden, die dem spinnerten Reporter unterlaufen sind«, Patrick hielt kurz inne, dann wandte er sich direkt an Anna: »Du warst damals verkabelt. – Du weißt, was das für dich bedeutet?«

Unangenehm berührt verzog Anna ihren Mund, nickte aber und entgegnete düster: »Was soll's? Da muss ich eben durch. Und wenn ich dadurch Schlimmeres verhindern kann, bitte, dann muss es eben sein.«

»Was muss sein?«, wollte Roland wissen, aber Patrick ging nicht auf seine Frage ein, sondern erklärte stattdessen: »Er wird also die ganze Aktion auf dem Land durchführen, weil er glaubt, dort alles besser unter Kontrolle zu haben.«

Heike wollte wissen: »Aber wer sagt euch, dass sein Versteck selbst nicht *doch* in der Stadt ist? Schließlich könnte er ja wieder nach Nürnberg zurückkehren, *nachdem* er Anna geschnappt hat?«

Patrick schüttelte den Kopf: »Nein. Auch sein Schlupfwinkel liegt abseits. Zwei Gründe: Zum einen will er sichergehen, dass er nicht zu guter Letzt doch noch verfolgt wird, und der zweite Grund ist ja wohl klar: Was immer er mit Anna vor hat – er will sich Zeit lassen. Und dafür ist ein einsam gelegenes Haus allemal besser als ein Stadthaus.«

Beklommene Blicke ruhten nun auf Anna, die mit zusammengebissenen Zähnen unter sich blickte. Doch plötzlich sah sie mit einem Ruck auf und sagte: »Im Süden.«

»Was?«, entfuhr es Roland verwirrt.

»Er wird sich sein Versteck südlich von Nürnberg gesucht haben. Durch meine Großeltern hab' ich mich schon öfters in Bayern 'rumgetrieben. Und man sollte es kaum glauben: Da gibt es auch vergleichsweise flache Gegenden. Zum Beispiel – im Großen und Ganzen – das Umland von Nürnberg. Nur im Süden gibt es dann, wenn ich mich richtig erinnere, etwas entfernt einige nicht sonderlich dicht besiedelte, raue Höhenzüge. – Das müssen wir noch genau auf einer Karte prüfen. Ein solches Gelände wird ihm lieber sein als das flache Land. Das gibt ihm bessere Gelegenheiten, mich auszukundschaften ohne dabei Gefahr zu laufen, selbst gesehen zu werden. Außerdem passt das besser zu ihm: harter Stein und unübersichtliches, felsiges Gelände, dunkler Bergwald ..., na ja, ihr wisst, was ich meine.«

»Und der Zeitfaktor?«, fragte Spock.

Heike antwortete: »Jetzt lasst es mich mal versuchen: Er will aus dem Dunstkreis der Stadt herauskommen, wird aber auch kaum unnötig lange mit dem entführten Kind im Auto durch die Gegend gondeln. Eine gewisse Fahrzeit wird er aber vermutlich schon brauchen, da wohl kaum eine Autobahn direkt zu seinem abseits gelegenen Versteck führen wird. Also sagen wir mal, das Versteck befindet sich eine Stunde bis zwei Stunden Fahrtzeit entfernt von der Nürnberger Innenstadt. Genauer sollten wir's lieber nicht zu schätzen versuchen, um keinen Reinfall zu erleben.«

»Patrick?«, fragte Anna. Ihr Freund nickte und sagte: »Ja, in dem Rahmen wird es sich wohl bewegen.«

Nun meldete sich Roland zu Wort: »Gut: Wir wissen ..., na ja, wir *vermuten* also folgendes: In den nächsten zwei bis drei Tagen nimmt Edgar Mayer mit Anna Verbindung auf. Da sie ihre Eltern aus dem Spiel lassen soll, wird er sie wohl mit dem Zug nach Nürnberg beordern. Dann wird er höchstwahrscheinlich – ähnlich wie Freund Blue, nur besser – Anna mit ein paar technischen Tricks aufs Land lotsen und dort durch die Gegend hetzen, und zwar südlich von Nürnberg. Auf ihrer Tour wird er sie an verschiedenen Punkten heimlich beobachten, um sicher zu gehen, dass sie wirklich alleine unterwegs ist. – Ach ja: Vorsorglich sollten wir auch berücksichtigen, dass er schon eine Stichprobe macht, während sie noch mit dem Zug unterwegs nach Nürnberg ist. Wenn er dann ganz sicher ist, dass absolut niemand an Anna dran klebt – nicht die Polizei, nicht ihre Freunde, nicht mal ein Mitglied der Heilsarmee – *dann* wird er zuschlagen. Dann hat er Anna in seiner Gewalt. Dann ... «

»Ist ja schon gut«, unterbrach ihn Anna mit einem Frösteln in der Stimme, während nun Heike den Faden aufnahm: »Wenn wir nicht doch noch zur Polizei gehen und wenn wir Pet wirklich retten wollen ..., Anna, es tut mir leid, aber dann bleibt nur eine Möglichkeit: Du musst dich von ihm schnappen lassen.« Heike machte eine Pause und sah ihre Freundin an, als wartete sie auf Widerspruch. Doch der kam nicht. Kaum erkennbar nickte Anna, und über ihre Lippen kam ein leises, sehr leises: »Ich weiß.«

Mit schuldbewusster Miene fuhr Heike fort: »Tja, und wir müssen es eben doch, trotz all seiner Vorsichtsmaßnahmen schaffen, an dir und dann auch an ihm dran zu bleiben. Damit er uns zu seinem Versteck führt, damit wir – mit viel Glück, mit dem Überraschungsmoment und am besten bis an die Zähne bewaffnet – dich und deine Schwester heraushauen können.«

»Nun«, meinte Anna nachdenklich, »es ist gut möglich, dass ihr gar nicht selbst eingreifen müsse, sondern dass ihr genug Zeit habt, um die Polizei zu benachrichtigen. Wie Patrick schon sagte: *Er* hat keine Eile. Ich bin mir sicher, er will seinen Triumph in Ruhe auskosten. Zunächst einmal wird er mir lang und breit den Weg zu seinem Erfolg erklären. Er wird sogar genüsslich auf Fragen eingehen, die ich ihm stelle. Ja«, Anna nickte bekräftigend, »das gibt uns auf jeden Fall eine weitere Frist: Er wird viel reden, bevor er ... *etwas* tut.«

»Himmel, was soll das? Ihr seid doch schon viel zu weit vorgeprescht!«, warf Roland aufgebracht und besorgt dazwischen, »soweit müssen wir doch erst mal kommen! Der Punkt ist doch: *Wie* um Himmels Willen sollen wir es schaffen, dir zu seinem Versteck zu folgen, ohne dass er es bemerkt? Er wird sich hundertfach absichern, und wenn wir nur den kleinsten Fehler machen, dann gibt es eine Katastrophe! Für Petunie, für Anna, für uns alle!«

Anna fuhr Roland gereizt über den Mund: »Brauchst doch nicht gleich aus der Haut zu fahren.«

»Aber er hat recht«, warf Patrick beklommen ein, »solange wir nicht wissen, wie wir ihm unbemerkt zu seinem Schlupfwinkel folgen können, sind alle unsere Überlegungen nur nutzlose Träumereien.«

»Ja, ja, ist ja schon gut«, maulte Anna, dann rutschte sie unruhig in ihrem Schreibtischsessel hin und her und fügte hinzu: »Tut mir leid. Ich ärgere mich bloß so, weil ihr verdammt noch mal recht habt. Wie um Himmels Willen sollen wir das bloß schaffen?«

Nun sahen sie sich alle der Reihe nach an, aber keiner hatte eine Antwort parat.

»Herrje«, jetzt klang auch Patricks Stimme bitter, »es *muss* doch einen Weg geben! Wie schaffen wir es, dass er uns zu seinem Schlupfwinkel führt? Los, denkt nach!«

Alle verfielen nun in Schweigen. Ein Schweigen, das immer länger wurde. Als sich Roland räusperte, fielen alle Blicke sofort gespannt auf ihn. Roland machte ein erstauntes Gesicht, dann fühlte er die Hitze in seine Wangen steigen – er hatte doch nur die Trockenheit aus seiner Kehle vertreiben wollen.

Schließlich waren seit Patricks Aufforderung zwanzig überaus stille Minuten vergangen, und aus vier angespannten Gesichtern waren vier enttäuschte, müde Gesichter geworden.

Anna unterbrach verzagt die Stille: »Vielleicht sollten wir uns alle mal eine Pause gönnen? Oder noch besser: eine Nacht drüber schlafen?«

Aber sie hatte wenig Hoffnung, dass eine Nacht Pause etwas helfen würde. Und wenn sie die Gesichter ihrer Freunde betrachtete, dann sah sie darin den Zweifel, den sie selbst spürte.

Traurig meinte Roland: »Sehen wir's, wie es ist: Wir sind festgefahren.« Dann wollte er auf Sarkasmus umschwenken, aber seine Stimme blieb immer noch traurig, als er mit geschlossenen Augen weiter sprach: »Das ist nicht fair. Nachdem bisher so viel Unheimliches passiert ist, wäre es doch nur gerecht, wenn wir jetzt etwas übersinnliche Hilfe bekämen. Weiß auch nicht ..., jetzt fehlt uns eine schöne Fee, die auftaucht, um uns eine Wunderwaffe zu bringen.«

Eigentlich wollte Patrick seinen Freund wieder auf den Boden der Realität zurückholen, doch zu seinem Erstaunen hörte er sich müde sagen: »Ja, wenn wir doch irgendetwas hätten, mit dem wir ihn schlagen können. Etwas, das *er* nicht hat.«

»Aber Patrick!«, rief Anna und fuhr wie vom Blitz getroffen aus ihrem Sessel hoch. Erschrocken fuhren alle Köpfe zu ihr herum. Immer noch aufgeregt, aber etwas leiser, fuhr sie fort: »Aber Patrick: Wir – *wir beide* – wir haben doch etwas, das er nicht hat: Wir haben uns!«

Die ganze Zeit hatte sie vergeblich gegrübelt, und plötzlich – zack – hatte sie einen Plan im Kopf. Zwar erst in den Grundzügen, aber immerhin: Es war ein Plan.

*

Als Roland und Heike am späten Nachmittag ihre Freunde verließen, brummte ihnen gewaltig der Schädel. Zuerst hatten sie sich geweigert, Annas Idee zu akzeptieren. Aber nach etlicher Überzeugungsarbeit von Anna und Patrick – und in Ermangelung eines besseren Planes – hatten sie schließlich eingewilligt.

Während sie ihre Fahrräder aus dem Vorgarten heraus schoben, meinte Roland kopfschüttelnd: »Also, das dürfen wir nun wirklich keinem erzählen. Jeder halbwegs vernünftige Mensch würde uns in die Klapse einweisen lassen. Echt, das ist schon ein recht sonderbares Vorhaben, zu dem die beiden uns breitgeschlagen haben.«

»Sonderbar?«, entgegnete Heike, »deine Neigung zum Understatement, die finde ich sonderbar. – Wenn das mal nur gut geht!«

Roland schloss die Gartentüre hinter sich, nickte und sagte mit belegter Stimme: »Und selbst wenn es uns gelingen kann, Annas eigentümliche Idee in die Tat umzusetzen, dann klappt das auch nur, wenn Spock und Anna *seinen* Plan richtig eingeschätzt haben. Aber wenn nicht ..., sie brauchen sich bloß mit ihrem Zeitrahmen zu irren. Oder sie liegen mit ihrem Zielgebiet daneben«, Roland schüttelte sich, »ich darf gar nicht daran denken.«

Dann setzten sie sich müde auf ihre Räder. Doch bevor sie in die Pedale traten, murmelte Heike noch: »Ja. Wenn sie ihn falsch eingeschätzt haben, dann Gnade uns Gott.«

*

Am nächsten Tag fuhren Anna und Patrick zuerst in die Stadt, um ihrer Sparbücher zu plündern, denn sie wollten nicht ohne eine Kriegskasse in den Kampf ziehen. Schließlich konnten sie sich ausrechnen, dass es für ihre Verhältnisse nicht ganz billig werden würde. Schon die Bahn-Tickets und Taxifahrten würden ziemlich ins Geld gehen. Dann machten sie noch einige Besorgungen, und am Mittag trafen sie sich erneut mit Heike und Roland, um ihren Plan noch einmal durchzusprechen und um ein paar Sachen auszuprobieren.

Dann hieß es warten.

Mit dem Warten kam wieder die Angst.

5. Finger und Zange

Blue witterte Morgenluft. Klar: Als Pauli und seine Truppe ihn festgenommen hatten und ihn für den Killer hielten, da hatte er im Stillen jeden nur erdenklichen Eid geschworen, sein Leben radikal umzustellen, wenn er nur aus dem ganzen Schlamassel noch einmal heil heraus käme. Doch nun war er womöglich *tatsächlich* wenigstens aus dem Allergröbsten heraus. Blue stellte sich folgenden Deal vor: Er würde den Irrtum der Sonderkommission nicht an die große Glocke hängen, ja sogar nach dem Motto »Es kann ja mal passieren« darüber berichten. Als Gegenleistung sollte die Polizei ihn unterstützen, seine Dummheit mit der vorgegaukelten Entführung vor Gericht möglichst klein zu kochen. Und selbst für seine Journalisten-Laufbahn sah Blue noch eine kleine Chance: Schließlich könnte er nun exklusiv und *wirklich* authentisch die Story »Man hielt mich für den Killer von Saarfurth« liefern. Vielleicht konnte er das als eine Art Druckmittel ausspielen, um doch noch einmal ins Geschäft zu kommen.

Blue sah auf seine Armbanduhr. Gleich müsste Jonathan, ein alter Zeitungs-Spezel, vorbeikommen. Blue hatte Jonathan das Versprechen abgerungen, in seiner Angelegenheit einmal vorsichtig in der Chefetage des Purpur-Blattes vorzufühlen. Nach der Arbeit wollte Jonathan dann bei Blue vorbeischauen, um ihm über die allgemeine Stimmung im Blätterwald und besonders die Stimmung beim Purpur-Blatt zu berichten.

Als es dann tatsächlich klingelte, eilte Blue gespannt zur provisorisch reparierten Tür und öffnete. Aber es war nicht Jonathan, der über die Schwelle trat.

»Ich hatte gerade in Saarfurth zu tun, da dachte ich: Schau doch einfach mal herein«, sagte Edgar Mayer und rammte Blue die zwanzig Zentimeter lange Klinge eines billigen No-Name-Jagdmessers in den Bauch. Mit großen Augen, die linke Hand immer noch auf der Klinke der offenstehenden Wohnungstür, starrte Blue seinem Gegenüber in das milde lächelnde Gesicht. Keine ganze Sekunde später schloss sich die Türe bereits wieder hinter Edgar Mayer, und Blue hatte nun nur noch das braune Holzfurnier des Türblattes im langsam enger werdenden Blickfeld. Dann schaute er vorsichtig an sich herunter und sah das Heft des Messers aus seinem Bauch ragen.

»Seltsam«, murmelte Blue und wunderte sich, dass er bisher kaum Blut sehen konnte. – Vermutlich, weil der Stoß so heftig gewesen war, dass die dicht aufsitzende Unterseite des Messergriffs die Wunde praktisch verschlossen hielt. Als Blue endlich begriff, was gerade mit ihm geschehen war, kamen auch der Schmerz und die Panik.

Beide steigerten sich rasant.

*

»Möchte wirklich wissen, warum er das getan hat. Irgendwie fällt die ganze Geschichte aus dem Rahmen«, sinnierte N'Tobo und blickte den Hauptkommissar fragend an.

Doch statt Pauli antwortete Larissa Schmidt-Rodtdörfer, die mit ihren beiden Kollegen in der Polizeikantine saß: »Haltet mich für verrückt, aber ich bin fast sicher, dass wir es hier mit einer Tat aus Eifersucht zu tun haben.«

Der Hauptkommissar sah sie verwundert an: »Bitte? Das musst Du mir erklären. Wieso um Himmels Willen sollte Edgar Mayer eifersüchtig auf Blue sein? Blue hat ihm doch sogar in die Hände gearbeitet. Besonders, was die Sache mit der Veröffentlichung des Fotos und mit der Lügengeschichte über Anna Silvan betrifft.«

»Aber das ist es doch gerade«, erklärte die Kommissarin vom Sittendezernat, »wenn auch ein paar Klassen tiefer als Mayer, so hat Blue der Kleinen doch ebenfalls übel mitgespielt. Und dann hat er auch noch den Fehler begangen, eigenständig seine Rolle auszubauen und den Rahmen zu verlassen, den Mayer für ihn vorgegeben hatte. Seht das ganze doch mal – falls das überhaupt möglich ist – aus Mayers Sicht: *Er* ist derjenige, der sich Anna als Opfer auserkoren hat. Und dann kommt da dieser Reporter und pfuscht ihm ins Handwerk, macht sich an das Opfer heran, das doch gar nicht für ihn bestimmt ist. Das hat Mayer dann wohl wütend gemacht.«

Der Hauptkommissar wunderte sich dennoch: »Aber dass er deswegen gleich einen Mord riskiert, wo es doch mit seinem eigentlichen – na ja – Wirkungsfeld höchstens am Rande zusammenhängt?«

N'Tobo warf ein: »Wer weiß, vielleicht ist es für ihn, den morderprobten Killer, ja gar nichts so besonderes? Mag sein, er misst dem Anschlag auf Blue gar keine so große Bedeutung bei, wie wir es tun? Vielleicht hat er es ja nur so am Rande getan, so etwa in der Art: Man ärgert sich über eine Sache, die in der Zeitung steht, man erwartet zwar nicht, dass es viel nützt, aber man schreibt trotzdem einen Leserbrief – macht ja nicht viel Mühe, und man kann Dampf ablassen.«

Schmidt-Rodtdörfer fläzte sich nachdenklich in ihrem Stuhl zurück. Das rechte Bein locker über das linke geschlagen, meinte sie: »Also wie auch immer: Für mich ist es in erster Linie die gute alte Eifersucht als Tatmotiv, die hier zugeschlagen – oder in diesem Fall zugestochen hat.«

»Eifersucht?« wiederholte Pauli nachdenklich, »auf jeden Fall eine interessante Theorie. Das würde ja heißen: Auch Edgar Mayer hat irgendwo noch ein Restchen menschlicher Gefühle.«

N'Tobo mutmaßte: »Vielleicht hat er ja deswegen, weil ihn die Eifersucht abgelenkt hat, nur halbe Arbeit geleistet?«

»Du meinst, weil Blue *noch* lebt?«, stellte Pauli die Frage.

»Ja, denn sonst hat er doch immer so gründlich zugeschlagen, dass seine Opfer keine Chance hatten. – Meinst Du, Blue wird es überleben?«

»Keine Ahnung«, antwortete Pauli, »er hatte zwar noch genug Kraft besessen, um sich zum Telefon zu schleppen, aber das will nicht viel heißen. Im Krankenhaus konnten sie mir auch noch nichts Genaues sagen. Der Stich sei zwar glatt und sauber, und es hätten wohl auch noch mehr Innereien getroffen werden können. Außerdem: Der Hund ist zäh. – Aber zwanzig Zentimeter Stahl sind nun mal zwanzig Zentimeter Stahl, und wenn die im Bauch stecken – no, Sir –, das ist gar nicht gut für die Gesundheit.« Dann stoppte Pauli kurz seinen Redefluss, und als würde er die Kälte seiner letzten Worte bedauern, fügte er nach kurzem Bedenken hinzu: »Es ist seltsam: Ich hätte nicht gedacht, dass es jemals soweit kommen könnte, dass ich Mitleid mit Blue habe. Aber jetzt ist es tatsächlich soweit.«

Erneut schwieg er einen kurzen Moment, schüttelte den Kopf, schlürfte einmal an seinem Kaffee und kam dann wieder auf das andere Thema: »Wenn Mayer wirklich noch menschliche Gefühle hat, was bedeutet das dann eigentlich für uns? Ist das gut oder schlecht? Möglich, dass wir daraus Nutzen ziehen können, wenn er mal unachtsam wird.«

N'Tobo warf ruhig ein: »Aber es macht ihn noch gefährlicher – falls das überhaupt möglich ist.« Dann sah er die Kommissarin an und meinte nachdenklich: »Was ich mich die ganze Zeit frage: Nehmen wir mal an, Larissa hat recht, und Mayer ist wegen Anna eifersüchtig auf Blue gewesen. Aber Eifersucht gibt es doch nicht allein. Das bedeutet doch auch ...«, er zögerte, dann fragte er: »Ist es möglich, dass man einen Menschen gleichzeitig abgrundtief hassen kann, ihn vernichten möchte und ihn dennoch gleichzeitig *liebt*? Kann man jemanden gleichzeitig hassen und lieben?«

Die drei Polizisten sahen sich kurz an, und alle, auch N'Tobo selbst, gaben gleichzeitig die Antwort: »Ja.«

*

Lars wunderte sich. Er deutete mit seinem Kinn in Richtung Küchentisch, an eine Stelle irgendwo zwischen Anna, Patrick und Tommy zielend, während er Kathrin fragte: »Sag mal, ist heute irgendetwas besonderes los? Ich meine, dass ich armer alter Brötchenverdiener um diese Zeit frühstücke, ist ja nichts Neues, aber die Kinder? In den *Ferien*?«

Anna antwortete: »Wirklich komisch. Wie kann ein Mensch nur so früh schon so witzig sein. Ich weiß ja nicht, ob Du das mit deinen alten Knochen nachvollziehen kannst, aber wir haben halt das Privileg der Jugend: Wir sind eben fit, wann immer wir es wollen.«

»Boa! Nun hör sich einer diese Aufschneiderin an!«, beschwerte sich Lars; »na ja, das mit dem fit sein scheint aber nicht auf das ganze Jungvolk hier im Zimmer zuzutreffen«, meinte er dann mit einem Seitenblick auf Tommy, der als einziger noch im Schlafanzug am Tisch saß und gerade seinen Mund fürchterlich weit aufriss, während er ein langgezogenes Gähnen hören ließ.

Eigentlich hätte sich Anna tatsächlich ganz gerne noch in den Federn herumgedrückt. Aber schlafen konnte sie ohnehin nicht mehr, und natürlich wollte sie vorbereitet sein.

Es war der frühe Morgen des dritten Tages nach Petunie Weinbergs Entführung. Das Telefon schrillte. Tommy stand auf und schlurfte in die Diele, um an den Apparat zu gehen. Er kam nach kurzer Zeit zurück, setzte sich wieder, griff nach seinem angeknabberten Toast und meinte beiläufig: »Ist für dich, Anna. Herr Weinberg ist dran.«

»Nanu, was will der denn?«, fragte sich Lars laut. Wäre ihm oder Kathrin der schnelle Blick aufgefallen, den Anna und Patrick austauschten, vielleicht hätten sie etwas geahnt.

Da sie mit so einem Anruf gerechnet hatte, gelang es Anna, nicht aufzuspringen, sondern in normalem Tempo zum Telefon zu gehen, wo sie die hektische Stimme von Ruppert Weinberg empfing: »Anna, bist Du's? Hör zu: Gerade eben hat er angerufen. Er sagt, wenn Du nicht in zehn Minuten an der Bushaltestelle am Fuß des Vogelbergs bist, dann ..., dann würde er ...«

»Ja, ich habe verstanden«, unterbrach Anna das Stottern von Ruppert Weinberg, der einmal asthmatisch schnaufte und dann fortfuhr: »Du sollst in der Mülltonne an der Haltestelle nachsehen. – Himmel! Zwei Minuten! – Zwei Minuten sind fast schon um!«

»Keine Angst, das ist nicht weit, ich schaffe das – ich mache jetzt Schluss«, sagte Anna und legte auf, während sie selbst gar nicht so zuversichtlich war, dass acht Minuten tatsächlich ausreichen würden.

*

Anna platzte in die Küche und rief: »Himmel – hab' ganz vergessen, dass ich mit Heike verabredet bin! Muss sofort los! Patrick? Wir sehen uns dann später.«

Damit lief sie auch schon aus dem Haus und ließ ihren verblüfften Eltern gar keine Chance, sie aufzufordern, doch wenigstens noch zu Ende zu frühstücken.

Eine erste, winzige Bewährungsprobe hatten ihre Vorbereitungen damit bestanden. Denn da Anna für den heutigen Tag mit einem überhasteten Aufbruch gerechnet hatte, war sie nicht nur früh aufgestanden, sondern hatte sich auch schon komplett und für ihre gefährliche Reise gerüstet angezogen. Sie trug schwarzen Jeans, alte Adidas-Turnschuhe und eine Sommerbluse in verschiedenen dunklen Blautönen. Sie hatte extra dunkle Kleidung gewählt, falls sie länger nicht dazu kommen würde, Hose oder Bluse zu wechseln.

Das wichtigste Kleidungsstück war allerdings die beige Segeltuchjacke mit den blaugrauen Wildlederstreifen, die sich an den Außenseiten der Ärmel und an den Seiten bis unter die Achseln entlangzogen. Die Jacke hatte sie erst zwei Tage zuvor gekauft. Sie war zwar eher hell und passte auch nicht sonderlich zu den anderen Sachen, aber sie war robust und vor allem hatte sie viele große Taschen. Da Anna mit einer unfreiwilligen Reise gerechnet hatte, war ihr erster Gedanke gewesen, ihren Rucksack zu packen, doch Patrick hatte sie daran erinnert, dass es auf seinen Vater einen sonderbaren Eindruck machen müsste, falls er Anna aus dem Haus hetzte, sie womöglich schon kurz darauf kontrollierte und den gefüllten Rucksack bei ihr sah. Dann hätte er ohne Zweifel ihren Versuch bemerkt, seine Schritte vorauszuahnen. Und das wäre dann vielleicht schon das Ende ihres Planes gewesen. Also hatte sich Anna die Segeltuchjacke gekauft und die Taschen gut gefüllt: Drei Tafeln Schokolade steckten in der rechten Seitentasche, dazu ein paar Socken, falls es am Abend überraschend abkühlen sollte, und ein langes Stück Paketschnur.

In der linken Seitentasche steckten zwei kleine Saftbeutel, ein kleiner Schreibblock mit Dauerschreiber, Magnete in der Größe von Ein-D-Mark-Münzen und noch ein winziger Block mit Notizzetteln, die einen selbstklebenden Rand hatten. In einer Brusttasche steckte ein neuer Kompass.

Zwei Landkarten und ein ausführlicher Fahrplan der Bahn kamen in die Innentasche der Jacke. Ihr altes Schweizer Messer hatte Anna in der linken, einen schmalen Geldbeutel in der rechten Hosentasche verstaut. Dem Geldbeutel leistete ein winziges Cremedöschen Gesellschaft – das war besonders wichtig, also lieber in die Hosentasche damit, denn eine Jacke konnte man verlieren, oder sie konnte gestohlen werden – was beides bei einer Hose, die man anhatte, sicher nicht so leicht zu bewerkstelligen wäre.

Zu ihrer ganzen Ausrüstung hatte sie dann auch noch 500 D-Mark in Fünfzig-Mark-Scheinen in den Saum ihrer neuen Jacke eingenäht (»Zeigt ihren Sinn für Realität«, hatte Roland diese Idee Annas kommentiert). Die Jacke baumelte schon griffbereit am Garderobenständer neben der Haustür, und Anna vergaß sie auch nicht, als sie ins Freie stürmte.

Vermutlich hatte sie noch nie in so kurzer Zeit ihr Fahrrad aus der Garage geschafft wie heute. Aber sie war froh, dass alles schnell gehen musste. So hatte sie fast keine Zeit, darüber nachzudenken, dass sie sich nicht von ihren Eltern und Tommy verabschieden konnte. Und sie vielleicht nie wieder sehen würde. Diesmal sah sie sich nicht um.

In Windeseile raste sie den Vogelberg herunter, ihre Haare flatterten wie eine feurige Fahne im Sturm, aber sie achtete weder auf die bewundernden Blicke vereinzelter Passanten, noch auf die besorgten Blicke, die ihrem halsbrecherischen Tempo galten.

Als sie schließlich keuchend und mit heißen Bremsbacken vor dem hässlichen Plastikunterstand der Bushaltestelle zum Stehen kam, blieben ihr sogar noch gut zwei Minuten bis zum Ende der Frist. Nur eine ältere Frau, das schwarze Kleid passend zu den schwarz gefärbten Dauerwellen und dem schwarzen Hornrand der dicken Brille, wartete an der Bushaltestelle. Sie guckte indigniert und sah dann gleich in die andere Richtung, als Anna unverzüglich zu der orangen Müllbox stürzte, die neben dem Haltestellenhäuschen an einer kleinen Metallstange festgeschraubt war und darin zu wühlen begann. Fast sofort bekam sie eine Plastik-Einkaufstüte zu fassen, in der etwas eingepackt war.

Zuerst zog sie eine etwa 25 Zentimeter lange Umhängetasche aus hellbraunem, fast etwas rötlichem Wildleder mit einem Schulterriemen von gleichem Material aus dem Plastikbeutel. Die Tasche hatte einen ovalen Querschnitt und war nur zehn Zentimeter hoch, zwei kleine Lederriemen mit einer Art Gürtelschnalle hielten sie verschlossen.

Anna wollte die Tasche öffnen, aber sie mühte sich vergeblich ab und merkte auch gleich, warum: Zusätzlich zum Schnallenverschluss waren die Lederriemen zusammengenietet. Das war eindeutig: Anna sollte die Tasche nicht öffnen. Sie versuchte, den Inhalt zu erfühlen, merkte aber nur, dass er ziemlich kompakt und starr war. Dann entdeckte sie an der Seite der Tasche ein kreisrundes Loch von etwa zwei Zentimeter Durchmesser, das aber von Innen mit einem braunen Gazestoff überklebt war. Anna hängte sich die Tasche um und langte erneut in den Plastikbeutel. Das zweite und letzte Stück ihrer sonderbaren Ausbeute bestand aus einem Briefumschlag. Die leere Tüte warf sie wieder in die Abfallbox, dann öffnete sie den Umschlag und zog einen Bogen teures Briefpapier hervor, der mit einer feinen, akkuraten und gestochen scharfen Handschrift beschrieben war. Am Ende des Briefes klebte noch ein kleiner Schlüssel auf dem Papierbogen. Anna las:

Guten Morgen, liebe Anna,

na, hast Du's in zehn Minuten geschafft? Eigentlich, während ich diese Zeilen schreibe, bin ich überzeugt, dass Du es schaffen wirst. Schließlich weiß ich ja, wie schnell Du schaltest. Außerdem habe ich die Frist sicher nicht zu knapp bemessen, denn am Anfang wollte ich es dir nicht zu schwer machen. Dein Schwesterchen sitzt hier übrigens neben mir. Du kennst sie, soweit ich weiß, bisher ja nur von einem Foto. Ich muss dir sagen: Sie ist wirklich süß. Und so brav! Ein echter Wonneproppen, ach, was sag ich: Der reinste Engel, mit blondem Lockenhaar. Am hübschesten finde ich allerdings ihre großen, blauen Kulleraugen. Sie spielt gerade mit einem Kinder-Puzzle, das ich ihr geschenkt habe, und solltest Du es wider erwarten nicht rechtzeitig schaffen, weißt Du, ihre Fingerchen sind so zart, und ich habe mir vorhin diese Kneifzange aus meinem neuen Werkzeugkasten geholt. Wenn Du meiner Einladung folgst, dann ist sie bald wieder zu Hause – wieder vereint mit ihrem Vater, was für eine überaus rührende Vorstellung!

Doch genug geplaudert. Es wird Zeit, dass ich zur Sache komme, damit Du meinen Zeitplan einhalten kannst.

Ich brauche ja wohl nicht zu sagen, warum es recht sinnvoll für dich ist, meine Anweisungen zu befolgen. Sollten dir darüber irgendwelche Zweifel kommen, dann denk immer an Dein Schwesterchen und an das Nagetier, das ich dir zukommen ließ.

Jetzt zunächst einmal zu meinem kleinen Geschenk: Die Umhängetasche (ich glaube, die passt gut zu Deinen hübschen Haaren) enthält ein Funkgerät, das ich noch ein wenig umgebaut habe. Es ist jetzt auch auf Dauer-Sendebetrieb eingestellt. Das heißt: Ich kann jeder Zeit hören, was Du so treibst. Du solltest die Tasche von nun an also immer in deiner Reichweite haben. Und jedes Mal, wenn Du ein Piepsen aus dieser Tasche hörst, dann will ich Deine Stimme hören. Du kannst sagen, was Du willst, nur sei so gut und sprich bitte nicht über die Anweisungen, die Du von mir erhalten wirst. Aber erwarte nicht, dass ich über das Funkgerät etwas zu dir sagen werde. Schließlich war Hauptkommissar Pauli ja so freundlich, mich in ein paar technische Spielereien der Polizei einzuweihen, und es wäre mir ziemlich unangenehm, wenn mein Funkgerät angepeilt würde.

So, und nun sei so gut, fahr zum Bahnhof und öffne mit dem Schlüssel das Schließfach mit der Nummer 1253. Aber beeil dich bitte.

Bis bald, Dein
Edgar

Anna merkte schon: Wenn sie in den nächsten Stunden nicht verrückt werden wollte, musste sie versuchen, in ihrem Verstand ein kleines Plätzchen für ihr Entsetzen freizuräumen, am besten ganz weit hinten, wo es sich austoben konnte, ohne sie über das unvermeidbare Maß hinaus zu stören.

Gerade, als sie sich wieder auf ihr Rad schwingen wollte, ertönte ein helles Piepsen aus ihrer neuen Tasche. Anna senkte den Kopf in Richtung der Tasche und sagte, ihre Verzweiflung kaum verbergend: »Deine Anweisungen sagen nichts davon, dass ich höflich sein musst: Du bist *krank*. Krank und widerlich. Ich fahr jetzt zum Bahnhof.«

Die ganze Zeit hatte die Frau mit dem schwarzen Kleid in die andere Richtung gestarrt, nun drehte sie sich mit einem verblüfften »Wie bitte?« zu diesem sonderbaren Mädchen, um gleicht darauf ein empörtes »Also so was!« auszustoßen. Doch das hörte Anna schon nicht mehr.

*

»So, ich muss endlich mal klar Schiff in meiner alten Bude machen«, mit dieser Ankündigung hatte sich auch Patrick schnell vom Frühstückstisch verabschiedet. Aber er war nicht zu seiner »alten Bude« geradelt. Stattdessen hatte er zunächst bei Roland angerufen und ihm erklärt: »Also, es bleibt bei unserem Treffen, ich melde mich gleich nochmal.« Mit diesen wenigen Worten hatte er Roland einen gehörigen Schrecken eingejagt, denn sie bedeuteten: *Sag Heike Bescheid, macht euch fertig, es geht jeden Moment los.* Nach dem Telefonat lief Patrick in die Garage, um sein Rad zu holen – und den Rucksack, der, fertig gepackt, seit zwei Tagen hinter einer Plastikplane verborgen auf ihn gewartet hatte.

*

Wieder hatte sich Anna heftig in die Pedale gelegt. Sie konnte sich ausrechnen, dass das Monster in seiner Zeitbemessung nicht allzu großzügig war. Was sie zusätzlich behinderte: Vielleicht als Rache für ihre letzten Worte, oder auch einfach nur, um sie zu ärgern, ließ Mayer in kurzen Abständen gleich mehrere Piepser hintereinander aus der Tasche ertönen. Anna fiel in der Hektik nichts anderes ein, als ein Lied zu singen, damit er sie immer hören konnte. – Selbst mit Grippe hätten die Beatles vermutlich niemals eine derart kurzatmige und abgehackte Version von *Yellow Submarine* hinbekommen. Am Bahnhof angekommen, kettete Anna schwer atmend ihr Rad in einen Fahrradständer.

Sie fragte sich, ob sie es hier unbesorgt über Nacht stehen lassen könnte. Dann kam ihr in den Sinn, dass das derzeit wohl ihr geringstes Problem war. Ganz besonders in diesem Augenblick, denn von einer Sekunde zur nächsten fühlte sie sich beobachtet, war sich sicher: *Er* war in der Nähe. Betrachtete sie. Aber sie sah sich nicht um. Zögerte nicht. Sie hetzte in das Bahnhofsgebäude und bog gleich nach links, in den breiten Gang mit den Schließfächern. Der Durchgang war ungewöhnlich leer. Nur ein etwa fünfzigjähriger Pennbruder mit grauem Fusselbart und abgerissener Kleidung saß an der Wand auf seinen in einer Plastiktüte verpackten Habseligkeiten, kaute an einem trockenen Brötchen und beobachtete gelangweilt und ungeniert das Mädchen.

Anna erschrak über ihre zitternden Finger, als sie den Schlüssel in das Schloss von Fach 1253 hineinfummelte und öffnete. Klirrend fiel ein Zwei-Mark-Stück, das Pfandgeld für den Schließfachschlüssel, in das Rückgabefach auf der Innenseite der kleinen Blechtür.

Viel war nicht in dem Fach, zumindest nicht physisch. Wertmäßig kam dagegen – für eine siebzehnjährige Schülerin – schon etwas zusammen: Im Zentrum des Fachbodens lag ein kleiner Zettel und quer darüber eine Fahrkarte.

Die beiden Papierstücke wurden von einer silbernen Geldklammer beschwert, in der ein paar gefaltete 100-D-Mark-Scheine steckten. Nun war sich Anna sicher, dass es zumindest keine kurze Reise werden würde. Das Mädchen ließ die gefüllte Silberklammer in der Hosentasche verschwinden. Die Geldscheine beruhigten sie ein klein wenig. Nicht wegen ihres Wertes, sondern weil sie zeigten, dass er wirklich nichts von ihren eigenen Vorbereitungen zu ahnen schien.

Doch mit ihrer Beruhigung sollte es gleich wieder vorbei sein, als sie den Zettel und die Fahrkarte in der Hand hielt. Es war eine Karte für den Inter-Regio nach Stuttgart – ohne Rückfahrkarte. Ihr Herz schlug schneller, als sie die wenigen, dick unterstrichenen Worte auf dem Zettel las: *Gleis 6, 7.50*. Und ein Blick auf die Uhr sagte ihr: Es *war* 7.50 Uhr. Sie rannte los – zur Freude des Pennbruders, der sich gemächlich hochrappelte, sich ausgiebig am Hintern kratzend zu den Schließfächern schlurfte, um das Pfandgeld aus Fach Nr.1253 zu angeln. Sein flüssiges Frühstück war gesichert.

*

Sie riskierte es: Schon als sie losgespurtet war, hatte Anna gleichzeitig einen der kleinen Magnete aus der linken Tasche ihrer Segeltuchjacke gefischt. Als sie nun um die Ecke des Seitenganges mit den Schließfächern schlitterte, kam sie an einem großen Fahrplan vorbei, hinter Glas und eingerahmt von breiten Metallschienen. Im Vorbeihasten klickte Anna mit der linken Hand Mayers Notizzettel an die Unterseite des Rahmens.

Wenigstens war der Aufgang zu Gleis 6 ganz nah. Sie raste das Laufband hinauf, quetschte sich rücksichtslos zwischen einem jungen, mit zwei Koffern beladenem Paar durch (das ihr heftig hinterherfluchte) und hörte das unverkennbare, erschreckende Signal einer Trillerpfeife. In ihren

Gedanken tauchte das Bild einer eisernen Kneifzange auf. Sie verdoppelte ihre Anstrengungen.

Als sie auf den Bahnsteig hinausstürzte, setzte sich der Inter-Regio gerade in Bewegung. Fast direkt ihr gegenüber war eine letzte Türe des Zuges noch offen, in ihr stand der Schaffner, der den Abfahrt-Pfiff gegeben hatte, und der, wie gewohnt, noch einen letzten Blick über den Bahnsteig warf.

*

Schaffner Detlef Schmölters sah das heranstürmende Mädchen. Er wollte bedauernd, aber bestimmt abwinken und die Tür schließen, als ihn ein panisch gebrülltes »*Nein!*« erschrocken zurückfahren ließ, so dass er gegen seinen Willen den Einstieg freigab und das Mädchen nicht mehr ohne Risiko vom Aufspringen abhalten konnte.

Als das Mädchen im Zug stand, keuchend an der Wand des Gangs lehnte, schloss Schmölters schnell die Tür, dann drehte er sich zu dem Teenager mit den fast roten Haaren um. Im ersten Moment war er noch zu verdattert, um wütend zu werden. Und da er ein ziemlich gutmütiger Kerl war (»viel zu gutmütig«, wie seine Frau immer sagte), brachte er es im zweiten Moment nicht mehr fertig, richtig wütend zu werden. Er stemmte nur die Hände in die mit den Ansätzen eines Rettungsringes ausgestatteten Hüften, schüttelte den Kopf und meinte: »Fräuleinchen, Fräuleinchen! So was kann böse enden! Dass ihr euch nicht etwas Pünktlichkeit angewöhnen könnt.« Dann bemerkte er Annas sorgenvolle Miene und fragte: »Sag mal, fehlt dir irgendetwas? Ich meine: Brauchst Du irgendwelche Hilfe?«

Oh ja, Hilfe könnte sie sehr gut gebrauchen, aber dieser freundliche Schaffner konnte sie ihr sicher nicht geben. Also sagte sie: »Nein – wird schon wieder, ich hatte bloß Angst, den Zug zu verpassen. Ich musste ihn wirklich, wirklich ganz dringend erreichen, was ich aber selbst erst sehr kurzfristig erfahren habe. Tut mir leid, dass ich Ihnen Ärger gemacht habe.«

»Na ja, ist schon gut«, lenkte der Schaffner ein, »aber das nächste Mal bitte doch etwas früher am Bahnhof sein, sonst bekommt vielleicht noch einer meiner Kollegen einen Herzinfarkt, und das wollen wir doch nicht, oder? Ach so, was für eine Karte hast Du denn?« Jetzt erst nahm sich Anna die Zeit, ihre Fahrkarte richtig anzusehen. Mayer ließ sich nicht lumpen: Erste Klasse, und dann auch noch mit Platzreservierung – dadurch wusste er natürlich auch ganz genau, wo Anna steckte. Sie zeigte dem Schaffner die Karte. Der legte den Kopf etwas schief und meinte: »Eine Platzreservierung? Dafür hast Du dir noch Zeit genommen?«, offenbar kannte er das Arbeitstempo an den Schaltern, »war wohl doch nicht so ganz kurzfristig, deine Reise?«

»Na ja, mein Vater hatte die Karte schon besorgt, nur musste ich überraschend für ihn einspringen. Sie sehen ja: Ich hab' nichtmal ein Stück Gepäck dabei«, log Anna ohne eine andere Wahl zu haben, und zumindest das Herz ihres leiblichen Vaters spielte bei der ganzen Sache ja eine nicht unbedeutende Rolle. Falls Mayer gerade via Funkgerät zuhörte, dann fand er ihre Antwort sicher recht belustigend.

*

Auf dem Weg zum Bahnhof musste er sich anstrengen, dass er nur wie ein Verrückter und nicht wie ein Lebensmüder in die Pedale trat, aber er wollte Anna schließlich nicht einholen. Als Patrick Annas Rad vor dem Bahnhof sah, fiel ihm immerhin ein Sandkorn vom Herzen: Vorhersage Nr.1 war eingetroffen. Vielleicht hätte er nur die Fahrpläne studieren müssen, um auch den richtigen Zug zu erraten, aber er wollte ganz sicher gehen. Als er eilig den Bahnhof betrat, blieb er stehen und sah sich suchend um. Rechts, an der Seite eines Zeitungsstandes, hing ein Papierkorb, Patrick fuhr mit der Hand unter den Metallboden und tastete ihn ab. Nichts. Sein Blick wanderte wieder umher und blieb an den großen Fahrplänen auf der anderen Seite hängen. Schnell ging er hinüber und ließ seinen Zeigefinger an der Unterseite des breiten Metallrahmens entlang wandern.

Ein kleines Hindernis stoppte den Finger, und Patrick zog den Magnet und den kleinen Zettel hervor. Gleis 6, 7.50. Er hatte Anna also nur um Haaresbreite verfehlt. Patrick wurde benommen bei dem Gedanken, dass er in diesem Augenblick praktisch neben dem Mädchen stand, das er liebte, nur um ein paar Sekunden versetzt – dass er sie aber dennoch womöglich nie wieder sehen würde. Schnell schüttelte er den Kopf, um solche Gedanken zu vertreiben, dann warf er einen raschen Blick auf den Fahrplan: Gleis 6, 7.50 Uhr, natürlich: der IR nach Stuttgart. Zehn Sekunden später stand Patrick an der nächsten Telefonsäule, 15 Sekunden später hatte er Roland in der Leitung und sagte: »Gleis 6, 7.50 Uhr, wie erwartet der Inter-Regio nach Stuttgart. Kommt dort um 10 Uhr am Hauptbahnhof an. Um 10 Uhr und 7 Minuten fährt ein anderer IR von Stuttgart nach Nürnberg. Ihr müsse euch ranhalten. Ist Heike schon da?«

»Auf jeden Fall ist sie schon mit dem Taxi unterwegs und ... – na wer sagt's denn – es klingelt. Also: Mach's gut.«

»Ja, ihr auch und – danke.«

Dann legten beide auf und Patrick machte sich auf den Weg zum Taxistand. Er würde Annas Spur folgen. Roland und Heike hatten eine andere Aufgabe.

*

Endlich saß Anna, an einem Fensterplatz gegen die Fahrtrichtung, im Erste-Klasse-Abteil. Noch war sie allein, aber das mochte sich schnell ändern, denn Saarfurth war ein Kopfbahnhof für die südliche Richtung. Als sie nun ein wenig zur Ruhe kam, während die grüne Landschaft an ihr vorbeiflitzte, hatte sie auch wieder Zeit zum Nachdenken. Und ihr wurde fast übel bei dem Gedanken, was wohl geschehen wäre, wenn sie den Zug nicht mehr erreicht hätte. Wenn sie zum Beispiel zuerst das Geld in der Silberklammer gezählt hätte, statt Mayers Zettel zu lesen und auf die Uhr zu blicken? Dann stünde sie jetzt noch in Saarfurth auf dem Bahnhof – was für *sie* vielleicht nicht einmal das Schlechteste gewesen wäre. Dafür, dass der Tag praktisch erst begonnen hatte, fühlte sich Anna schon ziemlich kaputt und zerschlagen. Als es in der Tasche piepste, sagte sie: »Das war knapp. Berechne das nächste Mal die Zeit besser. Es liegt ja wohl auch in deinem Interesse, dass ich ans Ziel komme.«

Und ohne es laut auszusprechen fragte sie sich, was für ein Ziel das wohl sein würde.

*

Sollte sie etwa tatsächlich keine Tricks vorhaben? Mayer war überrascht. Er hatte die Zeit absichtlich sehr knapp bemessen, um herauszufinden, ob Anna irgendeine Hilfe von der Polizei oder ihren Eltern bekommen würde. Aber soweit er es beurteilen konnte, hatte es nichts dergleichen gegeben. Mayer beschloss, noch vorsichtiger zu werden. Er traute dem Frieden nicht. Dieses Mädchen würde sich ihm nicht einfach so ergeben – nicht *sie*, sie war etwas Besonderes.

Sie musste etwas ausgeheckt, irgendeinen Plan in der Hinterhand haben. Bis zu diesem Zeitpunkt war sich Mayer dessen sogar so sicher gewesen, dass er mit dem Gedanken gespielt hatte, Annas Halbschwester schon einmal eine Hand abzuschneiden, als kleine Ermahnung für Anna, ihm besser zu gehorchen. Aber wenn sich Anna nun *doch* ohne Tricks an seine Anweisungen hielt? Dann könnte es vermutlich nichts schaden, wenn auch er die Abmachungen einhielt. Zumindest, bis er das Mädchen in seinen Händen hatte.

*

Anna hatte sich in ihrem Sitz zurückgelegt. Die Augen geschlossen, versuchte sie, sich von dem sanften Schaukeln des Zuges beruhigen zu lassen, hatte damit aber nur sehr mäßigen Erfolg. Nach knapp zwanzig Minuten Fahrt näherte sich der Zug dem Homburger Bahnhof. Noch immer saß Anna alleine im Abteil. Man konnte den Fahrgästen eben doch nicht so leicht einen ordentlichen Zuschlag für kaum mehr Komfort in der 1. Klasse aus den Rippen kitzeln. Aber in Homburg bekam Anna Gesellschaft. Und die war schon zu hören, noch bevor sie zu sehen war. Das heißt: Zu hören waren genaugenommen »Die Ärzte«, die von einem tragbaren CD-Player dröhnten. Dann öffnete sich die Schiebetür, ein vermutlich weibliches Wesen betrat Annas Abteil und schloss gleich wieder die Türe. Möglicherweise war die Punkerin noch recht jung, aber auch das ließ sich nicht so genau sagen. Die zu Dornen aufgerichteten grünen Haare hätten jeden Igel vor Neid erblassen lassen und das weiß geschminkte Gesicht hätte einem dekadenten Barockfürsten zu Ehren gereicht. Sehr kontrastreich wirkten dazu die schwarzen Lippen, der tiefschwarze, äußerst großzügig aufgetragene Lidschatten und die Augenbrauen, die im gleichen Grün wie die Haare gefärbt waren. Natürlich durfte auch die obligatorische Sicherheitsnadel im Ohrläppchen nicht fehlen. Ein schwarzes, viel zu großes Schlabber-T-Shirt, schwarze, über den Waden abgerissene, enge Jeans und ausgelatschte schwarze Halbstiefel vervollständigten das Bild. Als unumgängliche Accessoires zu dieser Uniform gab es noch eine dünne Eisenkette mit Rasierklinge als Anhänger, einen riesigen Plastik-Edelstein am Ringfinger und zwei mit fetten, spitzen Nieten besetzte Lederarmbänder (schwarz, natürlich). Das Punker-Mädchen warf ihren gut gefüllten Armeerucksack auf einen Eck-Sitzplatz, ließ sich selbst auf den Mittelsitz schräg gegenüber von Anna fallen und legte, den CD-Player auf dem Schoß, ihre Füße auf den gegenüberliegenden Sitz. Dann grinste sie Anna frech an.

Doch das Grinsen verwandelte sich in Staunen, als sie von Anna wütend angefaucht wurde: »Kannst Du das verdammte Gerät nicht leiser stellen? Das Abteil gehört dir nicht!«

Das Punker-Mädchen nuschelte etwas Unverständliches, drehte aber den Lautstärkeregler ein gutes Stück herunter und musterte Anna aus zusammengekniffenen Augen. Anna sah in diese schwarz umränderten Augen, hob langsam ihren rechten Zeigefinger, senkte ihn wieder und deutete damit auf ihre neue Tasche. Dann hob sie den Finger erneut und hielt ihn vor ihre gespitzten Lippen. Das Punker-Mädchen schluckte Luft, rülpste recht ordentlich und nickte vorsichtig mit dem Kopf. Anna fiel ein Stein vom Herzen. Heike hatte verstanden.

Heike schaltete nun ihren kleinen Ghetto-Blaster ganz aus, verließ das Abteil und kehrte nach fünf Minuten mit einer Büchse Cola in der Hand und dem Wissen, das nun auch Roland informiert war, wieder zu ihrem Platz zurück. Sie warf die Cola-Büchse einmal locker in die Luft, öffnete sie umständlich und ließ sie ordentlich zischen. Nachdem sie ein paar Schlucke genommen hatte, stellte sie die Dose wieder beiseite und startete erneut die *Ärzte*. Dann beugte sie sich über den Eckplatz hinweg zum Fenster, hauchte gegen die Scheibe und schrieb mit dem Zeigefinger in ihren Atem: »Wann?«

Anna wollte lieber nicht Block und Bleistift zücken. Schließlich wusste sie nicht, wie empfindlich das Mikrofon in ihrer Tasche war. Also tat sie so, als würde sie sich suchend im Abteil umblicken, dann hob sie den Daumen zum O.k.-Zeichen. – Sie wollte es gleich angehen, solange keine anderen Leute im Abteil waren.

Heike gähnte laut, dann wechselte sie die CD: Nun erklangen die lieblichen Laute der »Toten Hosen«, für einige Augenblicke sehr laut, dann auf erträgliches Niveau heruntergepegelt. Kurz darauf tauchte eine etwas untersetzt wirkende junge Frau auf dem Gang vor dem Abteilfenster auf. Sie hatte lange, ganz leicht wellige blonde Haare, und sie trug ein geblümtes, langes Versandhaus-Sommerkleid. Ihre Augen waren hinter einer großen Sonnenbrille mit kreisrunden Gläsern verschwunden. Was man von ihrem Gesicht sehen konnte, glänzte unter einer hauchdünnen Schweißschicht. Die Arme über Kreuz, lehnte sie sich mit dem Rücken gegen die Abteiltüre.

Heike fischte nun eine Streichholzschachtel und ein Päckchen Zahnseide aus der Hosentasche. Anna legte den Kopf zurück und öffnete weit ihren Mund. Und während sich Heike leise, leise an die Arbeit machte, stand Roland vor dem Abteil schmiere und schwitzte sich unter der Perücke und in dem ausgestopften Kleid fast zu Tode. Aber seine Aufmerksamkeit ließ nicht nach. Sollte sich jemand auf dem Gang nähern, würde er die Münze in seiner rechten Hand mit einem kurzen Schlag aus dem Handgelenk gegen das Abteilfenster klicken zu lassen, um die Mädchen zu warnen.

*

Einige Taxifahrer machten an diesem Vormittag ein recht passables Geschäft. Der IR hatte eine knappe Handvoll Stopps auf seinem Weg nach Stuttgart einzulegen: um 8.09

Uhr in Homburg, um 8.26 Uhr in Kaiserslautern und um 9.11 Uhr in Mannheim. Auf den Bahnhöfen hatten die Fahrgäste nur wenig Zeit, um ein- oder auszusteigen. Patrick ließ sich noch weniger Zeit. Zunächst war er mit einem Taxi vom Saarfurther Hauptbahnhof zum Bahnhof nach Homburg gefahren. Als er merkte, dass er bei dem Tempo des Fahrers fast mit dem Zug ankommen würde, hatte er seinen Chauffeur gebeten, etwas langsamer zu machen. Patrick wollte auf keinen Fall zeitgleich mit Anna auf dem Bahnhof sein, um nicht womöglich in die Reichweite einer wie auch immer inszenierten Beobachtungsstation seines Vaters zu geraten.

Dem Taxifahrer sollte die Verzögerung recht sein, die Uhr lief.

Schließlich erreichte Patrick den Bahnhof zwei Minuten nachdem der IR 2265, laut Fahrplan, wieder abgefahren sein musste. Er zahlte hastig und lief zu den Gleisen, an denen Annas Zug gehalten hatte. In einer Blitzaktion untersuchte er die Abfallbehälter auf dem Bahnsteig, die nahe der Zubringer-Treppen und Wege zu den Gleisen angebracht waren. Falls Anna wider allen Erwartens den Zug doch früher verlassen musste, falls Heike und Roland aus irgendeinem Grund nicht in ihrer Nähe bleiben konnten oder Anna irgendwie verloren hatten, sollten diese Abfallbehälter mit Hilfe von Klebezetteln oder Magneten als Briefkasten dienen. Patrick war also die Sicherheitsreserve, die überprüfen sollte, ob Annas Reise tatsächlich ungestört Richtung Stuttgart führte. Schweren Herzens hatte er zugestimmt, dass Heike und Roland die Rolle der heimlichen Reisebegleiter übernehmen sollten. Natürlich wäre er lieber selbst mit Anna in einem Zug gefahren. Doch auch wenn er dabei eine Verkleidung getragen hätte, wäre das Risiko einfach zu groß gewesen, an irgendeiner Beobachtungsstation seines Vaters erkannt zu werden.

Kaum zwei Minuten, nachdem er den Homburger Bahnhof betreten hatte, verließ Patrick ihn auch schon wieder, um sich das nächste Taxi zu schnappen.

Auf diese Weise folgte Patrick seiner Liebe, von Saarfurth über Homburg und Kaiserslautern bis Mannheim. Dabei konnte er allerdings nicht verhindern, dass der Vorsprung des Zuges nach und nach größer wurde.

Schon in Kaiserslautern hatte Patrick gut zehn Minuten Rückstand hinter dem Inter-Regio. Aber er hatte auch immer noch keine Nachricht von Anna gefunden. Gut so. Denn das bedeutete, dass bisher noch keine Komplikationen eingetreten waren (oder, dass Anna keine Zeit gehabt hatte, eine Nachricht abzusetzen, oder, dass Stuttgart gar nicht ihr erstes Ziel war, und sie noch weiter fahren musste, oder, dass sie vielleicht schon eine Gefangene war, möglicherweise gemeinsam mit Heike und Roland, oder, dass er, Patrick, ganz einfach eine Nachricht übersehen hatte, dass sie vielleicht fortgeflattert war. Patrick musste sich bemühen, solches Saatgut panischer Anfälle am Keimen zu hindern.) Anna musste Stuttgart bald erreichen, und wenn alles so lief, wie sie sich den Plan des Monsters vorstellten, dann würde sie genau sieben Minuten später unterwegs nach Nürnberg sein.

Das Taxi hielt vor dem Mannheimer Bahnhof, der letzten Station des IR 2265 vor Stuttgart. Diesmal musste Patrick den Bahnhof nicht betreten, sondern es genügte ein kurzer Sprint zum rechten Flügel des Hauptportals. Schnell hatte er gefunden, was er suchte: Ein kleines rotes Kreuz, mit Nagellack direkt auf den Boden neben den Eingang gemalt. Erleichtert atmete er auf, denn das kleine Kreuz erzählte ihm eine Geschichte, die ausgeschrieben etwa so lauten könnte: »Hallo Spock, hier Roland. Bisher alles soweit in Ordnung. Anna und Heike sind noch im Zug, ich bin, wie abgesprochen, ausgestiegen, um mir gleich ein Taxi zu schnappen. Wenn (*wenn!*) Anna dann in Stuttgart in den IR 2467 nach

Nürnberg umsteigt, werde ich eine Station später wieder zusteigen, natürlich in einer anderen Aufmachung.«

Nun war es auch für Patrick an der Zeit, die Spur seiner Freundin zu verlassen. Das schmeckte ihm zwar überhaupt nicht, aber er wollte möglichst noch vor Anna in Nürnberg ankommen – falls das denn wirklich das Ziel ihrer Reise war. Also dann: ab in das nächste Taxi. Schnell hatte Patrick ein neues Gefährt gefunden, das er diesmal für eine längere Strecke brauchen würde.

*

Auch für Heike sah der Plan vor, dass sie ein paar Taxifahrern zu gutem Geld verhelfen sollte. Um jede Auffälligkeit zu vermeiden, wollte sie, genau wie Roland, nicht gemeinsam mit Anna in den 10-Uhr-Zug nach Nürnberg umsteigen.

Kurz vor Stuttgart war der Schaffner in das inzwischen stärker besetztes Abteil gekommen und hatte gefragt: »Anna Silvan? Ein Gespräch für Sie am Funktelefon.« Sie musste nicht erst überlegen, wer das wohl sein könnte.

Mayers Anweisungen waren kurz gewesen: Sie sollte von Stuttgart aus den nächsten Zug nach Nürnberg nehmen, dort sollte sie in der Telefonzelle warten, die dem Haupteingang zum Bahnhof am nächsten lag.

*

Der Fahrer des Taxis, recht klein und dünn, lehnte an seinem Opel und döste in der Sonne, während er sich ausgiebig die Kopfhaut unter seiner hellbraunen Kurzhaarfrisur kratzte. Als Patrick ihn ansprach, verlegte Wladimir Kiefer das Kratzen von der Kopfhaut zu dem Schwitzfleck, der sein kurzärmeliges weißes Hemd unter der linken Achsel zierte.

(An dem »Wladimir« war ein russischstämmiger Großonkel schuld, von dem die Familie dann allerdings doch nicht soviel geerbt hatte, wie erhofft.) Doch als Patrick ihm sein Anliegen vorgetragen hatte, vergaß der Taxifahrer vor Staunen sogar das Kratzen. Nürnberg! Das waren doch gut und gerne 200 Kilometer? Zunächst wollte er es gar nicht glauben, dass tatsächlich die Stadt Dürers das Ziel der Fahrt sein sollte, und er befürchtete irgendeinen dummen Streich. Doch Patrick brachte das richtige Argument: »Keine Angst, ich kann bezahlen«, dann zückte er einen 50-Mark-Schein und riss ihn vor den verdutzten Augen des Fahrers in der Mitte durch. Die eine Hälfte drückte er dem Fahrer in die Hand, die andere ließ er in seiner Hosentasche verschwinden und erklärte: »Und den zweiten Teil gibt's zusätzlich zum Fahrpreis – aber nur, wenn wir wirklich schnell in Nürnberg sind.«

Das überzeugte Wladimir Kiefer. Wenn es der Bursche so eilig hatte, bitteschön, warum nicht? Und der Grund für diese Eile war allein dessen Sache. – Ganz entgegen der Volksmeinung sind Taxifahrer gar nicht so gesprächig, und vor allem wissen die Gescheiten unter ihnen, wann Fragen nicht angebracht sind. Und dies, entschied Kiefer, war eindeutig keine Zeit für Fragen.

Nur eine einzige Unterbrechung ordnete der junge Fahrgast an: Schon wenige Minuten nach Beginn der Fahrt, etwa zehn Minuten nach zehn Uhr, ließ er Kiefer die nächste Tankstelle anzusteuern, weil er telefonieren musste. Die Nummer des Informationsschalters im Stuttgarter Hauptbahnhof hatte er sich schon vor zwei Tagen von der Auskunft geben lassen. Eine junge, freundliche Frauenstimme meldete sich, Patrick stellte sich vor und bat: »An ihrem Schalter müsste ein Mädchen in Punker-Montur warten, könnte ich die bitte mal sprechen?«

»Hm, da ist gerade eine gekommen. So eine mit grüner Dornenfrisur und viel Schwarz im Gesicht?«, kam es fast kichernd zurück, was ein Hinweis darauf war, dass Heike, Nietenarmbänder hin oder her, offensichtlich nicht sehr furchteinflößend wirkte.

»Ja, das muss sie sein«, antwortete Patrick und hörte dann die freundliche Stimme leicht spöttisch rufen: »He, Squaw, für dich.« Fast augenblicklich hatte er Heike an der Strippe, die aufgeregt lossprudelte: »Spock, bist Du's? Blöde Frage, wer sonst. Also: Bisher stimmt eure Vorhersage. Gerade ist Anna in den Zug Richtung Nürnberg gestiegen. Hoffentlich schafft es Roland rechtzeitig. Hast Du sein Kreuz gefunden? Weißt Du, so ganz alleine ist mir jetzt doch n' büsch'n mulmig zumute.«

Patrick unterbrach ihren Redefluss: »He, mach langsam. Entspann dich und bleib locker.« Er selbst schaffte es zwar auch nicht, aber empfehlen konnte er es ja immerhin mal.

»'Tschuldigung, aber ich hab echt n' bisschen Schiss. Gut, ich reiss mich schon zusammen. Ich mach mich dann wohl jetzt besser auf den Weg, was? Wir sehen uns in Nürnberg?«

»Wir sehen uns in Nürnberg – wenn bis dahin alles gut geht.«

»Wenn bis dahin alles gut geht«, echote Heike, und es klang fast wie eine Beschwörung. Dann legten sie auf. Heike würde nun Patricks Rolle als Sicherheitsreserve übernehmen und, die Taxis wechselnd, hinter Annas Zug herfahren, um die Zwischenstationen nach Zeichen von Anna oder Roland abzuklappern.

*

12.16 Uhr. Auf die Minute. Unpünktlichkeit konnte man der Deutschen Bahn in diesem Fall nicht vorwerfen.

Ein kleiner Schritt für jeden anderen Menschen, aber ein großer Schritt für Anna, dachte sie spöttisch, als sie einen kleinen Satz von der untersten Stufe am Ausgang ihres Eisenbahnwaggons auf den Betonboden des Nürnberger Hauptbahnhofs machte. Es war heiß. Ihre neue Jacke hatte sie nur locker über die linke Schulter geworfen.

Nun würde es schwieriger werden. Bisher hatte sie immer eine Art Sicherheitskokon ihrer drei Freunde umgeben. Ein recht fragiler Kokon zwar, aber er hatte existiert. Das würde sich jetzt ändern.

Aus irgendeiner anderen Tür des Zuges würde in diesem Augenblick ein junger, etwas klein geratener Typ steigen, der das modische Wiederaufleben der siebziger Jahre ins Extreme gesteigert hatte: schulterlange, offensichtlich gefärbte schwarze Wellen-Haare, breite Koteletten, eine riesige Sonnenbrille und ein winziger Spitzbart. Dazu ein gelbes Flatterhemd, das mit orangen, stilisierten Blumenblüten übersät war. Das Hemd steckte natürlich nicht in der Hose, hätte vermutlich auch kaum mehr darin Platz gefunden, so eng saß diese lila Abscheulichkeit um die Hüften. Was oben an Stoff fehlte, machten die immensen Hosenschläge wett, aus denen zwei sonderbare, braune Lederstiefeletten mit etwa sieben Zentimeter hohen Absätzen hervorschauten. Bei Rolands Anprobe vor zwei Tagen hatten sich alle gekringelt vor Lachen – bis auf Roland, selbstverständlich. Jetzt würde sich Roland auf den Weg zum Treffpunkt mit Heike und Patrick machen. Anna sah sich nicht nach ihm um. Immer möglichst unbeteiligt, möglichst alleine wirken. Was ihr nicht schwer fiel, bei dem Gedanken, dass sie es bald wirklich sein würde – alleine. Denn hier, auf dem Bahnhof, würde sie vorerst den letzten Kontakt zu einem ihrer Freunde haben – oder den letzten ihres Lebens. Von nun an würde ihr Unternehmen zum Vabanquespiel werden.

Ihre Überlegung war folgende gewesen: Während Annas Reise nach Nürnberg konnte sich Mayer, wenn überhaupt, nur ein, zwei Stichproben erlauben, schon aus zeitlichen Gründen, aber auch ganz einfach deshalb, weil es für ihn im Zug kaum Möglichkeiten gab, Anna risikolos zu beobachten. Also hatten sie für diesen Teil der Reise einen heimlichen Begleitschutz riskiert. Doch in Nürnberg war das anders. Hier und im Umland hatte Mayer haufenweise Gelegenheiten, Anna auf ungebetene Begleiter abzuchecken. Sowie sie den Bahnhof verließ, würde es durchaus verdächtig sein, wenn sich plötzlich irgendeine Person über einen längeren Zeitraum in ihrer Nähe aufhielt. Ihre Freunde durften sich eben nicht mehr in ihrer Nähe aufhalten. So einfach war das. So gefährlich war das.

Anna hatte inzwischen den Bahnhof durchquert und die Telefonzelle erreicht, die dem Haupteingang am nächsten lag.

Sie wartete auf den Anruf des Mörders. Auf den Anruf des Mannes, den sie so gut zu kennen glaubte. Den sie kennen musste, wenn sie überleben wollte.

Das Telefon klingelte.

Anna betrat die Zelle, nahm ab, sagte nichts, hörte Mayer zu, hörte ihn mit fast bewegter Stimme (wegen ihrer Nähe?) sagen: »Hallo Anna, Schatz. Hast Du die Reise gut hinter dich gebracht?«, fast hörte es sich ehrlich an. »Nun, die nächste Fahrt wird nicht so lange dauern: Lass dich von einem Taxi zur Burg hinauf bringen, geh hinein, dreh eine Runde – nicht zu langsam, nicht zu schnell – durch den großen Innenhof, dann verlässt Du die Burg wieder, bleibst auf der Straße und wartest um ein Uhr an der ersten Telefonzelle auf der rechten Seite. Ach ja, noch etwas: Bevor Du jetzt die Telefonzelle verlässt, wirst Du deine Bluse aus der Hose ziehen.« (Er wusste, dass sie eine Bluse anhatte, also hatte er sie bereits irgendwo auf ihrem Weg beobachtet. Anna dachte sofort an Saarfurth, kurz bevor sie den Bahnhof betreten hatte.) »Dann wirst Du die untersten Knöpfe öffnen und die Bluse über deinem entzückenden Nabel zusammenknoten. Und noch bevor Du dir ein Taxi suchst, gehst Du erst einmal in die Bahnhofsapotheke, kaufst dir eine Schere und schneidest die Beine deiner Jeans über den Knien ab. Und nun los.« Anna hängte ein, ohne ein Wort gesagt zu haben. War nicht nötig.

Als sie die Telefonzelle mit flauem Magen wieder verließ, hatte sie die Schläge ihrer Bluse wie verlangt zusammengeknotet. Vage glaubte sie sich zu erinnern, dass sie im Sommer vor drei Jahren zum letzten Mal eine Bluse auf diese Art getragen hatte. Dann marschierte sie in die Apotheke und kaufte eine kleine, spitze Schere. Natürlich hätte sie auch ihr Schweizer Messer benutzen können, aber besser noch nicht zeigen, dass sie ein Messer dabei hatte. Besser genau tun, was er wollte. Immer an Pet denken. Immer an die Zange denken. Er wollte eine Schere, also sollte er eine Schere bekommen. Mitten in der Apotheke schnitt sie ihre Hosenbeine direkt über den Knien ab. Schnitt die unteren Teile auch der Länge nach durch, um sie problemlos abnehmen zu können. Achtete nicht auf die verblüfften Blicke der jungen Apothekerin, ihrer Gehilfin und eines älteren Kunden, der Anna über den Rand seiner Hornbrille hinweg fasziniert anstarrte. Sollten sie doch schauen. Für vornehme Zurückhaltung hatte sie im Augenblick keinen Sinn.

Sie war nur froh, dass sie sich mit ihren zitternden Fingern nicht die Schere ins Bein stieß. Sie schaffte es sogar, die Schnitte einigermaßen gerade zu halten. Als sie die Apotheke wieder verließ, hörte sie noch von dem Kunden ein lahmes: »Na ja, ist ja auch wirklich heiß heute«, dann stand sie wieder draußen, warf die abgeschnittenen Hosenbeine in den nächsten Mülleimer und machte sich auf den Weg zum Taxistand. Körperlich war ihre provisorische Schneiderarbeit nicht sonderlich anstrengend gewesen, aber dennoch fühlte sie einen kleinen Schweißbach ihren Rücken hinunterrinnen, fühlte sich fast ein bisschen benebelt und wusste, dass beides nicht von der Arbeit kam, sondern von der kalten Hand der Angst, die sie an ihrem Hals, an ihrer Brust spürte, seit *ER* ihr seine letzten Anweisungen gegeben hatte. Dabei war der Sinn dieser Anweisungen – auch das wusste sie – aus seiner Sicht in erster Linie ganz pragmatisch: Falls sie von der Polizei auf ähnliche Weise verkabelt worden wäre wie damals, als Blue ihr eine Falle gestellt hatte, dann hätte er nun die Kabel an ihren Waden oder an ihrer Hüfte entdecken können. Aber bei allem Pragmatismus: Zum ersten Mal war er ihr nicht in einem Kampf nahegekommen, sondern durch ihre eigene Hand, nur durch einen bloßen Befehl. Und sie hatte gehorcht. Anna fühlte sich schlecht. Ausgeliefert. Wenn es noch eines Zeichens bedurft hätte, dann hatte sie es nun: Das bedrohliche Ziel ihrer Reise würde bald erreicht sein.

Immerhin machte ihr dieses Wissen eine Entscheidung leicht: Ein paar Sachen, die möglicherweise verräterisch sein konnten, wenn er sie erst einmal erwischt hatte (was für ein Gedanke!), ließ sie im Taxi zurück: Die restlichen Magnete und den Block mit den selbstklebenden Zetteln. Auch die Socken, die sie wohl umsonst eingesteckt hatte, mussten dran glauben. Denn schließlich konnte er nun, da sie kurze Hosen trug, erkennen, dass sie keine Strümpfe anhatte. Also durfte sie auch später keine tragen, sonst könnte er für sie unangenehme Rückschlüsse ziehen.

Schnell und leise trank sie auch die beiden Saftbeutel aus und ließ die leeren Tüten, dem Fahrer in Gedanken Abbitte leistend, auf dem Rücksitz des Taxis liegen. Vielleicht hätte sie auch ein bisschen an der Schokolade knabbern sollen, aber sie glaubte nicht, dass sie im Augenblick auch nur einen Bissen herunterbringen würde. Ein gewisses Risiko bargen jetzt noch der Kompass und das Pflasterschächtelchen einschließlich der zusätzlichen Utensilien, aber auf diese Sachen wollte sie lieber nicht verzichten.

*

Viele Touristen tummelten sich in der Burg. Unter besseren Umständen hätte Anna die Besichtigung genießen können, aber so blieb ihr kaum ein Eindruck von dem teils mittelalterlichen Gemäuer, das sie bald wieder verließ. Sie machte sich auf den Weg zur nächsten Station, zur Telefonzelle. Die Zeit war gut bemessen, so dass Anna nicht lange warten musste: Punkt 1 Uhr klingelte das Telefon. Sie betrat wieder einmal eine Telefonzelle und nahm den Hörer ab.

Diesmal hielt sich Mayer nicht mit Begrüßungen auf: »Ein bisschen weiter die Straße runter findest Du einen Friseurladen. Du kommst gerade rechtzeitig, ich habe für dich reserviert. Du lässt dir die Haare waschen und schneiden. Such dir eine hübsche Kurzhaarfrisur aus. Und denk daran: Lass mein schönes Geschenk immer in deiner Nähe, damit ich auch die Friseuse höre, wenn sie an dir arbeitet. Danach kommst Du wieder her und sagst mir durch das Funkgerät, wenn Du wieder in der Zelle stehst. Ich melde mich.«

Ein Klick in der Leitung, und Anna machte sich auf den Weg zum Friseur. Soviel also zu ihren langen Haaren. Auch diese Anordnung Mayers beruhte eindeutig auf seiner Sorge vor technischen Spielereien der Polizei: Würde die Friseurin bei ihrer Arbeit auf ein Kabel unter Annas Haaren oder vielleicht sogar auf einen kleinen Signalgeber stoßen, dann würde sie natürlich erstaunt fragen, was das denn wohl wäre. Mayer würde es hören, die Katastrophe wäre perfekt.

Aber es würde keine Katastrophe geben. Noch nicht.

Auf ihrem Weg nach Nürnberg hatte sie manchmal gezweifelt, doch inzwischen war sie froh, dass sie die Polizei aus dieser Runde draußen gelassen hatte.

*

Normalerweise, zu anderen, zu friedlichen Zeiten, hätten sich Kathrin und Lars nicht gesorgt, wenn ihre Tochter nicht pünktlich zum Mittagessen erschienen wäre. Aber es waren keine normalen Zeiten, und Anna war fast eine halbe Stunde überfällig. Patrick auch. In der Küche wartete ein Stapel Pfannkuchen, im Herd warmgehalten. Sollte er warten.

Lars war um die Mittagszeit nach Hause gekommen, wie immer seit einigen Wochen. Seit der Ärger so richtig begonnen hatte, versuchte er, möglichst viel Arbeit in seinem privaten Büro zu erledigen, möglichst viel Zeit bei seiner Familie zu verbringen. Doch in diesem Fall war es ein Teil seiner Familie, der fehlte. Schon vor zehn Minuten hatte Kathrin bei Heike zu Hause angerufen. Anna hatte doch gesagt, dass sie sich mit ihrer Freundin treffen wollte, aber auch nach dem fünfzehnten Klingeln hatte niemand abgehoben.

Erneut blickte Lars auf die Uhr. Das reichte. Ohne sich mit Kathrin absprechen zu müssen, ging er zum Telefon und wählte, wieder einmal, die Nummer von Paulis Büro. Der Hauptkommissar versprach, sämtliche Streifen anzuweisen, sich nach den beiden Teenagern umzusehen. Schließlich hatte inzwischen jeder Polizist ein Foto von Anna und eines von Patrick – und natürlich auch eins von Edgar Mayer.

Lars hätte nicht sagen können, dass er sich nach diesem Anruf besser fühlte, im Gegenteil: Seine Unruhe wuchs von Minute zu Minute. An den Anruf von Ruppert Weinberg dachte er nicht mehr. Aber Peter Alban kam ihm in den Sinn. Schließlich war der eng mit der ganzen Sache verbunden, war in gewisser Weise sogar ihr Auslöser gewesen. Vielleicht hatte sich Anna wieder mit ihm in Verbindung gesetzt? Er rief den Doktor im Krankenhaus an und hatte Glück: Er erwischte ihn zwischen zwei Operationen in seinem Büro. Aber das war auch schon alles an Glück, denn

Peter konnte nicht weiterhelfen. Das einzige, was Lars erreichte, war, dass sich seine Unruhe auch auf den Doktor übertrug.

Lars ging wieder zu Kathrin und Tommy ins Wohnzimmer, sah seine Frau an und zuckte hilflos mit den Schultern. Hätte nicht wieder diese Angst in ihrem Inneren genagt, mit Sicherheit wäre ihnen ein recht sonderbarer Umstand nicht entgangen. Der Umstand nämlich, dass Tommy Annas Fernbleiben unkommentiert ließ. Ja er verzichtete nicht nur darauf, seinen Senf dazu zu geben, er war überhaupt ausgesprochen ruhig.

*

Anna hatte versucht, diese vielleicht letzte Gelegenheit zu nutzen, sich zu entspannen. Still und in sich gekehrt hatte sie sich zurückgelehnt, hatte sich sogar bemüht, das Gefühl zu genießen, als ihr das schlaksige Lehrmädchen mit lockerer Hand die Haare gewaschen und ausgespült hatte, als sich schließlich die leicht rundliche Besitzerin des Geschäfts daran gemacht hatte, ihr die Haare zu schneiden – nicht ohne vorher versucht zu haben, ihr die Kurzhaar-Frisur auszureden.

Die freundliche Frau mit den dunkelblonden Haaren und der dicken Brille, etwa vierzig mochte sie sein, hatte versucht, mit Anna ein Gespräch anzuknüpfen. Doch hatte sie nur ein paar sehr einsilbige Antworten bekommen, also war auch sie schnell still geworden, hatte Anna ihre Ruhe gelassen. Aber die Friseurmeisterin war ihrer neuen Kundin – was für schönes Haar das Mädchen doch hatte! – wegen ihrer Einsilbigkeit nicht böse. Schließlich war sie lange genug im Geschäft, um die beruhigende, fast einschläfernde Wirkung zu kennen, die ein Friseurbesuch auf manche Menschen ausübt.

Anna bekam einen neuen Kopf verpasst. Zuvor hatte sie sich hastig eine Frisur in dem großen Musterkatalog ausgesucht, fast ohne hinzusehen hatte sie schon gewählt, nachdem sie nur eine handvoll Bilder überflogen hatte. Aber die Wahl war nicht schlecht gewesen: Ihre Haare bildeten nun, mit einem angedeuteten linken Scheitel, einen lockeren Helm. Sie waren, obwohl vorne etwas länger, stramm aus der Stirn zurückgebürstet. Auch die Ohren waren, durch das zurückgekämmte Haar, wieder frei geblieben. Im Nacken reichte die Frisur nur noch knapp bis zu den Schultern, endeten allerdings nicht glatt, sondern in einer kleinen, lockeren und absichtlich etwas zerfransten auswärtsgerichteten Welle, und unter den Ohren kringelten sich zwei dicke Strähnen vorwitzig nach vorne.

Als die Arbeit getan war – der Boden um Annas Stuhl war mit langen, beinahe roten Haaren bedeckt – hatte die Meisterin fast den Eindruck gehabt, als hätte sich das Mädchen ein wenig in Trance gedöst. Langsam stand Anna schließlich auf, um zu bezahlen. Gerade als die Meisterin den Betrag in die Kasse tippte, klingelte das Telefon, das auf demselben Tresen stand. Sie nahm ab, meldete sich, hörte zu, warf Anna einen längeren Blick zu, lächelte – gewissermaßen in das Telefon hinein – und meinte: »Ja, sie steht hier, das muss sie wohl sein ... hmhm, Sie haben recht, sie hat wirklich sehr schöne Haare.«

Damit reichte sie den Hörer mit einem mädchenhaften Von-Frau-Zu-Frau-Wir-Wissen-Bescheid-Lächeln an Anna weiter – und wunderte sich, dass dieser hübsche, entspannte Ausdruck im Gesicht des Mädchens mit einem Schlag verschwunden war und einer ängstlichen Anspannung Platz machte. – Natürlich hörte Anna die Stimme von Edgar Mayer, wer sollte es auch sonst sein?

Freundlich sagte der Mörder: »Also vergiss das mal, ich meine, dass Du wieder zu dieser Telefonzelle zurückgehen sollst. War nur ein kleines Ablenkungsmanöver, Du entschuldigst. Geh zwei Häuser weiter bergabwärts, da findest Du unter der Fußmatte eine Nachricht.« *Klick.*

Die Friseurmeisterin staunte: Täuschte sie sich, oder zitterte die Hand des Mädchens tatsächlich, als sie den Hörer wieder auf die Gabel legte? Vielleicht sollte sie die Kleine fragen, ob sie ihr irgendwie helfen könnte? Aber da wartete schon neue Kundschaft – Frau Vogt. Und die Meisterin war doch schon gespannt, wie die Geschichte von Frau Vogts jüngerer Schwester und dem Gärtnereibesitzer weitergegangen war (hatte sich der Kerl nun endlich einverstanden erklärt, die Alimente zu zahlen, oder saß er immer noch auf seiner Kohle?). Und schließlich: Musste nicht jeder selbst sehen, wie er über die Runden kam?

Es war etwa viertel vor Zwei, als Anna den Friseurladen verließ. Was nun folgte, erinnerte sie sehr an die Aktion, die dieser verrückte Reporter gestartet hatte. Nur kam es ihr diesmal auf sonderbare Weise realer vor. Sie wurde kreuz und quer durch die Stadt gehetzt. Telefonzellen und an den unterschiedlichsten Orten versteckte Nachrichten waren ihre Ziele innerhalb der nächsten zwei Stunden. Und jedes Mal, wenn auf ihrer Tour ihre Angst stieg, dann wusste sie: *Er* war in der Nähe, irgendwo in der Masse, irgendwo versteckt lauernd, beobachtend und genießend, wie sein Opfer am Haken zappelte.

*

Kurz vor drei Uhr schaute Hauptkommissar Pauli noch einmal bei den Silvans vorbei. Er konnte ihnen allerdings nur die Neuigkeit bringen, dass es keine Neuigkeiten gab. Lediglich von zwei Teenagern, die irrtümlich von einem eifrigen Kollegen aufgegriffen worden waren, konnte er berichten, das war's dann aber auch schon. Eine beruhigende

Wirkung hatte das natürlich ganz und gar nicht. Pauli bereute seinen Besuch schon fast, denn er merkte, dass er die Silvans nur noch nervöser gemacht hatte. Aber dann, als er mit den drei verbliebenen Familienmitgliedern um den Küchentisch herum saß, hatte sein Besuch doch noch einen ungeahnten Erfolg und das sogar ausgerechnet deshalb, *weil* er die Silvans nervöser gemacht hatte. Als sich nämlich Kathrin auf die Knöchel biss und heftig schlucken musste, da konnte Tommy nicht länger an sich halten. Leise, ganz leise sagte er: »Eigentlich musste ich ihnen versprechen, erst heute Abend mit euch darüber zu reden.«

Sie hatten ihn kaum verstanden, hatten ohnehin nur mit halbem Ohr hingehört. Deshalb dauerte es eine Sekunde, bis sie die Bedeutung des Gehörten begriffen und sich drei aufgerissene Augenpaare in Tommy bohrten. Noch bevor Lars sein missglückt energisches, ungewollt fassungsloses »Was soll das heißen?« herausgebracht hatte, war Tom aufgestanden und im Laufschritt verschwunden, gab so den Erwachsenen die Gelegenheit, sich einige Sekunden verdutzt anzustarren, bevor er wiederkam und ein unverschlossenes Kuvert mitten auf den Küchentisch legte. Drei Hände grapschten danach, Lars gewann, zog mit fahrigen Bewegungen einen Brief aus dem Umschlag, erkannte Annas Handschrift und begann laut vorzulesen: *»Bitte entschuldigt die Heimlichkeiten, aber ihr hättet unserem Plan sicher nicht zugestimmt«*, die Angst der drei Erwachsenen verdoppelte sich, *»doch wenn ihr den Brief zu Ende gelesen habt, dann werdet ihr verstehen, warum wir tun mussten, was wir getan haben, selbst wenn ihr die Idee verrückt findet.*

Ich will es kurz machen: Edgar Mayer hat Petunie, meine Schwester, entführt«, die Angst verdreifachte sich, denn alle wussten, was kommen würde, hofften, dass sie sich irrten, hofften vergeblich, *»er hat mir einen Tausch angeboten: Anna für Pet.«* – Warum hatte sie »Anna für Pet« und nicht »Ich für Pet« geschrieben? Machte das die Sache für sie leichter? – *»Wenn ich bei ihm bin, will er sie freilassen.«* Entsetzen in den Gesichtern, Lars konnte kaum weiterlesen, musste es aber: *»Ich weiß, wie sich das für euch anhören muss, aber erschreckt bitte nicht zu sehr. Denn Heike und Roland und natürlich mein Patrick, die helfen mir. Und glaubt mir: Natürlich werde ich mich ihm nicht einfach ausliefern. Wir haben einen Plan«*, ein verzweifelter, ein zweifelhafter Hoffnungsschimmer in drei Gesichtern. *»Zunächst einmal: Wir sind sicher, er wird mich dazu auffordern, nach Nürnberg zu kommen. Denkt immer daran: Er hat die Jagd auf Blue miterlebt. Er wird absolut sicher gehen wollen, dass ihr, dass die Polizei nicht an meinen Fersen klebt.*

Als erstes wird er mich in Nürnberg umherhetzen, wie es Blue in Saarfurth getan hat. Doch dann werde ich aus der Stadt heraus müssen (ich möchte jetzt nicht erklären, woher wir das wissen)«, drei mehr als zweifelnde Gesichter, *»wenn Tommy euch diesen Brief gibt, dann müsste ein Großteil unseres Planes bereits über die Bühne gegangen sein (natürlich nur, wenn er dicht gehalten hat, so wie wir es ihm eingeschärft haben. Ihr dürft ihm nicht böse sein). Am Nachmittag, spätestens am Abend dieses Tages wird ER mich in seiner Gewalt haben«*, der winzige Hoffnungsschimmer wurde entsetzlich zertrümmert, *»aber das gehört zum Plan dazu«*, Fassungslosigkeit, *»denn ich werde nicht lange in seiner Gewalt bleiben.«* – Dann folgte nur noch ein winziger Satz, ja nichtmals ein ganzer Satz, der Lars die Tränen in die Augen trieb: *»In Liebe, Anna.«*

Und das war's. Kein Wort darüber, wie sie denn gedachte, sich wieder aus den Klauen des Mörders zu befreien. *»... ich werde nicht lange in seiner Gewalt bleiben«*, Lars hätte schreien, sich totlachen mögen. Dieser Satz, der sollte sie doch nur beruhigen. Denn was wollte Anna schon gegen dieses Monster ausrichten?

Hauptkommissar Pauli hatte sich zuerst wieder gefasst: »Aber wir haben die Nachricht früher erhalten, als es Anna geplant hatte«, und er gab so den Startschuss zu einer Reihe hektischer Aktivitäten.

Sie gingen davon aus, dass sich Anna und ihre Freunde tatsächlich in Nürnberg oder in der Umgebung der Stadt herumtrieben. Nicht etwa, weil sie davon überzeugt waren, dass Annas Brief die richtigen Angaben enthielt, sondern einfach deswegen, weil sie keinen anderen Anhaltspunkt hatten. Also veranlasste Pauli augenblicklich, dass Fotos von Anna und ihren Freunden per E-Mail-Anhang zum Hauptkommissariat in Nürnberg übermittelt wurden.

Schnell hatte Pauli auch einen Kollegen an der Strippe, der die Leitung in Nürnberg übernehmen sollte: Hauptkommissar Moritz Pansa. Der versprach, augenblicklich eine umfassende Suchaktion einzuleiten, die Fotos vervielfältigen zu lassen und an sämtliche Beamte zu verteilen.

Der nächste Anruf Paulis galt dem eigenen Kommissariat. Er verlangte, dass umgehend sein Stab informiert und das schnellste Dienstfahrzeug bereitgestellt werden sollte, da er augenblicklich nach Nürnberg müsse. Lars, das aufgeschlagene Telefonbuch in der linken Armbeuge, kam von hinten, nahm Pauli den Hörer aus der Hand, sagte: »Vergessen Sie das Dienstfahrzeug«, drückte vor den verdutzten Augen des Hauptkommissars die Gabel nieder und wählte nun seinerseits.

Pauli verstand, als er Lars in die Sprechmuschel sagen hörte: »Tag, hier Lars Silvan und ein wirklich dringender Fall. Können Sie in einer halben Stunde einen Flieger für eine Tour nach Nürnberg startklar haben? ... Doch, es muss klappen, ihre Charterfluggesellschaft macht doch immer mit ihrer Flexibilität Reklame. ... Wie? Nein, das ist zu spät. ... Also gut: Eine Prämie von 500 Mark, wenn es klappt. ... O.k., fragen Sie. ... Na also. Bis gleich. Halt, Augenblick noch: Wir brauchen auch eine Funkverbindung für die Passagiere. ... Na prima. Also dann.«

Noch während Lars mit seiner Überzeugungsarbeit am Telefon beschäftigt gewesen war, hatte sich Kathrin in fliegender Hast daran gemacht, einen kleinen Koffer zu packen. Als sie wieder die Treppe herunterkam, hatte sie außer dem kleinen Koffer auch eine große Waschtasche dabei, die sie dem Kommissar zuwarf mit der Bemerkung: »Waschsachen, Handtücher, Rasierzeug und eine neue Zahnbürste. Da Ihnen die Kleider von Lars kaum passen dürften, werden Sie den Rest in Nürnberg kaufen müssen – das Spesenkonto wird's schon hergeben. Haben Sie Blaulicht dabei?«

»Ja. Und das mit den Spesen wird nicht nötig sein.«

Schnell ließ sich Pauli mit Walter verbinden, der mit dem Dienstwagen nachkommen sollte. »Aber setz dich vorher mit meiner Tochter in Verbindung«, sagte Pauli noch, »die soll einen Koffer für mich zurechtmachen, den Wohnungsschlüssel hat sie. Wende dich in Nürnberg an das Büro von Hauptkommissar Moritz Pansa. Bis später.«

Doch bis Pauli auflegte, hatte in der Zwischenzeit noch jemand gepackt: Tommy kam mit seiner prall gefüllten Sporttasche die Treppe heruntergesprungen und rief: »Ihr wollt mich doch wohl hier nicht alleine zurücklassen?«

Natürlich war er überzeugt, dass er ohne Probleme ein paar Tage alleine zurechtkommen würde. Es ging ihm einzig darum, Anna zu helfen. Aber die Wahrheit hätte nur unnötige Diskussionen ausgelöst. Also lieber gleich die Masche Kleiner-Bub-Allein-Zu-Haus, die zog garantiert. Dass er Recht hatte, merkte er, als ihn sein Vater wortlos am Arm schnappte und eiligen Schrittes Richtung Haustüre schleifte. Da klingelte das Telefon.

»Ja Himmel, kommen wir denn gar nicht mehr zur Tür raus?«, fast schrie es Lars. Am liebsten hätte er es klingeln lassen, aber es konnte ja wichtig sein.

Es war Dr. Alban, der, nachdem er die zweite Operation beendet hatte, wissen wollte, ob Anna wieder aufgetaucht sei. »Vermutlich ist sie in Nürnberg«, haspelte Lars, »tut mir leid, wir müssen los, wir fliegen hin.«

»Nürnberg? Warum so eilig?«

»Mayer hat Annas Halbschwester entführt. Und – Gott! – Anna will sich austauschen lassen.«

»Um Himmels willen, das heißt ja ...«

»... es geht auf das Ende zu. Er oder Anna«, und als Lars diese Worte gesagt hatte, sie in sein Bewusstsein drangen, hätte er heulen und schreien mögen.

Wie durch Watte hörte er die ruhige Stimme von Peter: »Ich war am Anfang dabei. Ich komme auch. Hinterlassen Sie Nachricht an der Flughafeninformation.«

Lars brachte gerade noch ein »O.K.« zustande, dann hastete er mit den anderen zu Paulis Wagen. Die Haustür blieb offen.

*

Anna war in den letzten beiden Stunden immer nervöser geworden, so nervös, dass ihr Kreislauf damit begonnen hatte, eigene Wege zu gehen. Ihr war regelrecht schlecht. Als es schließlich soweit war, als ein Wechsel der Örtlichkeiten bevorstand, da hätte sie, zerschlagen von der langen Reise, vom Hetzen durch die erhitzte Stadt, von der Angst, fast einen großen Fehler gemacht. Gerade noch rechtzeitig dachte sie an ihr Zeichen.

*

Im Bereich der Taxizunft schienen die Merkwürdigkeiten heute kein Ende zu nehmen: Seit 14 Uhr hatten zwei Taxifahrer und eine Taxifahrerin – alle fuhren sie für dasselbe

Unternehmen – jeweils einen Gast in ihrem Wagen, der ein ausgesprochen sonderbares Verhalten an den Tag legte. Zwei der Taxis kreisten in den südlichen Randzonen der Stadt von Telefonzelle zu Telefonzelle. In einem der Taxis, einem Ford, saß ein männlicher Teenager, in dem anderen Wagen, einem Mercedes, ein weiblicher Teenager auf der Rückbank. Wenn die Taxis an den Telefonzellen vorbeifuhren, mussten sie nicht etwa halten, oh nein. Alles, was die jugendlichen Fahrgäste taten, bestand darin, einen Feldstecher an die Augen zu heben und gebannt auf die Telefonzellen zu starren. Und als alle Zellen der Region abgeklappert waren, ging das Spiel von vorne los.

Das dritte Taxi, ein Volvo, bei dem ebenfalls ein männlicher Teenager der Fahrgast war, vollführte einen ähnlichen Reigen. Nur dass sich dieser junge Mann offenbar eine größere Spielwiese ausgesucht hatte: Abgesehen von den südlichen Regionen der Stadt musste die Fahrerin, in scheinbar wahlloser Reihenfolge, an sämtlichen Telefonzellen vorbeifahren. Jeder der drei jungen Fahrgäste hatte einen ausführlichen Stadtatlas auf den Knien liegen und gab genaue Anweisungen zur Route.

Patrick hatte sogar schon den zweiten Fahrer mit Beschlag belegt, denn sein erster Fahrer, ein kleiner, zappeliger Kerl, der trotz der Hitze eine Schiebermütze trug, wollte »nun verdammt nochmal endlich wissen, was der Zirkus soll«, und ob sein seltsamer Fahrgast nicht vielleicht die Güte haben könnte, sich für ein Ziel zu entscheiden. Augenblicklich hatte Patrick den Fahrer an den Randstein fahren lassen, hatte ihn schweigend ausbezahlt und sich ein neues Taxi gesucht.

Heike war es, die schließlich fündig wurde: Eine unscheinbare Straßenkreuzung, eine Telefonzelle wie jede andere, an der sie schon zweimal vorbeigekommen war, doch der Fahrer, der das Wundern inzwischen aufgegeben hatte, sah im Rückspiegel deutlich, wie das Mädchen mit dem Feldstecher zusammenzuckte. Aber sie ließ ihn noch ein Stückchen weiter fahren und in eine Seitenstraße abbiegen. Dann musste er wenden, zurückfahren und bei der Telefonzelle anhalten, allerdings auf der gegenüberliegenden Straßenseite, von wo aus sein junger Fahrgast das gelbe Telefonhäuschen nochmals ausgiebig mit dem Feldstecher studierte. Auch der Fahrer starrte neugierig hinüber, konnte aber beim besten Willen nichts entdecken. Da stand ja gar keiner drin.

Schließlich hörte der Fahrer einen Seufzer der Erleichterung von der Rückbank, dann reichte ihm eine zarte Hand einen Zehn-Mark-Schein und das Mädchen bat: »Würden Sie bitte über ihre Funkzentrale Patrick Mayer und Roland May ausrufen lassen? Die sind auch mit Taxis Ihrer Firma unterwegs. Sie sollen bitte hierher kommen.«

Nun blieb Heike nur noch, die gesalzene Rechnung zu zahlen und zu warten, nachdem sich der Wagen und sein kopfschüttelnder Fahrer aus dem Staub gemacht hatten.

Keine zwei Minuten später stieg Patrick aus einem beigen Ford mit dem Taxi-Zeichen auf dem Dach. Heike schloss ihn kurz in die Arme, ein wenig erschöpft, ein wenig erleichtert und mehr als ein wenig ängstlich. Dann traten sie schweigend auf die Telefonzelle zu, um sie aus der Nähe zu betrachten. Genaugenommen galt ihre Aufmerksamkeit nicht der ganzen Zelle, sondern nur der dicken Glasscheibe in dem gelben Metalltürrahmen.

Innen wie außen war ein großer Metallbügel angebracht, der zum Öffnen der Tür dienen sollte. Doch etliche Leute, die nach einem Telefonat wieder ins Freie getreten waren, hatten nicht den Griff benutzt, sondern einfach gegen den Rahmen oder das Glas der Tür gedrückt. Dementsprechend gab es viele Abdrücke von Fingern und Handballen in einem Radius von dreißig Zentimetern um den Türgriff herum, manche fettig oder sogar klebrig und entsprechend deutlich, andere fast mehr zu ahnen als zu sehen.

Eine Serie von Abdrücken stach aber eindeutig aus diesem Wirrwarr heraus: Ungewöhnlich hoch und über allen anderen klebte förmlich ein deutlicher, fettig glänzender Abdruck einer ganzen Handfläche an der Scheibe – tatsächlich waren sogar noch Spuren vom Weiß einer Creme zu sehen. Direkt unter der Handfläche waren dann noch die Abdrücke von vier Fingerspitzen zu erkennen.

Fast eine Stunde hatten sie es an der Tür von Patricks altem Zimmer geübt: In der linken Hand hielt Anna, als Ersatz für den Telefonhörer, einen Kochlöffel, und während sie mit Patrick »telefonierte«, griff sie mit der Rechten in die Hosentasche, drückte mit dem Daumen den Deckel von dem Cremedöschen und fuhr mit den Fingern großzügig durch diese glitschige Masse, während sie die Hand wieder aus der Tasche zog. Schnell noch die Hand zur Faust geballt, um die Creme zu verteilen, und dann, weit oben, gegen die Türe gedrückt, mit den Fingern noch einmal nachgedrückt – fertig. Nun brauchte die Creme nur noch in die Haut einzuziehen, und kein verräterisches Zeichen würde zurückbleiben. Wie einfach sich das anhörte!

Patrick öffnete die Zellentür bis zum Anschlag, legte seine Handfläche auf Annas Abdruck, schloss die Augen, fühlte, verharrte, spürte ein sanftes Rieseln auf seinem Rücken. Schließlich, nach zehn, zwanzig Sekunden: Heikes Hand auf seiner Schulter. Er riss sich zusammen, öffnete die Augen und meinte mit belegter Stimme: »Vier Fingerabdrücke unter der Handfläche. Glatte Fingerabdrücke, nicht verwackelt. Also muss sie zwischen viertel vor vier und vier Uhr hier gewesen sein.«

Heike nickte und entgegnete: »Und kein zweiter Abdruck neben dem ersten. Also hat er sie direkt von hier in südliche Richtung aus der Stadt gelotst.«

»Himmel, bitte lass es bei dieser Richtung bleiben«, murmelte Patrick. Und er fragte sich, wie lange ihr Glück wohl noch halten würde. Dann kam Roland. Aber nicht allein.

*

Natürlich hatten die spektakulären Morde des Saarfurth-Killers gerade in Polizeikreisen für Gesprächsstoff gesorgt. So war Hauptkommissar Moritz Pansa, 38 Jahre alt und ausgesprochen ehrgeizig, geradezu erfreut, dass sich der Fall nun auf sein Jagdrevier ausdehnte. Nachdem ihm dieser Kollege (dieser bisher recht erfolglose Kollege) aus Saarfurth den Stand der Dinge erklärt hatte, war der große, knochige Mann mit den bereits ergrauenden Haaren nur zu gerne einverstanden, seine anderen Arbeiten vorübergehend einzufrieren, um sich ganz auf den heißesten Fall des Jahres zu konzentrieren. Abgesehen von seinem beruflichen Interesse war er auch neugierig auf dieses Mädchen, das doch tatsächlich glaubte, es mit dem Killer aufnehmen zu können, – fast bezweifelte Pansa, dass seine diesbezüglichen Informationen richtig waren, und er wollte Hauptkommissar Pauli noch einmal ganz genau löchern, sobald er hier wäre. Geradezu phantastisch erschien es ihm, dass ein Helfer des Mädchens ausgerechnet der Sohn des Mörders sein sollte.

Dass er diese Anna Silvan bald zu sehen bekommen würde – immer vorausgesetzt, sie und ihre Freunde trieben sich noch in Nürnberg herum – hielt Pansa für gar nicht so abwegig. Denn so, wie es sein Saarfurther Kollege dargestellt hatte, würde zumindest diese Anna einige Zeit ganz offen in der Stadt umherspazieren. Schnell hatte Pansa für die Verbreitung der Bilder dieser vier Teens unter seinen Kollegen gesorgt. Dann war ihm noch eine Idee gekommen: Wenn sich diese Kids wirklich in der Stadt herumtrieben, dann würden sie vermutlich nicht alle Wege zu Fuß zurücklegen.

Also schickte er Leute los, die Fotos der Gesuchten an möglichst viele Busfahrer und im Busdepot verteilten. Schließlich bat er auch noch die Taxiunternehmen um Hilfe, deren Zentralen die Beschreibungen und die Namen der Gesuchten an ihre Fahrer weitergaben.

Kurz nach vier Uhr hatte er Erfolg.

Pansa selbst hatte das Gespräch entgegengenommen, als eine kräftige Stimme die erfreuliche Nachricht überbrachte.

»Hier Khodayari, Juniorchef von Quick-Funktaxi«, hatte sich die Stimme vorgestellt, um dann gleich zur Sache zu kommen: Der Mitarbeiterin in der Funkzentrale, einer Frau Krum, sei etwas aufgefallen. – Schon in diesem Augenblick hatte Pansas sechster Sinn auf einen Volltreffer getippt, und er hatte Frau Krum in Gedanken einen dicken Kuss verpasst. Dann kam es tatsächlich: Ein Fahrgast habe gerade die Gäste von zwei anderen Wagen des Unternehmens via Funk zu einem Treffpunkt bestellt. Die Namen dieser beiden Fahrgäste seien Roland May und Patrick Mayer gewesen, und das seien doch die Namen ... Haargenau, das waren die Namen! Und Khodayari konnte ihm sogar diesen Treffpunkt im Süden der Stadt und natürlich die Nummern der beteiligten Taxis nennen. Aber damit nicht genug: Ein schnelle Nachfrage der Polizeifunk-Zentrale hatte ergeben, dass ein ziviles Einsatzfahrzeug in unmittelbarer Nähe des Treffpunkts unterwegs war.

Pansa hatte augenblicklich die Verbindung zu den beiden Kommissaren in diesem Wagen herstellen lassen, um ihnen persönlich zu erklären: »Sammelt die drei Kinder ein und bringt sie sofort zu mir.«

*

Erneut hielt ein Taxi, diesmal ein Volvo, an der Bordsteinkante. Die hintere Türe öffnete sich, Roland stieg aus und winkte Heike und Patrick zu. Keiner der drei achtete darauf, dass gleich hinter dem Volvo ein schwerer weißer BMW ebenfalls an den Rand fuhr.

Heike und Patrick gingen die paar Schritte bis zu ihrem Freund, und Heike wollte Roland gerade aufgeregt von ihrer glücklichen Entdeckung berichten, als sich eine Hand schwer auf Patricks Schulter legte, und Roland erging es fast im selben Moment ebenso. Erschrocken fuhren die beiden Jungen herum, und auch Heike bekam große Augen. Da standen zwei Kerle, gut 1,85 groß, breite Schultern, schwer einzuschätzen im Alter aber vermutlich irgendwo in de 30ern, beide mit khakifarbenen, knittrigen Leinenhosen, die von weißen Stoffgürteln gehalten wurden. Beide trugen sie Piloten-Sonnenbrillen und beide hatten sie weiße Turnschuhe an den Füßen, beide trugen sie goldene Uhren am linken Handgelenk, beide hatten kurze, hellbraune Haare, und beide sahen sich mit ihren breiten, sanften Gesichtern, den minimal abstehenden Ohren und den ziemlich flachen Nasen so ähnlich, dass sie zweifellos enge Verwandte sein mussten. Nur an ihren kurzärmligen Baumwollhemden konnte man sie eindeutig unterscheiden: Das Hemd von dem Mann hinter Patrick war schreiend bunt, während Rolands Handaufleger ein ungestörtes Weiß bevorzugte.

Bunthemd griff nun mit der rechten Hand nach hinten, fischte ein flaches, braunes Ledermäppchen aus seiner rechten Gesäßtasche, ließ es aufklappen und hielt es in Brusthöhe, während er sich ruhig vorstellte: »Kommissar Uth«, dann deutete er auf Weißhemd und fügte hinzu: »Und das ist Kommissar Uth«, Weißhemd ließ die Andeutung eines Grunzens hören und hob für einen winzigen Augenblick mit dem rechten Daumen die Gläser seiner Sonnenbrille an. Für einen kurzen Moment konnten die drei Freunde einen Blick auf ein paar stechend blauer Augen werfen, die nicht so recht zu dem sanften Gesichtsausdruck passen wollten.

Noch während dieser Vorführung fuhr der bunte Uth schon fort: »Ihr braucht euch nicht vorzustellen, wissen wir auch so, wer ihr seid: Fräulein Heike Kanter und die Herren May und Mayer, nicht wahr? – Sicher. Kommt Fräulein Silvan auch zu diesem Treffen?«

Verwirrt antwortete Patrick: »Wie? Nein, sie kommt nicht hierher. Woher wissen Sie ...?«

»Werdet ihr schon noch erfahren«, wieder war es Bunthemd, der sprach, »aber jetzt hat unser Chef große Sehnsucht nach euch. Und hier sollten wir jemanden postieren, falls eure Freundin doch noch ...«

»He, Moment mal, Sie können uns nicht einfach so mitnehmen«, unterbrach Patrick, nur um seinerseits von Uth (dem Bunten) gleich wieder in die Parade gefahren zu bekommen: »Wir können und wir werden, wie ich schon sagte, es wird ...«

»Jetzt reicht's aber!«, schrie Patrick den bunten Kommissar so heftig an, dass der glatt einen viertel Schritt zurückwich, während sein Kollege die Andeutung eines Grunzens hören ließ.

Patrick, dem inzwischen ein dicker Schweißfilm auf der Stirn stand, versuchte sich zu beherrschen, als er in die Sonnenbrille von Bunthemd starrte und gepresst fortfuhr: »Nun lassen Sie mich vielleicht mal ausreden? Wenn Sie uns mitnehmen, bringen Sie Anna in Lebensgefahr. Wir haben einen Plan, und der beinhaltet auch, dass wir uns an einen Zeitrahmen halten müssen. Also lassen Sie uns gefälligst gehen. Sonst sind *Sie* dafür verantwortlich, wenn Anna etwas passiert.«

Als Patrick geendet hatte, wandte sich Uth-bunt an Uth-weiß und fragte erstaunt: »Sag mal, Uth, hab ich den da richtig verstanden? Wollt' mir der gerade erklären, dass so ein paar Windelkacker einen durchgeknallten Massenmörder erwischen wollen? Den ein ganzes Heer von Polizisten bisher nicht schnappen konnte?«

Der weiße Uth ließ die Andeutung eines Grunzens hören, sein Kollege nahm den Faden gleich wieder auf: »Dacht' ich mir doch, dass Du das auch so ungeheuer witzig findest. Aber lasst uns im Kommissariat weiterscherzen.«

Patrick sagte: »Wenn ich nach Hause komme, dann dreh' ich Tommy den Hals um«, dann machte er einen Satz an dem Kommissar vorbei und rannte los.

Als Roland seinen Freund davonlaufen sah, wollte er es ihm mit einem Sprung gleichtun, doch plötzlich war da ein kräftiger Arm in Höhe seines Halses, der ihn unsanft bremste, und da seine Beine noch weiterlaufen wollten, während es obenrum einfach nicht mehr weiterging, landete er auch noch schwungvoll auf dem Hosenboden. Dann wurde er von Weißhemd am Kragen gepackt und wie ein junger Hund in die Höhe gezogen.

Patrick schaffte es – bis zur nächsten Straßenecke. Da hatte Uth ihn eingeholt. Als Patrick sich am Genick gepackt fühlte, stieg in ihm die Panik hoch. Was würde mit Anna geschehen, wenn sie ihren Zeitplan nicht einhalten konnten? Und so wehrte er sich nach Leibeskräften. Doch es nützte nichts. Er wurde ein bisschen hierhin geschüttelt, ein bisschen dahin geschüttelt, dann, nachdem er völlig außer Puste war, nahm Uth ihn in den Schwitzkasten und schleifte ihn hinter sich her, zurück zu dem weißen BMW.

Das leichte Grunzen von Uth-weiß, rückwärts durch die Nase eingezogen, hätte man beinahe für den Ansatz eines Lachens halten können.

Uth-bunt entgegnete gereizt: »Jetzt hab dich doch nicht so. Schön, er ist mir abgewitscht und hat's sogar ein paar Meter geschafft – na und? Ich hab ihn, das ist doch wohl die Hauptsache. Und wenn er nicht gleich zu zappeln aufhört ...«, er ließ die Drohung verbal unbeendet, drückte aber seinen Arm um Patricks Hals eine Idee fester zusammen. Dann bugsierte er ihn samt Rucksack unsanft auf den Rücksitz des Wagens.

Als die Wagentür neben Patrick kräftig ins Schloss geworfen wurde, hatte er zunächst einmal genug damit zu tun, wieder richtig zu Atem zu kommen. Unterdessen wurde der nicht minder keuchende, immer noch leicht benommene Roland von Weißhemd am Kragen um das Auto herumgeschleift und von der anderen Seite in den Fond gestoßen. Auch Weißhemd schmetterte die Türe zu. Von innen konnte sie so lange nicht geöffnet werden, bis ein Sicherungshebel am Boden links neben dem Fahrersitz umgelegt werden würde.

Dann stieg der Weiße vorne auf der Beifahrerseite ein, während sich der Bunte nun an Heike wandte. Doch er hatte noch nicht einmal den Mund geöffnet, als sich plötzlich eine ärgerliche Frauenstimme zu Wort meldete: »Jetzt sagn's bitt'schön, was soll mit mir wer'n, wenn'S die mitnemma? Der Bursch' hat no' net 'zahlt!«

Die Stimme gehörte der robusten Taxifahrerin, die Roland hergebracht hatte. Sie hatte die ganze Szene durch die halb geöffnete Türe ihres Volvos heraus verfolgt, war nun endlich ausgestiegen und näherte sich Uth. Der kam ihr zwei Schritte entgegen und meinte entschuldigend: »Tut mir leid. Jetzt hätten wir Sie wirklich fast vergessen«, dann wandte er sich um und bat seinen Kollegen, der ihn gut verstehen konnte, da die Fahrertüre noch offen stand: »Sei so gut, Uth, und bring mir das Portemonnaie von Herrn May. Will die gute Frau doch schnell bezahlen, bevor ich Fräulein Kanter bei ihren Freunden Platz nehmen lasse.«

Uth wandte sich also in seinem Sitz um, sah Roland wortlos an und hielt ihm die offene Handfläche entgegen. Zwei Sekunden später stieg er wieder aus dem Wagen aus, um dem anderen Uth die Geldbörse zu bringen.

Um Heike kümmerten sich die beiden Kommissare in diesem Augenblick nicht weiter. Vielleicht, weil sie sich die ganze Zeit nicht gerührt und das ganze Geschehen bloß ungläubig betrachtet hatte, vielleicht aber auch einfach deshalb, weil die beiden durchtrainierten Kommissare nicht im Entferntesten damit rechneten, dass ihnen ein Mädchen Ärger machen könnte. Die beiden Jungs, das war ja noch zu verstehen, aber ein Mädchen? Da würde man wohl nicht großartig nachhelfen müssen, um sie zum Einsteigen zu bewegen.

Tatsächlich stieg Heike jetzt sogar freiwillig in den Wagen.

Als sich gerade beide Uths der Taxifahrerin zuwandten, tat sie einen langen Schritt rückwärts, stand neben der offenen Fahrertüre, schleuderte ihren Rucksack auf den Beifahrersitz und ließ sich selbst noch aus der gleichen Bewegung heraus auf den Fahrersitz fallen. ... wie schön, der Schlüssel steckte, der erste Gang war drin ... Sie trat die Kupplung und drehte gleichzeitig den Zündschlüssel herum. Herum fuhren auch die beiden Uths und sahen, wie ihr BMW einen Satz nach vorne machte, das vor ihm parkende Taxi mit einem kurzen, trockenen Scheppern noch leicht an der Stoßstange erwischte, dann mit quietschendem Motor und jaulenden Reifen davonschoss. Was blieb, waren zwei schwarze Streifen auf dem Asphalt und ein brenzliger Gummigeruch.

Patrick warf sich sofort im Sitz herum, um durch die Heckscheibe zu spähen.

»Uh je, die steigen ins Taxi!«, rief er und fügte, an Roland gerichtet, hinzu: »Die Fahrerin steht daneben und winkt mit deinem Geldbeutel.«

Dann konnte er nichts mehr erkennen, weil Heike, hektisch am Lenkrad kurbelnd, im letzten Augenblick nach rechts in eine Querstraße einbog.

Roland war im Moment sein Geldbeutel ziemlich egal. Mit etlichen Fragezeichen in der Stimme rief er nach vorne: »Wusste gar nicht, dass Du fahren kannst?«

Heike, die Hände um das Lenkrad verkrampft, rief panisch zurück: »Kann ich auch nicht, war nur mit meiner Mutter ein paar Mal auf dem ADAC-Übungsplatz.«

Immer noch laut, um den heulenden Motor zu übertönen, meinte Roland nervös: »Gut, dann will ich auch nicht kritisieren, dass Du mit achtzig Sachen im ersten Gang fährst, aber der Motor ... !?!«

»Huh? Ohgottohgottohgott!«, hektisch zerrte Heike den Schaltknüppel zurück, machte dabei einen kleinen Ausflug auf den Bürgersteig und ließ das Getriebe hässlich knirschen.

Patrick schrie: »Himmel, die Zwillinge sind schon hinter uns und holen auf. Heike, kannst Du nicht schneller fahren?«

»Was denn noch alles?«, aber trotz des Zitterns in ihrer Stimme trat sie das Gaspedal stärker durch.

*

Am Steuer des zweckentfremdeten Taxis sitzend, versuchte der bunte Uth den Vorsprung zu dem weißen BMW zu verringern, gleichzeitig fluchte er herzhaft: »Zefixhalleluja! Diese Rotzbälger! Wer hätte das gedacht?« Natürlich überwog der Ärger in seiner Stimme, aber fast konnte man auch ein klein wenig Respekt heraushören. Und der weiße Uth auf dem Beifahrersitz ließ – nein, keine Grunzen hören, sondern ein indigniertes »Scheiße – wie peinlich!«

»Na ja, gleich ham' wir sie«, knurrte der Bunte.

Die Jagd hatte nicht lange gedauert, und schon existierte der Abstand zwischen den beiden Fahrzeugen praktisch nicht mehr. Der BMW war zwar stärker, aber als Fahrerin konnte Heike nicht mit dem Polizisten mithalten. Und jemanden über den Haufen fahren, das wollte sie auf keinen Fall riskieren. Allerdings konnte Uth hier nicht überholen, denn sie fuhren gerade durch ein Wohngebiet, und die Straßen zwischen den Reihen der Zweifamilienhäuser waren eng. Einen Slalomkurs mussten sie hier ohnehin einschlagen, dafür sorgten zu beiden Seiten geparkte Fahrzeuge und einzelne Bäume, die gepflanzt worden waren, um das Tempo des Verkehrs zu drosseln.

»Pech, dass es hier so viele Einbahnstraßen gibt. Bei Gegenverkehr hätten wir die schon«, murmelte der Kommissar am Steuer. Aber dann sah er seine Chance gekommen: Der BMW war nach links in eine etwas breitere Straße abgebogen, und schon bald machte die Straße erneut einen scharfen Bogen nach links, nach rechts ging es nicht und geradeaus lag nur eine Einfahrt zum Garten eines Doppelhauses. Uth drückte das Gaspedal noch tiefer, scherte nach links, um in der Innenkurve an dem BMW vorbeizuziehen. Tatsächlich ließ er den schweren Volvo geschickt um die Kurve schlottern, sah nach rechts und ... der BMW war weg! Uth ließ die Bremsen quietschen, um den Volvo mitten auf der Straße zum halten zu bringen, sah gleichzeitig in den Rückspiegel, aber auch hinter ihm war kein BMW.

Sprachlos sprach Uth: »Jessas, die müssen in die Einfahrt gefahren sein!«

*

Holpernd war der BMW über die Bordsteinvertiefung der Einfahrt gebrettert, dann hatte Heike die Bremse niedergerammt. Ein klein wenig zu spät für einen Gartenzaun. Denn die Rasenfläche neben dem Haus war nicht sehr groß, und an das Grundstück schloss sich ein weiteres nach identischem Muster an: Ein kleiner Garten auf der Rückseite des

Hauses, eine kleine Rasenfläche neben dem Haus, und dann kam die nächste Straße. Die beiden Grundstücke waren durch einen niedrigen Gartenzaun aus dünnen, an Rundpfosten geschraubten Holzbohlen getrennt.

Der weiße BMW hatte mit blockierenden Bremsen den Rasen gepflügt, aber sein Schwung hatte immer noch gereicht, ein Brett am Zaun mit einem lauten, trockenen Bersten zersplittern zu lassen und den Rest des Zaunes in Schieflage zu bringen, und dieses schiefe Etwas klebte nun direkt vor der Kühlerhaube des Wagens. In dem Garten des zweiten Grundstücks, ein paar Meter zur linken, saßen, geschützt von einem großen, weißen Sonnenschirm, drei Männer, zwei Frauen und ein etwa zehnjähriger Junge um einen runden Gartentisch, auf dem allerlei Getränke standen. Jetzt sahen alle sechs mit großen Augen zu dem weißen Wagen herüber. Ein dicker Kerl in Shorts und mit überquellendem Bauch wollte sich wohl gerade einen Keks in den Mund schieben, aber mit offenem Mund hielt er mitten in der Bewegung inne, während ihm fast die Augen aus den Höhlen traten.

»Tolle Idee, dass Du geradeaus weitergefahren bist«, lobte Roland.

»Idee?«, jammerte Heike, »ich dachte, ich krieg' die Kurve nicht mehr!«

»He, das könnt ihr später klären«, rief Patrick nervös, »schnell zurück, bevor die uns den Weg abschneiden.«

Also suchte Heike – ene, mene, muh – den Rückwärtsgang, fand ihn auch, und trat wieder das Gas durch, nur um gleich darauf erneut bremsen zu müssen, denn der Volvo ihrer Verfolger tauchte plötzlich, rückwärts fahrend, in Heikes Rückspiegel auf, hielt mit einem Ruck und blockierte die Ausfahrt. Und wieder reichte Heikes Bremsmanöver nicht ganz: Die hintere Stoßstange des BMWs rummste gegen die rechte Seite des Volvos und beulte sie – Schwedenstahl hin oder her – etwa fünf Zentimeter tief ein. Immerhin konnte der weiße Uth nun nicht mehr aussteigen, aber sein Kollege riss schon die Fahrertüre auf und sprang heraus.

Patrick seufzte: »Dann eben den Vorderausgang.«

Heike wiederholte: »Dann den Vorderausgang«, rammte den ersten Gang rein und das Gaspedal bis zum Boden. Diesmal hielt sie nicht vor dem Gartenzaun, sondern raste durch die Reste, fast ohne Widerstand zu spüren. Der dicke Mann hielt immer noch den Keks vor seinen geöffneten Mund. Er biss erst hinein, als der BMW mit lautem Scheppern auch noch das hölzerne Gartentor zur nächsten Straße durchbrach. Dann begann der Dicke Zeter und Mordio zu brüllen.

*

Fluchend sprang Uth wieder in den Wagen, stieß noch ein kleines Stückchen weiter zurück, damit er in die Einfahrt einbiegen konnte, und trat dann im ersten Gang das Gaspedal herunter, um die Verfolgung fortzusetzen. Doch gleich darauf stieß er mit einem Schreckensschrei die Bremse fast durch den Wagenboden und stemmte sich mit aller Kraft gegen das Lenkrad, als könne er dadurch die Bremskraft verstärken. Die vordere Hälfte des Volvos stand schon auf dem Nachbargrundstück, als der schwere Wagen endlich zum Stehen kam, den Kühlergrill etwa zehn Zentimeter von einem dicken Bauch entfernt, der einem wütenden Mann mit ein paar Kekskrümeln im Mundwinkel gehörte.

Hastig kurbelte Uth das Fenster zur Hälfte herunter und schrie: »Platz da, Platz da, Polizei!«

Der Dicke, die Hände in die Hüften gestemmt, entgegnete gefährlich ruhig: »Ach? *Polizei?* Und deshalb habt ihr wohl auch ein Taxi-Schild auf dem Dach?«

Und plötzlich hatte sich noch eine ganze Menge mehr Menschen vor dem Volvo aufgebaut, die nun alle gleichzeitig zu schimpfen und zu drohen anfingen, während der weiße BMW entschwand.

*

Patrick war inzwischen nach vorne auf den Beifahrersitz geklettert und lotste Heike auf dem schnellsten Weg aus der Stadt. Wieder einmal sah sich Roland um und fragte schließlich: »Habt ihr eine Ahnung, warum die uns nicht nachgekommen sind?« Patrick zuckte mit den Schultern: »Warum auch immer: Wir können heilfroh sein. Außerdem haben wir jetzt einen fahrbaren Untersatz, und das ist gerade jetzt besser als mit einem Taxi durch die Gegend zu kutschieren.«

»Taxis können wir ohnehin nicht mehr benutzen«, warf Roland ein, »das Risiko wäre viel zu groß, dass die uns gleich wieder schnappen.«

Patrick seufzte erleichtert: »Aber das haben wir jetzt ja nicht mehr nötig. – Dank unserer kleinen Autodiebin.«

Heike verdrehte die Augen und rief: »Autodiebin? Oh Himmel, das stimmt ja! Und dann noch ein Polizeiauto!«

»Ja«, meinte Roland aufmunternd, »deine Eltern werden dir sicher gratulieren.«

Sie entfernten sich immer weiter in südliche Richtung von Nürnberg. Schließlich bogen sie von einer Landstraße in einen Feldweg und von dort, rückwärts, in einen noch kleineren Waldweg, dann stellte Heike den Motor ab, lehnte sich mit verschränkten Armen zurück und meinte müde: »So, jetzt warten wir.«

Roland wollte von Patrick wissen: »Wann wirst Du dich schlafen legen?«

Der antwortete nach einem Blick auf die Uhr: »Na ja, so kurz vor sechs.«

*

Dreimal hatte der Taxifahrer gefragt, ob dies *wirklich* der richtige Platz sei, und ob er sie denn *wirklich* alleine hier zurücklassen solle. Doch schließlich hatte er gewendet, war, nach einem letzten Blick auf das sonderbare Mädchen, endlich losgefahren, mit einem anständigen Trinkgeld in der Tasche. Und jetzt stand Anna vollkommen allein am Rand der Landstraße.

Auf ihrer Seite war die Straße von lichtem Laubwald gesäumt, auf der anderen Seite erstreckten sich ein paar Sonnenblumenfelder. Die Blumen hatten dem Mädchen ihr Gesicht zugekehrt und leuchteten in feurigem Gelb.

Ja, für Anna war dies der richtige Platz, auch wenn sie gerne tausend Kilometer weit weg gewesen wäre. Edgar Mayer hatte ihr ein Zeichen am Rand der Landstraße genannt, das sie nicht verfehlen konnte: Ein Sandsteinkreuz von gut einem Meter Höhe, auf einem knapp fünfzig Zentimeter hohen Betonsockel montiert. Anna las die Inschrift auf einer im Zentrum des Kreuzes eingelassenen Messingtafel, die erklärte, warum das Kreuz hier stand: Ein Ehepaar hatte es aufstellen lassen in Erinnerung an ihren Sohn, der an dieser Stelle vor ein paar Jahren tödlich verunglückt war. Anna sah die einsame Straße hinauf und hinunter und fragte sich, wie es gerade hier zu einem Unfall kommen konnte. Die Straße war an dieser Stelle schnurgerade. Dann besah sie sich die verblassende Fotografie des jungen Mannes, die über der Messingtafel hinter einem Glastürchen befestigt war. Und sie dachte: »Du hast es hinter dir.« Dann schauderte sie heftig zusammen – nein, so etwas durfte sie nicht denken! Sie wollte kämpfen. Selbst dann noch, wenn es soweit kommen sollte, das sie keine Chance mehr hatte. Sie wollte kämpfen. Um jede Sekunde. Um jeden Herzschlag.

Sie trat hinter das Kreuz. Dort ragte der Stumpf eines dicht über dem Boden abgesägten Baumes aus der trockenen Erde. Ein toter, knorriger Wurzelstrang schlängelte sich in einem Bogen aus dem Boden. Anna griff unter diesen Bogen und zupfte ein mehrfach gefaltetes Blatt, das dort mit zwei Reißzwecken befestigt war, von dem abgestorbenen Holz. Die Anweisung von Edgar Mayer war einfach: Anna sollte am Rande der Landstraße weiterlaufen, bis linker Hand ein durch eine Schranke abgeriegelter Forstweg auftauchen würde, dort, in einem Busch versteckt, würde sie die nächste Nachricht finden. Außerdem sollte sie den Zettel, den sie gerade in der Hand hielt, wie auch alle folgenden, mitbringen. Bei ihrem Treffen würde er umgehend nachkontrollieren, ob Anna diese Anweisung befolgt hätte. Sollte nur ein Zettel fehlen, dann würde er ihrer Schwester auf der Stelle das Genick brechen.

Anna faltete das Blatt wieder zusammen, verwahrte es in ihrer Brieftasche und ging.

Nur wenige Fahrzeuge befuhren die Landstraße.

Keines hielt an.

Niemand fragte das Mädchen, warum es hier so alleine unterwegs war, und ob es vielleicht Hilfe brauchen könnte.

Und sicher saß *er* in einem der Wagen.

Nach gut zwanzig Minuten erreichte sie den Forstweg, an dessen Eingang ein einsamer Ginsterbusch stand. Anna wühlte etwas in den Zweigen und fand schnell eine durchsichtige Nylontüte, die an einem Ästchen festgebunden war. Darin ein Kompass und der obligatorische Zettel, auf dem stand: *Folge dem Weg, bis links ein Holzstoß auftaucht. An dem Holzstoß biegst Du nach rechts in den Wald und gehst so lange Richtung Süden, bis Du auf ein brachliegendes Feld stößt. Dann wendest Du dich nach links und folgst dem Waldrand bis zu einem großen, umgestürzten Baum. Kletter hinauf. Nächste Nachricht auf der Mitte des Stammes.*

Anna sah den dunklen Waldweg hinunter, seufzte, zerknüllte den Zettel, warf ihn zu Boden und machte sich auf den Weg. Normalerweise fürchtete sie sich nicht im Wald, auch nicht alleine. Aber wenn man unterwegs war, um seinen Mörder zu treffen – das war nicht normal.

Anna zog scharf die Luft ein, hielt erschrocken inne, machte auf dem Absatz kehrt, rannte die zwanzig Meter bis zur Schranke zurück und sah sich gehetzt um. Aber da lag der Zettel noch, nicht vom Winde verweht. Mit zitternden Fingern hob sie ihn auf, steckte ihn zu der anderen Nachricht und lief mit hämmerndem Herzen wieder in den Wald hinein. Sie musste aufpassen, durfte trotz Angst und Müdigkeit nicht vergessen, ihren Kopf zu gebrauchen. Und da sie nun wieder ans Denken dachte, holte sie möglichst unauffällig ihren eigenen Kompass hervor, streifte an einer Eiche mit einem Loch im Stamm vorbei und ließ den Kompass in die Höhlung plumpsen. Wieder war ein Indiz ihres Planes verschwunden.

Schon knapp zehn Minuten, nachdem sie die letzte Nachricht erhalten hatte, kam Anna an den Holzstoß und bog, ihren neuen Kompass in der Hand, nach Süden in den Wald ein. Wenigstens gab es nicht viel Unterholz, und die Bäume, vor allem Buchen, ein paar Eichen und auch einige Birken, die sich daruntergemogelt hatten, standen nicht sehr dicht, so dass noch genügend Licht durch die Baumwipfel drang. Dennoch konnte es Anna nicht vermeiden, dass sie ein um das andere Mal erschrocken herumfuhr, weil irgendein harmloses Geräusch des Waldes, ein Tier vielleicht, ihre überreizten Sinne malträtierte. Bisher hatte sie ihre Jacke locker über ihre linke Schulter geworfen, doch nun, trotz der Schwüle, die unter dem Blätterdach herrschte, zog sie die Jacke an. Sie wollte ihre Hände frei haben, um sich die Illusion zu gönnen, besser gewappnet zu sein, wenn etwas passierte.

Das Mädchen war schließlich heilfroh, als sie nach zwanzig Minuten unter dem Blätterdach hervor ins Freie trat.

Der Wald machte keine fünfzig Meter zu ihrer Rechten einen scharfen Bogen nach links, und da er sich später, bergaufwärts, wieder nach rechts krümmte, konnte Anna sein Ende nicht erkennen. Auf jeden Fall verstellte er ihr den Blick nach Westen. Und knapp dreihundert Meter im Osten begrenzten ein paar Hügel ihr Sichtfeld. Aber das größte Hindernis für die Augen tat sich vor ihr auf: Langsam stieg der Boden an, wuchs sich aus zur unübersehbaren und ebenso unübersichtlichen Fränkischen Alb.

Schon zwei Meter hinter dem Waldrand begann das aufgelassene Feld, vielleicht ein Produkt der EU-Landwirtschaftspolitik. Zur Linken verschwand es hinter den Hügeln, zur Rechten reichte es bis zu den Waldausläufern. Wenn Anna geradeaus sah, endete das Feld nach etwa 150 Metern. Dann wurde der Winkel, in dem der Boden anstieg, allmählich steiler, steinig und felsig, immer wieder durchsetzt mit Bäumen, die sich an manchen Stellen zu Wäldchen verdichteten. Etwas weiter rechts stand am Fuße dieses unübersichtlichen Geländes eine winzige, baufällige Scheune.

Das von Hügeln und Wald eingeschlossene Feld konnte noch nicht allzu lange brachliegen, denn noch war es nur eine dünne Decke von Wiesenblumen und Gräsern, die das Gelände allmählich für die Natur zurückeroberte. An den meisten Stellen war noch die nackte, braune, aufgebrochene Erde zu sehen.

Anna sah sich ausführlich um, sah ein paar Insekten, hörte eine Grille zirpen und irgendwo in der Ferne einen Specht, konnte ansonsten nicht das geringste Zeichen eines lebenden Wesens erkennen. Ein Schweißtropfen lief über ihre Stirn und brannte in ihrem rechten Auge. Es war sehr einsam.

Wenigstens entdeckte sie gleich, ein wenig zur Linken, den Baumstamm, der ihr beschrieben worden war: Früher musste die Eiche wie eine Insel am Rande des Feldes aus der gepflügten Erde emporgeragt haben. Vielleicht war sie aus Respekt vor ihrer Größe und Masse nicht gefällt worden, denn der Durchmesser des Stammes betrug fast zwei Meter. Aber es hatte der Eiche nichts genutzt: Irgendeine Krankheit hatte sie schlapp gemacht, das Alter und irgendein Sturm hatte ihr den Rest gegeben, und sie war nach Osten gekippt. Der riesige Wurzelballen, den sie dabei aus dem Boden gerissen hatte, und die Reste der zerschmetterten Baumkrone auf der von Anna abgewandten Seite des Stammes, verhinderten, dass der Stamm selbst den Boden berührte.

Anna näherte sich dem Baum. Wo sich einst die Wurzeln in die Erde gesenkt hatten, befand sich jetzt ein kleiner, brackiger Tümpel, über dem nun, etwa bis zur Mitte, der riesige Wurzel- und Erdballen schwebte. Doch es lag noch genug von der Wurzelmasse auf trockenem Boden, so dass sie ohne Probleme zu dem Stamm hinaufklettern konnte. Als sie sich oben aufrichtete, stand sie fast drei Meter über dem Boden, aber der nahezu senkrecht liegende Stamm war breit genug, um ihr sicheren Halt zu geben.

Immer noch war alles ruhig.

Anna lief langsam zur Mitte des Stamms. Dort, auf der Oberseite, war mit kleinen Nägeln eine große, blaue Plastikmülltüte befestigt. Vorsichtig, um nicht das Gleichgewicht zu verlieren, löste Anna die Tüte und fischte ein beschriebenes Blatt daraus hervor.

Obwohl sie mit ähnlichem gerechnet hatte, spürte Anna einen Eiswürfel von ihrem Genick nach unten rutschen, als sie den Brief las: *Bleib auf dem Stamm stehen, zieh dich nackt aus und packe alles, was Du bei dir trägst, in den Müllsack, auch die Tasche die ich dir gegeben habe, auch meine letzten Nachrichten und diesen Zettel.* (Das mit der Endkontrolle war also wieder ein kleiner Bluff gewesen – ha, ha). *Verknote den Sack und wirf ihn hinter dich, in den Wald. Dann hebst Du die Arme über den Kopf und drehst dich dreimal langsam um die eigene Achse. Danach kletterst Du auf der dem Wald abgewandten Seite über die Wurzel wieder auf den Boden. Nächste Nachricht: In einer Blechbüchse auf dem Grund des Tümpels, und da soll sie auch wieder hin. Fertig mit lesen? Dann los – und zwar schnell.*

Eisern befahl sich Anna, nicht mit den Augen ihre Umgebung abzusuchen. Den Gefallen wollte sie ihm nicht tun, auch wenn sie wusste, dass er irgendwo auf der Lauer lag und sie beobachtete – irgendwo auf dem ansteigenden Gelände vor ihr vielleicht, vielleicht weit oben, mit einem guten Fernglas, vielleicht aber auch irgendwo rechts, versteckt hinter irgendeinem Baum am Rande des Waldausläufers. Sie versuchte ihre Atmung zu beruhigen, versuchte, ihren Kopf zu leeren und das Denken abzustellen, warf einen letzten Blick auf ihre Armbanduhr – fast 17.30 Uhr –, dann, behutsam, um nicht abzurutschen, tat sie, was er von ihr verlangt hatte.

*

Roland und Heike saßen nebeneinander auf dem Kofferraum des weißen BMWs, mit ihren Rücken an die Heckscheibe zurückgelehnt. Obwohl sie nicht schliefen, hatten sie ihre Augen geschlossen. Patrick war im Wagen geblieben, hatte die Rückenlehne des Beifahrersitzes etwas abgesenkt, und auch er versuchte, sich ein wenig zu entspannen. Aber um halb sechs wuchs seine Unruhe plötzlich rapide. Er stieg aus dem Wagen, lief, sich hektisch umsehend, vier-, fünfmal neben dem BMW auf und ab, dann trat er zu einer jungen Eiche, legte die Handflächen gegen die Rinde und presste, als sei er erschöpft, mit geschlossenen Augen seine Stirn gegen den Stamm.

Roland ließ sich vom Kofferraum gleiten, trat zu seinem Freund und wollte ihn fragen, was los sei. Da hörte er ihn ganz leise, zärtlich und traurig, einen Namen flüstern.

*

Anna stand vor dem Tümpel und blickte in die braune Brühe. Der Wasserspiegel begann knapp vierzig Zentimeter unter dem Rand des Trichters, den der Baumriese bei seinem Sturz aus der Erde gerissen hatte. Den Grund konnte sie nicht erkennen, aber das sagte nichts über die Tiefe aus: Ganz egal ob hundert Meter oder zehn Zentimeter, die schlammige Farbe des Wassers ließ sie im Ungewissen. Was da wohl alles drin sein mochte? Ihr Verstand sagte ihr zwar, dass sie dort unten nur altes, etwas muffiges Regenwasser vor sich hatte, aber das half ihr reichlich wenig. Sie setzte sich an den Rand und vergaß fast, dass sie von irgendwoher beobachtet wurde, als sie vorsichtig ihre Füße in das Wasser tauchte. Nicht einmal erfrischend war die Brühe, sondern lauwarm. Außerdem schien es gleich ziemlich steil runterzugehen, denn sie spürte zwar die schlammige Seitenwand des Tümpels an ihren Fersen, aber unter ihren Fußsohlen fühlte sie nur Wasser. Es half alles nichts: Mit den Handballen stützte sie sich am Rand auf, um sich langsam tiefer in das Wasser gleiten zu lassen. Doch der lockere Rand brach weg, und mit einem halb ersticktem Entsetzensschrei platschte sie in die morastige Brühe und versank, um gleich darauf hustend und spuckend in der Mitte des Tümpels wieder aufzutauchen. Obwohl sie nun ganz im Wasser war, hatte sie immer noch keinen Boden unter den Füßen.

Erneut kämpfte sie die Panik nieder – einatmen, tief, durch die Nase; ausatmen, in einem kurzen Stoß durch den Mund; einatmen; ausatmen –, wieder brachte sie ihre Atmung einigermaßen unter Kontrolle, während sie sich mit leichten Schwimmbewegungen an der Stelle hielt. Dann stieß sie die Luft aus und ließ sich probeweise, die Füße voran, die Zehenspitzen nach unten gestreckt, zum Grund des Tümpels sinken. Keine zwanzig Zentimeter, und ihre Zehen bohrten sich in weichen, dann lehmig-klebrigen Schlamm. Erleichtert tauchte sie wieder auf. Zum ertrinken reichte die Pfütze zwar allemal, aber wenigstens wusste sie jetzt, wo der Boden war. Dann holte sie tief Luft und tauchte erneut, diesmal mit dem Kopf voran, um den schlammigen Boden nach der Blechbüchse zu durchwühlen. Ihr blieb dabei nichts anderes übrig, als sich auf ihren Tastsinn zu verlassen. Wenigstens bildete der weiche Schlamm nur eine sehr dünne Schicht, die wahrscheinlich bloß aus toten Blättern und Pflanzenteilchen bestand. Gleich darunter begann ein recht zäher Lehmboden, so dass die Blechbüchse – hoffentlich – nicht allzu tief im Boden steckte. Anna blieb möglichst lange unter Wasser, tastete blind umher, wirbelte den dünnen Schlamm auf, fand aber nichts und kam schließlich prustend und schnaubend wieder an die Oberfläche. Fünfmal wiederholte sie diese Prozedur, fünfmal ohne Erfolg. Und jeder Tauchgang war kürzer gewesen als der vorherige. Also blieb sie eine Minute, leicht mit den Armen rudernd, an der Oberfläche, um wieder Atem zu schöpfen, dann versuchte sie ihr Glück aufs Neue. Diesmal musste sie schon nach drei Tauchgängen eine Pause einlege, und mit der Erschöpfung wuchs wieder die Angst. Sie unterdrückte ein Keuchen, sog ihre Lungen noch einmal voll mit Luft und ließ sich wieder in die Schwärze sinken. Sie trieb sich mit leichten Beinschlägen vorwärts, benutzte die Hände mehr zum Tasten als zum Schwimmen, drehte eine Runde unter

Wasser, und wieder begann ihre Lunge zu brennen. Mit den Füßen wollte sie sich abstoßen, um schnell an die Oberfläche zu kommen, und trat auf etwas, das sich hart und glatt anfühlte. Aus Angst, es wieder zu verlieren, ignorierte sie die Schmerzen in der Lunge, paddelte sich gegen den Auftrieb in die Hocke, verlor mit dem Fuß den Kontakt, tastete mit der linken Hand, tastete nochmal, bekam etwas zu fassen und schnellte sich wild strampelnd nach oben. Mit zittrigen Beinschlägen hielt sie sich an der Oberfläche, schwarze Flecken tanzten vor ihren Augen, und sie fragte sich, was da wohl so laut zischte, bis sie entdeckte, dass es ihr eigenes Atmen war.

Als sie sich wieder etwas beruhigt hatte merkte sie, dass ihre linke Hand schmerzte, weil die Finger um einen flachen, glatten Gegenstand zusammengekrampft waren. Blech*büchse* hatte er das Ding genannt? Eine runde Bonbondose war es, der Durchmesser höchstens acht Zentimeter. Ein paar kleine Löcher, aus denen nun das Wasser abfloss, waren in den Boden und in den Deckel gebohrt.

Erschöpft ließ sich Anna von einem Schwimmstoß an den Rand des Trichters treiben und warf die Dose hinauf. Dann griff sie nach der erdigen Kante über ihr, um sich selbst hinauf zu ziehen. Als sie sich schon ein gutes Stück aus dem Wasser gehoben hatte, zerbröselte die Erde unter ihren Fingern, und sie rutschte wieder zurück in die trübe Brühe. Erneut zog sie sich hoch, versuchte, weiter auszugreifen, aber da war nichts, an dem sie sich festhalten konnte. Ihre Finger zerpflügten den lockeren Boden, als sie wieder ins Wasser absackte. Bei ihrem nächsten Versuch wollte Anna mit den Füßen nachhelfen, doch die rutschten an der Lehmwand des Trichters ab, und Anna landete erneut im Wasser.

Langsam ließen ihre Kräfte nach.

Wütend schlug das Mädchen auf die Wasseroberfläche. – Jetzt hatte sie die verdammte Dose herausgefischt, da würde es ihr wohl auch noch gelingen, sich selbst an Land zu schaffen? Also: Nicht an die nachlassenden Kräfte denken, sondern den Kopf einschalten. Anna sah sich um, dann schwamm sie zu dem überhängenden Wurzelballen, bekam einen dicken Strunken zu fassen, hangelte sich ein Stück in die Höhe und konnte zu einem Wurzelstück umgreifen, das schon über dem festen Boden hing. Mit diesem festen Halt schaffte sie es endlich, sich aufs Trockene zu ziehen. Erschöpft blieb sie einfach auf dem Bauch liegen, die Arme von sich gestreckt, die Füße ragten immer noch über den Rand des Trichters.

Nach fünf Minuten schlug ihr Herz nicht mehr gar so schnell, und sie dachte, wie schön es wohl wäre, wenn sie einfach noch ein Stündchen auf der rauen, warmen Erde liegenbleiben würde, um die Ruhe und die Sonne zu genießen. Dann rappelte sie sich hoch, um die Bonbondose aufzusammeln. Sie schraubte den Deckel ab und fand einen in Zellophan eingewickelten Zettel. Nur zwei Worte standen dort: *Die Hütte*.

Anna blickte über das aufgegebene Feld hinüber zu der mickrigen Scheune. Und dafür der ganze Aufwand? Dann dachte sie an sein misstrauisches Hirn. Hätte doch noch irgendwo ein Stück Elektronik an ihr geklebt, der unfreiwillige Badeausflug hätte dem den Rest gegeben.

Anna tat Zettel und Zellophan in die Dose zurück und warf das ganze Ensemble wieder in den Tümpel. Dann ging sie ohne Hast quer über das Feld auf die alte Scheune zu. Und fast ließ sie die Müdigkeit kichern, als ihr der Gedanke durch den Kopf schoss, was wohl ein ahnungsloser Mitmensch denken mochte, den es zufällig in diese Gegend verschlagen hatte, und der sie plötzlich, splitternackt, nass und schmutzig, durch die Gegend spazieren sah. Doch Anna war allein. Und sie spürte, dass auch in der Hütte niemand auf sie wartete. Aber er *war* hier gewesen.

Als sie die baufällige kleine Scheune erreichte, hatte die Abendsonne sie schon fast getrocknet, nur die Haare waren noch feucht. Allerdings war ihr Körper jetzt mit einer feinen, rissigen Schicht von getrocknetem Schlamm bedeckt, der nun zu jucken begann, und auch den Geruch des Tümpels, wenn man es denn schmeichelhaft *Geruch* nennen wollte, trug Anna noch immer mit sich herum.

Die beiden niedrigen Türflügel hingen, halb geöffnet, schief in ihren Angeln. Anna betrat die Scheune, in der es fast so hell war wie draußen, denn nahezu zwei Drittel des Wellblechdachs waren schlichtweg nicht mehr vorhanden. Der alte Schuppen war fast leer, und was immer er auch früher beherbergt haben mochte, davon war nichts zurückgeblieben. Ein Einrichtungsgegenstand stach allerdings sofort ins Auge, der in dieser Umgebung absolut fehl am Platz wirkte: Ein kleines, rot-grünes, aufgeblasenes Kinderplanschbecken, randvoll mit klarem Wasser. Links neben dem Becken standen noch vier 5-Liter-Kanister, ebenfalls mit klarem Wasser gefüllt. Rechts neben dem Becken, auf einem großen Campingtisch, lagen ein großes, flauschiges Badetuch, ein echter Schwamm, ein Kamm, eine Haarbürste und ein kleiner Spiegel. Neben einer kleinen Flasche Shampoo stand ein gefülltes Seifenschälchen. Hinter den Badeutensilien warteten noch ein großes, verschnürtes Paket und eine Flasche Mineralwasser.

Zuerst stürzte sich Anna auf das Mineralwasser – wie konnte man fast ertrinken und trotzdem so durstig sein? –, dann, ohne lange zu überlegen, stellte sie sich in das Becken, schrubbte sich gründlich ab und wusch sich die Haare.

Nachdem sie schon drei Kanister verbraucht hatte, stieg sie aus dem Wasser, das nun eine leichte Tümpel-Färbung aufwies, und goss auch noch den Inhalt des letzten Kanisters über sich. Dann wickelte sie sich in das große Badetuch und öffnete das Paket.

Obenauf lag teure, weiße Satinunterwäsche. Es folgte ein Leinenkleid mit dünnen Trägern, weiß, schlicht und doch verspielt. Die Marke des Herstellers verriet, dass das Kleid alles andere als billig gewesen war.

Anna war froh, dass sie *ihm* nicht nackt gegenübertreten musste. Außerdem musste sie zugeben – auch wenn ihr kurze Ärmel statt Träger lieber gewesen wären – dass er mit dem Kleid ihren Geschmack getroffen hatte. Sie hasste es.

Zu guter Letzt kamen unter den Kleidern, auf dem Boden des Kartons, noch ein paar lederne Schnürsandalen zum Vorschein. Anna zog sich an und kämmte sich, aber ohne in den Spiegel zu sehen.

Als sie fertig war, kam ihr in den Sinn, dass irgendetwas fehlte. Aber was nur?

Es war so naheliegend, dass sie erst nach einer halben Minute Grübeln darauf kam: Sie hatte noch gar keine weitere Nachricht von ihm gefunden. Sie warf noch einmal einen Blick in den leeren Karton, hob alles hoch, was noch auf dem Tisch lag, sah unter den Tisch – nichts. Er würde doch nicht etwa vergessen haben ...?

Dann hörte sie das Brummen eines Automotors, das langsam aber unaufhaltsam näher kam.

Immer näher. Immer näher kam das satte, niedertourige Dröhnen. Immer näher kam die Angst. Schließlich war der Wagen bei der Scheune angelangt, der Motor wurde abgestellt und eine aufdringliche, schrille Hupe ertönte zweimal kurz hintereinander.

Zitternd trat Anna vor die Tür. Da stand ein schwerer Nissan Patrol. Der Fahrer, halb aus dem Fenster gelehnt, rief Anna zu: »Na, fertig für unsere kleine Party?«

Das war der Augenblick, vor dem sie sich gefürchtet hatte. Dass sie bei dieser Begegnung Angst empfinden würde, war ihr schon vorher klar gewesen. Doch die Angst, die jetzt, in diesem Augenblick, tatsächlich durch ihren Körper kroch, durch ihr Hirn und ihre Seele, war noch größer als in ihrer Vorstellung. Viel größer.

Sie stand Edgar Mayer gegenüber.

Alles in Anna schrie: *Du Närrin, auf was hast Du dich eingelassen? Lauf! Lauf weg, renn weg, so schnell Du kannst!* (Und die kleine Pet?) *Du kennst sie nicht, Du bist nicht für sie verantwortlich, renn, um Himmels willen, RENN!* Dann dachte Anna nicht mehr, sondern sah nur noch ein Bild vor sich: Ein kleiner Finger und eine Zange.

Anna stützte sich an dem Geländewagen ab, tastete, kämpfte sich durch den Nebel auf die Beifahrerseite, fand den Türgriff und stieg ein. Eine Hand griff über sie hinweg, zerrte am inneren Griff und schlug die Türe ins Schloss. Anna hörte das metallische Klicken und nahm es als Signal, dass sie wieder denken musste. *Musste!*

Ihr erster Gedanke war: »Wo führt mich die Reise diesmal hin?«

6. Jäger und Beute

»Hallo, mein kleiner Liebling«, wurde Anna von Edgar Mayer munter begrüßt, als sie im Wagen saß, »wirklich verblüffend. Du hast tatsächlich keine Tricks versucht!«, und Max Klinger lachte hässlich.

Das Mädchen presste die linke Hand in ihre Seite, denn plötzlich hatte sie auch noch Bauchschmerzen. Und schockiert stellte sie fest, dass von den Schmerzen eine Art Erregung ausging. Der Max Klinger in ihr meldete sich zu Wort. Doch vielleicht half es ihr ja wenigstens etwas, dass Mayer so gut gelaunt war, dachte Anna, vielleicht würde ihr Verstand und ihr Herz sonst von *ihm* oder Klinger oder auch von beiden vollkommen überwältigt. Aber entscheidend für Anna war in diesem Augenblick ein ganz reales Problem. Jetzt kam es darauf an: Würde er sie fesseln oder ihr, was noch schlimmer wäre, die Augen verbinden?

Er tat nichts dergleichen, sondern startete nur wieder den Motor, wendete und holperte auf den Waldausläufer zu. Ja, warum sollte er ihr auch die Augen verbinden? Schließlich glaubte er nicht, dass sie den Ort jemals wieder verlassen würde – wo immer er sie auch hinbrachte.

Anna schielte zu Mayer hinüber. Seine Haltung, seine Anspannung drückte Triumph aus. Seine Haar war länger, als sie es in Erinnerung hatte, und auch solche Kleidung hatte sie bisher nicht an Patricks Vater gesehen: Er trug dunkelgrüne, fleckige Jeans, dunkle Turnschuhe, ein dunkelgrünes T-Shirt, darüber eine amerikanische Armeeweste mit prall gefüllten Taschen. Da die Weste nicht geschlossen war und ein Stück aufklaffte, konnte Anna auch das Halfter erkennen, in dem ein schwarzer Trommelrevolver steckte – nicht unter der Achsel, wie man es aus Filmen kannte, sondern direkt über dem Herzen. Und sicher waren hinten im Wagen noch mehr Waffen. Was Anna jedoch weitaus mehr fürchtete als jede Waffe, das war dieser Glanz in seinen Augen.

Das Mädchen räusperte sich, versuchte vergeblich, ihrer Stimme einen festen Klang zu geben und fragte: »Wo ist meine Schwester?«

Mayer tat ihr ein kurzes Lächeln an und sagte nur: »Alles zu seiner Zeit.«

Dann konzentrierte er sich aufs Fahren, denn er hatte den Rand des Waldausläufers erreicht und fuhr nun auf einem alten, engen und löchrigen Forstweg. Doch nicht lange, und er konnte auf eine kleine Landstraße einbiegen, der er Richtung Süden folgte.

Nun strahlte er Anna an und erklärte: »Entschuldige bitte meine Unhöflichkeit – ich meine, dass ich dir nur eine Flasche Mineralwasser bereitgestellt habe und nichts zu essen. Du bist doch sicher hungrig? Aber ich wollte nicht, dass Du dir den Appetit verdirbst. Weißt Du, ich habe ein kleines, romantisches Abendessen vorbereitet, nur für uns zwei. Schließlich will ich unser kleines Vergnügen langsam angehen lassen, wo ich doch jetzt sooviel Zeit habe, die ich dir widmen kann. Und natürlich habe ich dir eine Menge zu erzählen.«

Dann nahm er die rechte Hand vom Steuer und wollte Anna über den Kopf streicheln, doch sie drückte sich erschrocken an die Tür. Er langte noch weiter herüber, bekam ihre Haare zu fassen und begann zu ziehen. Aber gleich ließ er wieder los, konzentrierte sich nur noch aufs Fahren und murmelte: »Wir haben Zeit.«

Anna spürte ihr Herz in der Kehle rasen, dennoch setzte sie sich wieder gerade hin, sah Mayer nicht an, blickte nur auf die Straße, auf die Landschaft vor sich, versuchte, sich markante Details einzuprägen. Doch sie musste auf der Hut sein. Sie durfte sich nicht zu sehr konzentrieren, denn dann, wenn sie nur noch an den Weg dachte, würde ihre Angst nachlassen. Und das würde er spüren. Und er würde erkennen, dass sie sich auf etwas, auf die Straße konzentrierte. Und er würde sich fragen, warum.

Also musste sie sorgsam ihre Angst aufrechterhalten, als Schutzschild für ihre Pläne und Gedanken.

Mayer hatte sich wirklich eine gottverlassene Gegend ausgesucht. Nur selten kam ihnen ein Fahrzeug entgegen. Aber dann kamen sie tatsächlich an einem Wegweiser vorbei. Als Anna ihn hinter einer Kurve auftauchen sah, dachte sie augenblicklich an eine schwere Eisenzange, um ihre Freude zu übertünchen. Der Wegweiser zeigte auf eine schmale Abzweigung, »Wolperheim 28 km« stand auf dem Schild zu lesen. Der Nissan bog aber nicht ab, sondern fuhr die immer kurviger werdende Straße weiter hinauf. Dann tauchte rechts ein kleines Gehöft auf, doch die Fahrt ging weiter. Rechts kamen noch zwei kleine, ungekennzeichnete Abzweigungen, und dann, plötzlich, verlangsamte Mayer das Tempo, setzte vorschriftsmäßig den Blinker und bog nach links in einen kleinen Feldweg. Anna versuchte, sich das Bild dieser Einfahrt genau einzuprägen.

Der Wagen kurvte durch ein paar karge Hügel, überquerte dabei auch an einem holprigen Bahnübergang zwei Gleise, und erreichte schließlich eine von Hügeln und Bäumen eingeschlossene Senke, in der ein kleines, schäbiges Bauernhaus stand. Auf dem steinernen Erdgeschoss ruhte ein hölzerner Aufbau mit geschindeltem Satteldach, der früher wohl als Heuboden gedient hatte. Ein paar Meter abseits des Hauses gab es noch einen alten Schuppen, vermutlich der ehemalige Viehstall. Als sie näher heran fuhren, erkannte Anna, dass die Fenster des niedrigen Erdgeschosses vergittert waren. Mayer drehte sich zu Anna und erklärte: »Du bist zu Hause.«

Er fuhr durch das offene Gatter in den Hof und parkte den Nissan in dem ehemaligen Viehstall, der innen zwar nicht gerade sauber, aber immerhin recht ordentlich aufgeräumt wirkte. Er stieg aus und startete gleich mit einem Knopfdruck einen kompakten, modernen und leisen Dieselgenerator, der in einer Pferdebox stand.

Das Mädchen wollte auch aussteigen, doch die Beifahrertür ließ sich von innen nicht öffnen. So ganz hatte er sich wohl doch nicht auf den Gehorsam seiner Gefangenen verlassen.

Mayer öffnete von außen. Als Anna aus dem hohen Wagen stieg, konnte sie es nicht vermeiden, dass er sie am linken Oberarm ergriff, um ihr behilflich zu sein. Und er ließ sie gar nicht mehr los, sondern drückte seine Finger noch etwas kräftiger zusammen, während sie gemeinsam aus der Scheune und über den Hof auf den Eingang des Hauses zugingen.

Unterdessen erklärte Mayer gemütlich: »Weißt Du, die Gegend ist *wirklich* einsam. Der Typ, dem das Haus gehört – seine Eltern hatten sich hier noch abgerackert – hat sich gefreut wie ein Schneekönig, als er endlich jemanden gefunden hatte, der die Bude für ein paar Mark mietet. Die Gegend ist so einsam … Wenn hier jemand laut schreien würde, niemand würde es hören. Und Du wirst es kaum glauben, aber diese miese Hütte hat einen fantastisch großen Keller. Und wenn in diesem Keller jemand brüllen würde, sagen wir, nur so als Beispiel, vor Schmerzen, dann würde man es vielleicht nichtmals hier im Hof hören.«

Falls er glaubte, Annas Angst auf diese Weise noch steigern zu können, dann hatte er Recht. Aber schnell kam sie auf andere Gedanken. Denn als er mit der linken Hand die Haustür aufschloss und öffnete, hörte sie im Inneren des Hauses ein kleines Kind weinen.

*

Verblüfft hatten sich Hauptkommissar Pauli, die Silvans und Dr. Alban von Moritz Pansa die Geschichte berichten lassen, die er seinerseits uns selbst maßlos erstaunt von den Uths erfahren hatte. Doch auch seine Überraschung hatte Hauptkommissar Pansa nicht so sprachlos gemacht, dass es er auf ein *intensives Gespräch* mit den Kommissaren Uth verzichtet hätte. Nun saß die Gruppe in einem kleinen Besprechungszimmer des Kommissariats, um zunächst einmal ausführlich Informationen auszutauschen. Pansa war es ausgesprochen peinlich, berichten zu müssen, wie die beiden Kommissare von diesen Kindern übertölpelt worden waren. Sicher würden ihm die Eltern des vermissten Mädchens gleich Vorhaltungen machen.

Aber dieser Lars Silvan schmunzelte doch tatsächlich und meinte: »Vielleicht sollten Sie froh sein, dass meine Tochter nicht auch noch dabei war. Dann hätten diese beiden Kommissare möglicherweise ein noch blaueres Wunder erlebt. Aber das ganze macht mir fast ein wenig Hoffnung.«

»Bitte?«, Pansa verstand nun überhaupt nichts mehr, »dass uns diese drei Kinder zwischen den Fingern durchgeschlüpft sind, dabei zwei Fahrzeuge beschädigt, einen Gartenzaun und ein Gartentor demoliert und zwei Kommissare lächerlich gemacht haben, *das* gibt Ihnen Hoffnung? Das müssen Sie mir genauer erklären.«

»Oh, das ist nicht schwer: Wie die Drei der Polizei entkommen sind, das zeigt doch, dass sie zu allem entschlossen sind. Und genau das ist auch bitter notwendig, wenn sie tatsächlich auf Mayer treffen sollten. Aber vor allem: Wenn sie es geschafft haben, die Polizisten spontan zu überlisten, wer weiß, vielleicht ist ihr Plan zur Befreiung von Annas Halbschwester, wie immer er auch aussehen mag, wirklich nicht ohne jede Chance?«

»Ich bitt' Sie«, kam es überrascht und ein wenig aufbrausend von Pansa zurück, »Sie glauben doch nicht allen ernstes, dass die beiden Mädchen und die beiden Jungs ohne die Polizei auch nur den Hauch einer Chance haben? Und obendrein ist ihre Tochter, wie es scheint, auch noch alleine unterwegs.«

Die Überraschungen nahmen kein Ende: Lars bekam Schützenhilfe von Pauli, der zu seinem Kollegen sagte: »Nun, ich kann Ihre Skepsis ja verstehen. Mir ist es lange Zeit nicht viel besser ergangen. Aber in der Zwischenzeit habe ich Anna und ihren Freund besser kennengelernt, und ich kann Ihnen sagen, die sind verdammt hart im Nehmen und nicht auf den Kopf gefallen. Außerdem: Ich denke, kein lebender Mensch kennt unseren Mörder so gut wie Anna und Patrick, und das gibt ihnen vielleicht, *vielleicht* wirklich eine kleine Chance, ihn auszutricksen. Also, ich an Ihrer Stelle würde nicht alles auf Mayer setzen.«

Doch hätten Lars und Kathrin ihre Tochter in diesem Augenblick befragen können, sie hätte erfahren müssen, dass sie sich nicht im Entferntesten auf der Siegerstraße fühlte.

*

Anna stand neben Mayer im Flur des Bauernhauses. Der kurze Gang roch nach Alter. Die dunkle, grobe Holzvertäfelungen der Wände und der Decke sahen schmutzig aus, die ziegelroten Fließen auf dem Boden waren ausgetreten, zerkratzt und schon lange nicht mehr mit Wasser und Putzmittel in Berührung gekommen. Noch immer hielt Mayer sie am Arm fest und sagte: »Du wolltest doch deine liebe kleine Schwester sehen? Bitte!«

Damit entriegelte und öffnete er die erste Tür rechts und schob Anna in die Türöffnung. Das Zimmer war sehr klein. Einziger Einrichtungsgegenstand war eine Matratze, die an der gegenüberliegenden Wand auf dem Boden lag. Auf ihr saß ein kleines Mädchen mit tränennassem Gesicht, das aber jetzt verstummt war und erschrocken in Annas Richtung starrte. Das Mädchen war in einen schmutzigen Bademantel gehüllt, und auch ihr Gesicht war nicht eben sauber. Ihr blondes, lockiges Haar war strähnig und zerzaust. Sofort wollte Anna auf das Kind zulaufen, doch Mayer hielt sie noch immer am Arm gepackt, zerrte sie augenblicklich zurück, schloss die Tür und legte wieder den Riegel vor.

Nun verlor Anna wirklich die Beherrschung. Fassungslos zischte sie Mayer an: »Du widerliches Schwein! Du Monster!« Dabei schlug sie nach der Hand, die sie festhielt und wollte sich losreißen.

Aber mühelos drehte ihr Mayer den Arm auf den Rücken und drückte sie so, gegen ihr Sträuben und Treten, bis zum Ende der Diele. Dort öffnete er, wieder rechts, eine weitere Tür und stieß Anna in den Raum. Das Zimmer war ebenfalls sehr klein, aber ordentlich eingerichtet: Da waren ein Teppich, rot-weiß karierte Gardinen zu beiden Seiten des einzigen, natürlich vergitterten Fensters und ein paar adrette, blau-grün lackierte Bauernmöbel: Ein schmaler Schrank, ein Tischchen mit zwei Stühlen, ein frisch bezogenes Bett und ein Nachttisch. Auf Tisch und Nachttisch lagen sogar zwei Deckchen, genauso gemustert wie die Gardinen. Alles sah sehr unbewohnt aus.

Tränen der Wut liefen über Annas Wangen, und ihre Bauchschmerzen waren deutlich stärker geworden, als sie sich zornig zu Mayer herumdrehte. Doch der stand ganz locker gegen den Türrahmen gelehnt und meinte, als sei überhaupt nichts vorgefallen: »Ruh dich etwas aus, mein Schatz, das wird dir gut tun, nach dem langen Tag. Du hattest ja schon Gelegenheit, dich frisch zu machen und – hm – umzuziehen. Aber sieh nur, wie ich noch aussehe! So kann ich doch unmöglich mit dir an einem Tisch sitzen. Ich werde mich erst mal fein machen und mich um das Abendessen kümmern. Dann hole ich dich ab.«

Damit verließ er den Raum, schloss die Tür, und Anna hörte den Riegel zuschnappen.

Immer noch stand sie wie angewurzelt am selben Fleck, die Arme nach unten, die zu Fäusten geballten Hände an ihre Oberschenkel gepresst. Plötzlich, als hätte sie seit einer Minute das Atmen vergessen, schnappte sie mit einem hastigen Zug tief nach Luft, dann wischte sie sich mit den Handrücken die Tränen aus dem Gesicht. Und hätte Mayer in diesem Augenblick ihren Gesichtsausdruck sehen können, vielleicht hätte er seine Pläne etwas beschleunigt.

Eines war Anna auf jeden Fall deutlich vor Augen geführt worden: Nicht nur sie kannte ihn, auch er kannte sie. Er wusste, wie er sie treffen konnte. Allein, dass er ihr ein ordentliches Zimmer gegeben hatte, während sie gleichzeitig wusste, in welchen Verhältnissen ihre Schwester hausen musste.

»Das wirst Du bereuen«, zischte Anna gegen die verschlossene Türe. Was hatte er gesagt? Er wollte sich frisch machen, umziehen und für das Essen sorgen? Diese Zeit musste sie nutzen. Anna öffnete den Mund und zerrte hastig die winzigen Zellophanbeutelchen von den Rückseiten ihrer oberen Backenzähne, wo sie Heike auf der ersten Etappe ihrer Zugfahrt mit Zahnseide festgeknotet hatte. Fast hatte sich Anna inzwischen an das störende Gefühl im Mund gewöhnt, und als sie sich nun durch ihre Hast an zwei Stellen ins Zahnfleisch schnitt, merkte sie es kaum. Sie hatte Wichtigeres im Sinn.

Durch das Losreißen der Fäden waren die mit Hilfe eines Schweißgerätes für Gefrierbeutel selbst hergestellten Miniatur-Tütchen schon aufgeplatzt. Anna brauchte nur noch die beiden Schlaftabletten aus den Beutelchen in ihre Handfläche zu drücken. Dann steckte sie sich beide mit Schwung in den Mund und zerkaute die bitteren Tabletten sorgfältig. So würden sie schneller wirken.

Noch während sie kaute, warf sie die Reste des Zellophans aus dem Fenster, dann nahm sie einen Stuhl und klemmte ihn unter den Türgriff – wieder etwas Zeit gewonnen, vielleicht die entscheidenden Sekunden.

Sie setzte sich aufs Bett, zog die Sandalen aus, legte sich schließlich hin, schloss die Augen, kratzte mit der Zunge die letzten Krümel der Tabletten zwischen Lippen und Zahnfleisch hervor und wartete auf den Schlaf. Ein Schlaf, der um diese Zeit und vor allem bei der Angst, die in ihr wühlte, nicht ohne Hilfe der Chemie zustande gekommen wäre.

*

Nur eine Schlaftablette – das war wohl doch zu wenig gewesen, um bei all der Aufregung einzuschlafen. Ob er noch eine ...? Doch plötzlich merkte Patrick erleichtert, dass er bloß *träumte*, dass er nicht einschlafen könne.

Aber es hatte dennoch seine Zeit gedauert. Er erinnerte sich genau, dass er um viertel vor Sieben das letzte Mal auf seine Uhr gesehen hatte. Oder hatte er das nur geträumt? Nein, entschied er, es war wirklich, ganz exakt, 18.47 Uhr gewesen. Dabei hatte er doch schon ein paar Minuten nach sechs die Tablette zerkaut. Immer noch meinte er, den bitteren Geschmack auf seiner schlafenden Zunge zu spüren. Dunkel erinnerte sich Patrick an die Angst, nicht einschlafen zu können, weil er Angst hatte, nicht einschlafen zu können, – Himmel, was war das immer verwirrend mit diesen Träumen!

Doch jetzt, im Schlaf, beschlich ihn eine ganz andere Angst: Wo war Anna? Patrick versank mit seinen Füßen in milchig-weißem Bodennebel, konnte nicht sehen, worauf er stand, und auch um ihn herum war weißes Wabern. Außer ihm und dem Nebel gab es nichts, rein gar nichts … kein Ding, keinen Menschen – keine Anna. Was, wenn sie nun eine falsche Zeiteinteilung gewählt hatten? Wenn Anna keine Gelegenheit bekam, die Schlaftabletten zu nehmen? Wenn sie zur falschen Zeit träumte? *Nach* ihm? Aber vielleicht hatte er ja auch zu lange tief und traumlos geschlafen und Annas Traum war schon *vorbei*? Nein, das konnte kaum sein, denn Heike und Roland sollten ihn um neun Uhr wecken.

Patrick begann nach Anna zu rufen. Nicht mit der Stimme.

»Möchten Sie eine Karte?«

Patrick drehte sich um und fragte die Frau an der Kinokasse, deren Gesicht im Dunkeln lag: »Was wird denn gespielt?«

»Nun, in Kino zwei, das wird Sie interessieren, da läuft *Star Trek.* – Sie wissen schon, das ist die Geschichte mit diesem Vulkanier ...«

»Und was kommt in Kino eins?«

»Anna in Not.«

»Oh, geben Sie mir bitte eine Karte.«

»Für eins oder zwei?«

»Eins, bitte.«

»Sind Sie sicher? Ich meine ... der Film ist ziemlich gefährlich – wissen Sie.«

»Doch, ich bin mir sicher.«

»Aber der Film läuft schon.«

»Verdammt, nun geben Sie schon her, die Karte!«

»Ist ja gut, deswegen brauchen Sie doch nicht gleich aus der Haut zu fahren. Hier bitteschön, Ihre Karte. Aber wenn Sie sie umtauschen wollen ...«

»Nein, will ich bestimmt nicht. Was macht das?«

»Nichts. Mit Schülerausweis zwei Mark weniger.«

»Nichts?«

»Na, ist doch Ihr Traum, oder?«

Endlich öffnete sich vor Patrick die große, zweiflüglige Tür zum Kinosaal.

Sein Unterbewusstsein hatte ihn an der Kinokasse angelogen. Der Film lief noch gar nicht, der Saal war erleuchtet, die Leinwand noch weiß. Und das Publikum bestand aus einer einzigen Person. Anna saß auf einem Platz direkt links neben dem Mittelgang. Sie hatte sich halb in ihrem Stuhl herumgedreht, winkte und rief: »Da kommst Du ja endlich. Ich warte schon fünf Minuten.«

Schnell lief Patrick den Mittelgang hinunter, Anna rutschte einen Sitz weiter, und ihr Freund setzte sich neben sie, legte den Arm um ihre Schulter und gab ihr einen schnellen Kuss.

Anna kicherte unterdrückt.

»Warum lachst Du?«

»Weiß auch nicht. Ich glaube, zwei Schlaftabletten, das ist ein wenig viel auf einmal. Ich bin ganz schön durcheinander.«

Dann bekam sie einen leichten Schluckauf. Um ihr Zeit zu geben, sich etwas zu beruhigen, fragte Patrick: »Warum treffen wir uns eigentlich in einem Kino?«

»Um mit Sigmund – hups – 'tschuldigung – um mit Sigmund Freud zu antworten: Ja woher – hups – soll ich denn das wissen?«

»Bitte?? Was hat denn Freud damit zu tun?«

»Hups – lass gut sein«, unterbrach Anna, musste wieder kichern und hielt sich dabei schulmädchenhaft die Hand vor den Mund, dann schloss sie kurz die Augen, holte tief Luft, sagte zu sich selbst: »Reiss dich zusammen, Anna«, dann zu Patrick: »Sorry – aber ich glaube, jetzt geht's wieder. Also: Meine Schwester lebt noch. Ich zeige dir erst mal, wo er uns gefangen hält, das ist im Augenblick das Wichtigste.«

Dann wurde es dunkler im Saal, ein Projektor sprang an, und auf der Leinwand war zunächst ein Standfoto zu sehen.

Der Standort der Kamera schien der Beifahrersitz eines Wagens zu sein, denn man konnte noch den Holm zwischen Windschutzscheibe und Tür erkennen, dazu ein kleines Stück vom Dach und ein Stückchen des Armaturenbretts. Nach vorne erstreckte sich eine Landstraße, rechts zweigte eine noch kleinere Landstraße ab. Ein Wegweiser besagte: Wolperheim 28 km.

Anna erklärte: »Nehmen wir das als Ausgangspunkt: Seht auf der Karte nach, schlagt einen Kreis im Radius von 28 km um Wolperheim, dann habt ihr diese Abzweigung. Wir sind allerdings nicht abgebogen, sondern weiter der etwas größeren Landstraße gefolgt. Das heißt: Stell dir vor, Du kämst aus Wolperheim, dann müsstest Du rechts abbiegen.«

Dann begann sich das Bild auf der Leinwand zu bewegen. In Zeitraffer zeigte der sonderbare Film den Weg zu Mayers Versteck, immer aus Annas Perspektive gesehen. Nur an den markanten Punkten des Weges hielt der Film kurz an, und Anna gab ein paar Erklärungen. Patrick konzentrierte sich zwar auf die Leinwand, aber gleichzeitig hatte er auch das Gefühl, dass der Film direkt in seinem Kopf abgespult wurde. Zum Schluss zeigte Anna ihrem Freund noch die genaue Lage des alten Bauernhauses und die wenigen Details, die sie in dem Haus zu sehen bekommen hatte. Dann, nach kaum fünf Minuten, war die Sondervorführung zu Ende und das Licht ging wieder an. Anna sah ihrem Freund in die Augen und bat eindringlich: »Holt uns nur schnell da raus. Ich habe Angst. Vor allem um meine Schwester. Mir wird er heute sicher noch nichts antun, noch treibt er seine Spielchen. Aber ich bin mir nicht sicher, was er mit Pet vorhat. Laufenlassen, wie er es versprochen hat, wird er sie natürlich nicht.«

Patrick fasste Anna bei den Schultern, sagte: »Wir sind so schnell wie möglich da. Weißt Du, wir sind auch nicht auf ein Taxi angewiesen, wir haben jetzt ein – hm – eigenes Auto, gewissermaßen.«

»Ein eigenes Auto? Wie seid ihr denn da ‘ran gekommen?«

»Ist jetzt nicht so wichtig. Sag mir lieber: Wie geht es dir?«

»Na ja«, seufzte Anna, »ich muss höllisch auf der Hut sein, dass er mich nicht überwältigt. Nicht körperlich, mein’ ich – noch nicht. Außerdem habe ich in seiner Nähe ständig Bauchschmerzen. Dann ist es auch nicht einfach, gegen die ..., nun ja, gegen die Furcht einen klaren Kopf zu bewahren. Aber abgesehen davon«, Anna setzte ein schiefes Lächeln auf, »geht es mir ganz gut.«

Doch gleich gruben sich wieder Sorgenfalten in ihr Gesicht, als sie fortfuhr: »Aber was mich jetzt wirklich beunruhigt: Was wird er machen, wenn er mich zum Essen holen will, und er findet mich im tiefsten Schlaf?« Anna durchfuhr ein Schauer, als sie weitersprach: »Ich will gar nicht daran denken: Vielleicht steht er ja in diesem Moment schon neben mir? Was wird er mit meinem Körper machen, um mich wach zu bekommen? Und vor allem: Wird er Verdacht schöpfen?«

Patrick zog Anna tröstend an sich und meinte: »Du wolltest ihm doch einen Ohnmachtsanfall vortäuschen?«

Anna seufzte und fragte sich: »Aber wird er das auch schlucken? Ich muss dir nicht sagen, dass er nicht dumm ist, und – *Oh verdammt!*«

Bestürzt war Anna in ihrem Sitz hochgefahren, auch Patrick sprang auf und wollte erschrocken wissen: »Was ist denn los?«

Hektisch erklärte Anna: »Ich hab’ eine Dummheit gemacht! Ich habe meine Schuhe ausgezogen und es mir auf dem Bett bequem gemacht. – Oh Gott! – Wer hat schon

Zeit, sich die Sandalen auszuziehen und sich gemütlich hinzulegen, bevor er in Ohnmacht fällt?«

»Mist«, flüsterte Patrick entsetzt, »Du musst aufwachen. Hör zu: Erinnerst Du dich an unseren Traum auf dem Jahrmarkt? Da haben wir dich ja auch aus deinem Traum gebracht. Du musst dich konzentrieren.«

Mit Panik in der Stimme rief Anna: »Aber ich hab' doch die Schlaftabletten genommen! Gegen die komme ich nicht an. Das klappt nie!«

»Versuch es!«, drängte Patrick barsch.

Anna schloss die Augen, konzentrierte sich, doch schon bald öffnete sie die Augen wieder und rief entsetzt: *»Es geht nicht!«*

Patrick schnauzte sie an: »Was bildest Du dir eigentlich ein, Du Jammerlappen? Du reitest deine Freunde in die Scheiße, und dann lässt Du sie im Stich?«

Anna starrte ihn entgeistert an, doch Patrick wurde noch heftiger: »Hätte ich doch gleich ahnen müssen, dass Du nichts taugst. Nichts als eine kleine, verwöhnte Göre bist Du!«

»Patrick!«, stammelte Anna und wollte sich in seine Arme drängeln, aber er stieß sie heftig zurück und schrie sie an: »Na wenigstens hat's im Bett mit dir Spaß gemacht! Aber zu mehr bist Du ja nicht gut.«

Jetzt liefen Tränen über Annas Gesicht, ihre Kehle war zugeschnürt und sie brachte kein Wort hervor. Aber Patrick erklärte nun böse: »Was soll's? Du wirst eh langsam langweilig. Also los, verschwinde!« Und dabei gab er ihr einen Schubs, dass sie einen Schritt rückwärts taumelte. Eine Mischung aus Schluchzen und Schrei kam aus ihrer Kehle. Patrick setzte nach, schrie sie an: »Du bist ja immer noch hier!«, dann brüllte er: »Na los, verpiss dich!« und gab Anna eine heftige Ohrfeige, dass sie zwischen die Stuhlreihen stürzte – und verschwand.

Am ganzen Körper zitternd schlug Patrick die Hände vors Gesicht, während er sich in den nächsten Sitz fallen ließ, wo er in eine regungslose Starre verfiel.

Er wusste nicht, wie lange er so gesessen hatte, als sich plötzlich die Düsen der Sprinkler-Anlage öffneten und einen stetigen Regen prickelnden Wassers über Patrick ausgossen, während auf der Leinwand der Film *Erdbeben* anlief.

*

Anna schlug die Augen auf, wälzte sich zweimal keuchend im Bett herum, und schon wollte die Kraft der Schlaftabletten ihre Augen wieder schließen. Doch eine Stimme in ihrem Inneren piesackte sie: »Du darfst nicht mehr einschlafen!«

»Hmm? Warum nicht? Bin so müde.«

»Denk an deine Schwester. Denk an dich selbst.«

Ächzend rollte sich Anna zum Rand des Bettes, machte noch eine halbe Drehung und plumpste unsanft, Bauch voran, auf den Fußboden. Das brachte ein wenig Bewegung in ihre grauen Zellen. Mühsam zog sie sich am Bett hoch, stellte sich hin und begann auf wackligen Füßen auf und ab zu gehen. Warum sollte sie eigentlich nicht mehr schlafen? Sie rieb sich die linke Backe. – Was ein Glück, dass Traum-Ohrfeigen in der Realität nicht schmerzen. – *Was* für Ohrfeigen??

Langsam fielen die Puzzlesteinchen wieder an die richtige Stelle. Auf ihrer Wanderung kam sie zum Fenster, grinste sich in der spiegelnden Scheibe dämlich an und fragte sich, wie um Himmels willen sie auf Patricks Trick hereinfallen konnte – Gott sei dank war sie auf ihn hereingefallen! Armer Patrick, musste ihn ganz schön Überwindung gekostet haben.

Anna merkte, wie sie die Schlaftabletten wieder zum Bett hinzogen. Aber ihr würde gar nichts anderes übrig bleiben als sich wach zu halten und zu hoffen, dass sie *ihm* in ihrem Tran nicht irgendwelchen Unsinn erzählen würde. Sie zog ihre Sandalen wieder an und nahm den Stuhl von der Tür, um ihn an seinen alten Platz zu stellen. Dann begann sie erneut mit ihrem Auf-und-ab-Marsch durch das Zimmer, den sie ab und an für einfache Bewegungsübungen unterbrach, wie Kniebeugen und laufen auf der Stelle mit hochgezogenen Knien.

*

»Aber es brennt doch gar nicht?«, murmelte Patrick, als er die Augen aufschlug, nur um einen Schwall Mineralwasser hineingeschüttet zu bekommen.

»Na will doch hoffen, dass es nicht brennt«, meinte Heike, die neben der offenen Beifahrertür des BMW stand, und schraubte die Wasserflasche wieder zu.

Roland, der seitlich hinter Patricks Sitz kauerte, schüttelte noch einmal leicht mit beiden Händen den Kopf seines Freundes, dann fragte er eindringlich: »Und, hat sie dir den Weg gezeigt?«

»Wer? Anna?«, kam es gähnend zurück.

»Nein, der Papst. – Himmel!, natürlich Anna. Also?«

Plötzlich fuhr Patrick ruckartig auf und sagte hastig: »Aber natürlich! Ich weiß, wo wir sie finden!«

Roland und Heike sahen sich freudestrahlend in die Augen, dann meinte Roland zu Patrick: »Gut, mein Junge, dann hast Du jetzt genug geschlafen.«

Er kramte aus Patricks Rucksack ein kleines Glas Instantkaffee hervor, schraubte es auf und reichte es seinem Freund mit den Worten: »Hier, heißes Wasser haben wir leider nicht.«

Verschlafen starrte Patrick auf das Glas: »Wie? Muss das sein? Na gut.« Dann schüttete er sich ein kleines Häufchen Kaffeepulver in die linke Handfläche, führte das ganze vorsichtig zum Mund und warf, die Hand vor dem Mund, den Kopf zurück.

Patrick hustete, ein paar Krümel Instantkaffee flogen gegen die Windschutzscheibe, dann keuchte er: »Schmeckt abartig scheußlich!« Aber gleichzeitig häufte er schon die zweite Ladung auf die Handfläche.

*

Anna stand auf ihren Zehenspitzen und reckte ihre Hände nach der Decke, dann ließ sie sich wieder auf die Fersen sinken und begann, mit den Armen zu kreisen. Plötzlich hielt sie abrupt inne, griff sich an den Bauch und setzte sich schnell auf einen der beiden Stühle, die neben dem kleinen Tisch standen. *Er* kam, um sie zu holen. Gehört hatte sie ihn nicht, aber ihre Bauchschmerzen waren wieder stärker geworden. Dann klickte der Riegel, und die Tür wurde mit Schwung geöffnet. Mayer stand im Türrahmen. Sein Anblick genügte, um Anna ein Schaudern über den Rücken zu jagen. Der Irre hatte tatsächlich einen schwarzen Smoking angezogen! Dazu ein weißes Seidenhemd mit weinroter Samtfliege und schwarze, auf Hochglanz polierte Schuhe. Nur eine Sache erinnerte noch an den Mayer, der Anna vor der Scheune aufgelesen hatte: Noch immer, das war deutlich unter der offenen Smokingjacke zu erkennen, hatte er den Revolver umgeschnallt. Der Kontrast wirkte auf Anna lächerlich, ja geradezu kindisch. Aber sie lachte nicht. Es gibt bösartige Kinder.

Mayers Haare waren vom Waschen noch ein bisschen feucht, und er verströmte den Duft eines dezenten, teuren Aftershaves.

Munter rief er: »So, nun lass uns einen Happen essen. Ich habe nur eine Kleinigkeit zubereitet, Du weißt ja: Gerade abends soll man's mit den Kalorien nicht übertreiben, das ist ungesund. – Sei mein Gast!«

Anna musste dagegen ankämpfen, sich nicht jetzt schon zu übergeben. Sie straffte sich innerlich, versuchte, die Bauchschmerzen zu ignorieren, stand auf, zwang sich ein falsches Lächeln ins Gesicht und sagte höflich: »Aber diese Umstände wären doch nicht nötig gewesen. Von mir aus hätten wir gerne auswärts essen können. Zum Beispiel in der Kantine des Polizeipräsidiums.«

Mayer lachte herzlich und entgegnete: »Aber das habe ich doch gerne gemacht. Und glaub mir: Du wirst mich bestimmt für diese geringen Mühen mehrfach entschädigen. Da bin ich todsicher. – Darf ich vorangehen?«

Anna folgte dem Monster in die Diele, dort öffnete er zu seiner Rechten eine Tür, ihr Weg führte durch eine kleine Küche. Auf einem alten Holzofen stand ein großer Mikrowellenherd und neben dem Ofen ein kleiner Kühlschrank. Der Küche folgte ein etwas geräumigeres Wohnzimmer. Es musste ein Eckzimmer sein, denn an zwei Wänden gab es je zwei Fenster in alten Doppelrahmen. Von draußen kam immer noch Tageslicht herein, Anna schätzte, dass es zwischen kurz nach acht und kurz vor neun Uhr abends sein müsste.

Irgendwie fehl am Platz in dem alten Bauernhaus wirkte ein modernes, aber billiges Sideboard, sowie der moderne Teppich mit roten Mustern, der auf dem alten Dielenboden lag – und natürlich die kleine aber teure Stereoanlage, die ganz, ganz leise den Radetzky-Marsch spielte. Wie Anna im Laufe des Abends noch merken sollte, war der CD-Spieler so programmiert, dass er den Marsch ohne Unterlass wiederholte.

An einer Wand stand noch eine Couch, deren Machart nicht zu erkennen war, da sie vollkommen von einer

Patchwork-Decke eingehüllt wurde. Ein gutes Stück über der Couch hing ein ausgestopfter Wildschweinkopf, unter dem sich ein Schwert und ein Morgenstern kreuzten. Über den quadratische Tisch, an dem zwei stabile Klappstühle aus hellem Holz standen, war eine weiße Damasttischdecke gebreitet. In zwei schmalen, silbernen Kerzenständern brannten zwei weiße Kerzen, und auch das Teelicht in dem silbernen Rechaud war schon angezündet. Der Tisch war mit zierlichem Villeroy & Boch Porzellan und silbernem Besteck eingedeckt. Zwei weiße Servietten, natürlich ebenfalls aus Damast, waren zu spitzen Hütchen geformt worden. An jedem Platz standen zudem drei kunstvoll geschliffene Kristallgläser in Reih und Glied: Je ein schlanker Sektkelch, ein Weißwein- und ein Rotweinglas. Auf dem Sideboard stand auf einem kleinen Deckchen eine versilberte Schale, in der, umhüllt von Eiswürfeln, zwei Flaschen Charles Heidsieck und zwei Flaschen Chablis schlummerten. Daneben warteten noch eine geschlossene und eine bereits geöffnete Flasche Rothschild Château Peyre-Lebade.

Insgesamt kamen Anna die wenigen Einrichtungsgegenstände ziemlich zusammengewürfelt vor, wie ein Provisorium, das noch dazu sehr unbewohnt wirkte. Nirgends stand eine Pflanze. – Galant zog Mayer einen Stuhl zurück, um Anna Platz nehmen zu lassen. Als sie sich setzte und er ihr den Stuhl zurechtrückte, berührte er wie zufällig mit der rechten Hand ihre nackte Schulter. Anna zuckte heftig zusammen, als ihre Bauchschmerzen für einen Augenblick zu einem brennenden Stich wurden.

Mayer schmunzelte, trat zu dem Sideboard, entkorkte mit einem Knall eine Champagnerflasche und meinte: »Das ist das einzig angemessene Getränk als Aperitif für diesen Abend.«

Dann goss er mit glänzenden Augen die beiden Sektkelche voll – sich selbst bediente er zuerst.

Wenn Anna den Kopf nur ein klein wenig hob und über Mayers Schädel hinweg blickte, starrte sie direkt in die toten Augen des Wildschweins. Es hatte seine Lefzen, aus denen mächtige Hauer ragten, zu einem bösen Grinsen verzogen.

Zwar hatte Anna Durst, aber die Wirkung der Schlaftabletten, mit der sie zu kämpfen hatte, waren ihr Warnung genug. Also nippte sie nur leicht an dem Glas, als Mayer ihr zuprostete, den Inhalt seines Glases mit einem Zug hinunterstürzte und sich gleich noch einmal einschenkte. Aus der Küche ertönte ein hartes »Pling« – die Mikrowelle.

Mayer begrüßte das Geräusch mit einem beschwingten: »Ah, der erste Gang ist fertig! Ich muss sagen, ich habe jetzt wirklich Hunger bekommen.« Er verschwand kurz in der Küche, kam aber schnell wieder zurück mit einem Tablett in der Hand, auf dem zwei Porzellanschälchen standen, aus denen dünner, weißer Dampf aufstieg und einen durchaus nicht unangenehmen Geruch verbreitete. Mayer servierte Anna eine Tomatencreme-Suppe – zwar ein Fertigprodukt aus der Dose, aber immerhin eine teure Marke aus einem Feinkostladen, außerdem hatte er etwas frischen Schnittlauch darüber gestreut. Dazu gab es dünne Scheiben geröstetes Baguette, und Mayer füllte – ohne Anna zu fragen – die Weißweingläser.

Anna musste sich jeden Löffel Suppe herunterquälen. Aber wenigstens konnte sie sich Zeit lassen, denn auch Mayer aß nur sehr langsam, da er ununterbrochen redete. Er begann mit seiner Herztransplantation, die ihm sein neues Leben geschenkt habe, und er erzählte, wie ihn die Ärzte fast als eine Art medizinisches Wunder betrachtet hatten, weil sein Körper gegen jede Regel nie versucht hatte, diesen tickenden Muskel eines fremden Menschen wieder abzustoßen. Und lauthals lachte er: »Tja, der gute, alte Max fühlt sich eben recht wohl bei mir. Er weiß halt, dass er hier gut aufgehoben ist«, dabei klopfte er sich zweimal auf die Brust.

Dann erklärte er Anna mit Enthusiasmus, wie er alle an der Nase herumgeführt hatte. Das meiste wusste Anna ohnehin schon, aber wenigstens musste sie nicht reden, solange er nur plapperte. Sie vermutete, dass er niemals so viel an einem Stück gesprochen hatte, solange er noch als Patricks Vater, als der Mensch Edgar Mayer aufgetreten war.

Nachdem er nochmals kurz in der Küche verschwunden war, begann er schließlich auch noch, voller Elan seine Morde zu schildern. Nun konnte Anna den Rest ihrer Suppe wirklich nicht mehr aufessen. Verbittert dachte sie, dass sie so wenigstens keine Probleme hatte, ihren Angstpegel aufrecht zu erhalte. Und dass sie durch die Wirkung der Schlaftabletten einschlafen würde, musste sie wohl auch nicht mehr befürchten. Voll Hoffnung an ihre Freunde denken, das wollte Anna nicht wagen, aus Furcht, er würde ihre Stimmung spüren. Sollte er doch weiterreden, dann ... Da registrierte sie plötzlich, dass Mayer seinen Redefluss unterbrochen hatte. Aus zusammengekniffenen Augen starrte er Anna an und fragte gefährlich leise: »Sag mal, langweile ich dich etwa?« – Das Wildschwein grinste.

Erschrocken dämmerte es Anna, dass sie wohl eben gerade recht ungeniert gegähnt hatte.

Sie ballte die Hände zu Fäusten und trat die Flucht nach vorne an: »Aber nein. Dank Ihrer Hilfe war mein Tag recht kurzweilig. Erzählen Sie nur weiter von Ihren tollen Heldentaten. Von Ihren Überfällen auf Menschen, die sich nicht wehren konnten.«

Mayers Nasenspitze wurde weiß.

Doch plötzlich lächelte er wieder und meinte: »Kleines Biest! Jetzt hast Du mich doch tatsächlich schon wieder reingelegt! Ich habe nämlich überhaupt keine Möglichkeit, dir zu drohen. – Weil mein *Programm* für dich ohnehin so *ausgeklügelt* ist, dass es sich nicht steigern lässt. Weißt Du ... – ah! Der zweite Gang.«

Ein erneutes »Pling« des Mikrowellenherdes hatte sie vor seinen weiteren Worten gerettet.

Da es inzwischen draußen fast dunkel geworden war, zog Mayer auf seinem Weg in die Küche die Vorhänge zu und drückte den Lichtschalter neben der Tür. Zwei trübe 25-Watt-Birnen, kaum so hell wie die beiden Kerzen, entfalteten ihr mattes Leuchten an einem abstoßenden Geweih-Kronleuchter über dem Tisch. Eigentlich hatte ein geschmackloser Lampenbauer das große Hirschgeweih mit acht Birnenfassungen versehen, aber sechs der Fassungen waren leer.

Als Mayer aus der Küche zurückkam, brachte er den zweiten Gang: Königinpastetchen, gefüllt mit Ragout fin, dazu Reis, Karottensalat und grüner Salat, garniert mit Tomatenvierteln.

Mayer tat Anna und sich selbst auf, und als seine Gefangene keine Anstalten machte, zur Gabel zu greifen, forderte er freundlich: »Nun iss doch.«

Anna schob ein winziges Stück Fleisch und ein paar Körner Reis auf die Gabel und schluckte den Klotz hinunter.

Dann bemerkte sie mit Unbehagen, dass sie die volle Aufmerksamkeit Mayers hatte, der nun beiläufig meinte: »Wundert mich schon ein bisschen, dass Du gar nicht mehr nach deiner süßen Schwester gefragt hast. Hätte nicht gedacht, dass Du so herzlos bist. Ich hab' da übrigens neulich einen interessanten Bericht von so einem südamerikanischen Anthropologen gelesen. Der hat was über einen Stamm geschrieben, der noch im letzten Jahrhundert so eine Art Ragout aus Kinderfleisch gekocht hat.«

Augenblicklich war Anna eingefroren. Sie schmeckte das Erbrochene schon in ihrer Kehle, aber selbst ihre Magenmuskulatur stellte die Arbeit ein.

Unvermittelt schlug Mayer mit der flachen Hand auf den Tisch und schrie: »*Reingefallen! Reingefallen!* – Jetzt hab ich's dir doch zurückgezahlt! Ha! Du hättest mal dein Gesicht sehen sollen!«, dann wollte er sich schier ausschütten vor Lachen.

Anna sah schwarze Flecken vor ihren Augen, merkte plötzlich, dass sie nicht atmete und holte mit einem schnellen, rasselnden Atemzug Luft.

Mayer wischte sich mit dem Handrücken die Tränen aus den Augen und erklärte glucksend: »Nein, nein, keine Angst, noch lebt deine Schwester. – Noch.« Dann sah er Anna neugierig in die starren Augen und wollte wissen: »Aber sag mal, Du hast doch nicht wirklich allen ernstes geglaubt, dass ich sie freilassen werde?«

Anna brachte nur ein erschöpftes Kopfschütteln zustande.

»Und trotzdem bist Du gekommen«, es war mehr eine Feststellung als eine Frage, »entschuldige die harten Worte, aber das war ganz schön blöd von dir. Typisch Mensch.« Dann fuhr er im Plauderton fort: »Weißt Du, dein Schwesterchen werde ich – wie soll ich sagen? – ja: als eine Art Testobjekt benutzen. Für verschiedene Spielzeuge, die ich im Keller habe. Du darfst natürlich zusehen. Ich denke, nach dem Essen werde ich dir die Einrichtung da unten mal zeigen. Dann kannst Du zur Nachtruhe auf dein Zimmer, und morgen, wenn wir gemütlich zusammen gefrühstückt haben, werde ich dir beim Umzug in den Keller behilflich sein. Du wirst dich vielleicht über die gute Ausstattung wundern, aber weißt Du, ich bin eben vorausschauend. Ich habe dieses Bauernhaus nicht erst seit meiner hastigen Abreise aus Saarfurth ... – Was hast Du denn? Ist dir schlecht?«

Mit Schweißperlen auf der Stirn starrte Anna in die Flamme der nächsten Kerze. Aber ihr war nicht schlecht – zumindest nicht schlechter, als ihr ohnehin in seiner Gegenwart war. Sie war nur konzentriert. Seit Mayer ihr erklärt hatte, dass ihre Schwester noch lebte, richtete sie ihr Hauptaugenmerk auf das Einmaleins, das sie im Geiste langsam und mit Bedacht aufsagte. Sieben mal sieben ist neunundvierzig. Denn Anna war überzeugt, dass sie einen realen Anker brauchte, um nicht von diesem Wahnsinnigen in den Wahnsinn gezerrt zu werden. Acht mal acht ist vierundsechzig. Und um nicht doch noch irgendeinen Unsinn anzustellen, bevor Spock auftauchte. Neun mal neun ist einundachtzig. Sie hatte zwar noch registriert, was Mayer gesagt hatte, aber sie hatte es nur in ihrem Verstand abgelagert, nicht an ihr Gefühl gelassen. Zehn mal zehn ist hundert. Aber um Himmels willen, langsam wurde es wirklich Zeit, dass ihre Freunde auftauchten. Elf mal elf ... warum starrte sie Mayer plötzlich so seltsam an? Warum schmerzten ihre Eingeweide wieder so heftig? Erschrocken stellte sie fest, dass er in sie hineinhorchte, immer tiefer eindrang ... Ihr blieb nur noch eine Möglichkeit. Sie öffnete die Schleusen, ließ alles, die Toten, den Keller, ihre Schwester, die Zange, auf sich einstürzen und ließ das Monster in einem morastigen See aus Angst und Verzweiflung suhlen.

Beide sanken stöhnend auf ihren Stühlen zurück. Die Ursachen dafür waren unterschiedlicher Art.

Anna lag zitternd in ihrem Stuhl, Mayer saß ganz ruhig, streckte sich schließlich, leerte den Rest aus seinem Weinglas in einem Zug, sog noch mit einem schlürfenden Geräusch die letzten Tropfen aus dem Glas und begann: »Also wirklich, mein liebes Kind ...«, das Licht ging aus und Radetzky stellte abrupt sein Marschieren ein.

Fast im selben Augenblick lag der Revolver in Mayers Hand, und er war zur Tür herumgefahren. Nichts rührte sich.

Im Schein der Kerzen stand er ruhig auf und meinte gelassen: »Wir müssen wohl eine kurze Unterbrechung einlegen. Steh auf!«

Dann holte er eine große Stablampe aus dem linken Schubfach des Sideboards, schaltete sie ein und hielt sie Anna hin: »Geh vor. Im Flur ist der Sicherungskasten.«

Als Anna voranging, legte er ihr die linke Hand auf die Schulter, sie wollte die Hand abschütteln, spürte aber plötzlich die Revolvermündung im Rücken. Also ignorierte sie den Aufstand in ihrem Inneren, ging in die Diele hinaus und öffnete auf sein Geheiß den Sicherungskasten.

Mayer meinte: »Hm, scheint keine rausgesprungen. Vielleicht was am Generator. Vielleicht. Vielleicht wartet aber draußen auch irgendjemand. Was meinst Du, Anna?«

Keller und Zange.

Anna zitterte und zischte: »Ich hoffe es. Ich hoffe, es ist Ihr Henker!«

»Nun, falls das wirklich so sein sollte, nehme ich dich natürlich mit. Du hältst die Taschenlampe mit der linken Hand schön nach vorne.«

Dann drehte er ihr den rechten Arm auf den Rücken, spannte den Hahn des Revolvers, drückte ihr die Mündung der Waffe seitlich ins Genick und schob sie auf die Haustür zu. Der Schlüssel steckte innen. Anna musste aufsperren und die Türe öffnen, während sich Mayer hinter ihr duckte, sie mit der Stablampe hin und her schwenken ließ und mit den Augen den Hof absuchte.

Nichts.

Plötzlich drehte er Anna herum, warf sie sich, während sie einen Schreckensruf ausstieß, über die linke Schulter, drückte die Mündung der Waffe in ihren Bauch und rannte in Zickzack-Sprüngen über den Hof zur Scheune. Kaum war er durch das Tor, stellte er sich mit dem Rücken an die nächste Wand, hielt Anna wie ein Schutzschild vor sich und ließ sie den Raum ableuchten.

Wieder nichts. Auch das satte Schnurren des Generators war nicht zu hören. Aber Meyer ging kein Risiko ein. Während er Anna im Visier behielt, musste sie das Tor schließen, dann alle Türen und die Heckklappe des Nissan Patrol öffnen. Erst als er sich restlos überzeugt hatte, dass wirklich niemand in der Scheune war, entspannte er langsam den Hahn seiner Waffe, behielt sie aber in der Hand. Dann befahl er Anna, hinter den Generator zu treten und auf die Maschine hinab zu leuchten. Mayer drückte den Startknopf, hörte auch das typisch leiernde Geräusch des batteriebetriebenen Anlassers, doch der Generator selbst blieb stumm. Er besah sich die Anzeige für die Tankfüllung. Wenn sie in Ordnung war, musste der große Tank noch weit über die Hälfte gefüllt sein. Schließlich drehte er einen kleinen Hahn auf. Ein paar Tropfen kamen heraus, das war aber auch alles. »Mist, verdammter!«, fluchte Mayer, »die Treibstoffzufuhr muss verstopft sein. Das kann ich erst bei Tageslicht gescheit reparieren.« Dann wandte er sich bedauernd an Anna: »Tut mir leid, da kann ich dir den Keller wohl erst morgen zeigen, wenn ich die Leitung gereinigt habe. Ohne die Deckenbeleuchtung bringt das nichts, und Tageslicht kommt da unten nicht hin. Nun, dann lass uns unser Mahl eben bei Kerzenlicht beenden.«

Anna hielt sich den Bauch. Weil sie ihn einfach nicht mehr ertragen konnte, weil sich die Angst durch ihre Haut, durch ihr Fleisch, durch ihre Knochen bis tief ins Mark gefressen hatte, riskierte sie es und meinte trocken: »Natürlich können Sie mich zwingen. Aber Sie können auch mit Ihrer Waffe nicht verhindern, dass ich Ihnen dann auf den Tisch kotze.«

»Wie? Du willst nicht? Na schön, dann schicke ich dich eben gleich zu Bett. Aber dann darfst Du auch vorher das Bad nicht benutzen – nur wenn Du aufisst. Na?«

Mann, war der fertig – »Danke, ich verzichte.«

»Gut, ganz wie Du willst.«

Mayer ließ Anna wieder leuchten, zerrte sie über den Hof zurück in das Bauernhaus, verschloss hinter sich die Tür, nahm Anna die Taschenlampe ab und sperrte sie in ihr Zimmer.

*

Wie gerne hätte sie sich zum Schlafen niedergelegt. Aber sie traute sich nicht. Was, wenn er versuchen würde, sie im Schlaf auszuhorchen, dann, wenn sie ihre Angst nicht schützen konnte? Aber machte das einen Unterschied, ob er ihren Plan kannte oder nicht? Ihre Freunde mussten doch längst hier sein. Als Mayer mit ihr zum Generator gegangen war, hatte sie so gehofft ..., aber nichts war passiert. Und langsam verlor sie die Hoffnung.

Nachdem Mayer sie wieder eingesperrt hatte, war sie gleich an die Türe getreten, um zu lauschen. Mit irgendetwas musste er noch bei Kerzenschein beschäftigt gewesen sein, denn es hatte bestimmt eine halbe Stunde gedauert, bis sie wieder seine Schritte im Flur hören konnte. Augenblicklich war in ihr die Angst hochgekrochen, dass er zu ihr kommen würde. Aber dann hatte sich die Türe geöffnet und wieder geschlossen, die ihrem Zimmer gegenüber lag. Kurz darauf hatte Anna eine Toilettenspülung gehört und wenige Zeit später ein schrilles, vibrierendes Geräusch, das sie im ersten Moment nicht identifizieren konnte. Doch dann hatte sie gewusst, was es war: Mayer gurgelte. Er hatte sich die Zähne geputzt. Schließlich war er in das Zimmer gegangen, das zwischen ihrem eigenem und dem ihrer Schwester lag.

Sie schlich an die Wand zu diesem Nachbarzimmer und presste ihr Ohr gegen die Mauer, nur um zu hören, wie ein paar Bettfedern quietschten, als sich der Mann niederlegte.

Dann trat Anna in die Mitte ihres Gefängnisses, stand einfach da und hatte Angst zu schlafen. Das matte Licht der klaren Nacht fiel durch das Fenster. Aber Anna hatte sich vom Fenster abgewandt. Sie wollte nicht hinaus sehen. In die Freiheit. Wo blieb Patrick? Plötzlich stutzte sie, konzentrierte sich auf ihr Gehör. Tatsächlich: Aus dem Nachbarzimmer konnte sie, leise aber unverkennbar,

Schnarchen hören. Wut und Verzweiflung ließen ihr Tränen in die Augen steigen. Während sie hier angespannt wartete und um ihr Leben fürchtete, war er friedlich in den Schlaf gesunken. Dann öffnete sich die Tür ihres Gefängnisses und Patrick kam herein, stand, auf Zehenspitzen gehend, mit zwei leisen Schritten vor ihr.

Anna lag in seinen Armen, presste sich an ihn, drückte ihr Gesicht ganz fest gegen seine Schulter, damit ihr Schluchzen nicht zum Verräter wurde.

Eigentlich hatten sie keine Zeit zu verlieren, aber Patrick drängte nicht, sondern streichelte sie nur still und ließ ihr ein paar Sekunden, um ihre Fassung wiederzugewinnen.

Anna fragte ihn nicht, wo er so plötzlich herkam. Es gab nur eine Möglichkeit: Die Dieselzufuhr zum Generator war nicht durch irgendwelche Ablagerungen gestört worden, sondern jemand hatte nachgeholfen. Und während Mayer mit ihr in der Scheune den Generator untersucht hatte, war Patrick schnell in das Haus geschlüpft – die Türe war ja die ganze Zeit offen gestanden. Dann hatte er sich versteckt, vielleicht unter dem Sideboard oder unter dem Sofa oder in irgendeiner Kammer, die Anna noch nicht entdeckt hatte. Als es schließlich ruhig im Haus geworden war, hatte er noch einige Zeit verstreichen lassen, um schließlich aus seinem Versteck hervorzukommen und Anna zu befreien.

Aber selbst wenn Annas Theorie nicht stimmte, selbst wenn er sich direkt vom Vulkan in dieses Zimmer gebeamt hätte, was spielte das für eine Rolle? Nur eines zählte: Er war hier!

Als Annas Zittern nachgelassen hatte, gab Patrick ihr einen vorsichtigen Kuss und löste sich dann von ihr. Hand in Hand schlichen sie zu der halb geöffneten Tür. Noch war kein einziges Wort gefallen.

*

Kein Wort war in den letzten fünf Minuten gefallen. Aber das Schweigen konnte die Stimmung in der Einsatzzentrale nicht verschlechtern, denn sie war längst auf ihrem Tiefstpunkt angekommen. Es war fast 23 Uhr in der Nacht und allen, auch Dr. Alban, der vor einer guten Stunde ebenfalls das Kommissariat erreicht hatte, war klar: Inzwischen befand sich nicht nur Petunie Weinberg, sondern auch Anna in der Gewalt des Killers. Was es nicht gerade besser machte: Auch von Patrick, Heike und Roland fehlte jede Spur. Nicht einmal Kommissar Uths weißer BMW war wieder aufgetaucht. Sogar die drei Funkgeräte, die Verbindung zu den Außentrupps, schwiegen, und die Polizeibeamten, die hinter den Geräten saßen, hatten längst jede Anspannung verloren, wirkten lethargisch.

Selbstverständlich hatte Hauptkommissar Pansa eine umfangreiche Suchaktion in die Wege geleitet, die auch immer noch lief und auf ein immer weiteres Umfeld um Nürnberg herum ausgedehnt wurde. Sogar Hubschrauber kreisten am nächtlichen Himmel. Doch das Ergebnis war gleich Null. Das Warten zerrte an den Nerven.

Inzwischen hatte sich die Polizei natürlich mit Ruppert Weinberg in Verbindung gesetzt. Aber auch Weinberg, dem Zusammenbruch nahe, brachte, wie zu erwarten, keine neue Spur zum Vorschein. Zudem weigerte er sich, seine Wohnung zu verlassen. Er wich keinen Schritt vom Telefon in der verzweifelten Illusion, Mayer könnte anrufen und, wie versprochen, die Freilassung von Petunie ankündigen.

Nicht einmal die Eltern von Heike und Roland hatte Pansa erreichen können. Kathrin Silvan glaubte sich daran zu erinnern, dass ihre Tochter erzählt hatte, Heikes Eltern seien in Urlaub gefahren. Doch wohin, das wusste sie nicht mehr. Bei Rolands Vater wie auch bei Rolands Mutter ließ Pansa alle zehn Minuten anrufen, aber niemand ging ans Telefon. Natürlich versuchte auch die Polizei in Saarfurth die Eltern der beiden ausfindig zu machen, hatten aber ebenfalls keinen Erfolg.

Pansa wollte Annas Familie und dem Arzt gerade den Vorschlag machen, dass sie doch in ihr Hotel gehen sollten, um sich auszuruhen, da klingelte eines der Telefone. Und da er sonst ohnehin nichts zu tun hatte, nahm Pansa selbst den Hörer ab, gab ihn aber gleich an Pauli weiter: »Ein Kollege aus Saarfurth.«

Pauli hörte kurz zu und berichtete dann: »Die Eltern von Roland konnten wenigstens ausfindig gemacht werden. Sie sind zwar geschieden, waren aber auf derselben Party – eine Geburtstagsfeier eines gemeinsamen Freundes. Sie haben sich schon auf den Weg nach Nürnberg gemacht.«

»Na prima«, dachte Pansa, »was für ein Erfolg: Noch mehr nervöse Eltern, um die wir uns dann kümmern müssen.«

Er bezweifelte es zwar, dennoch hoffte er, dass diese jungen Leute wirklich so gewitzt waren, wie es die Silvans und sein Saarfurther Kollege zu glauben schienen. Denn sonst sah er schwarz für die beiden entführten Mädchen.

*

Als sie ganz sachte und vorsichtig an Mayers Schlafzimmertür vorbei schlichen, hinter der ein sanftes Schnarchen hervordrang, hielt Anna sogar die Luft an, aus Furcht, sie könnte das Monster wecken. Sie kamen kaum vorwärts, denn nur ein Hauch von Mond- und Sternenlicht, das durch ein winziges Fenster an der Haustüre fiel, zeigte ihnen den Weg. Als sie endlich vor der Haustür standen, stellte Anna, sachte tastend, erleichtert fest, dass der Schlüssel nach wie vor von innen steckte.

Patrick holte ein kleines Plastikfläschchen aus der Hosentasche, dann fühlte er nach den Türangeln und ließ reichlich Öl über sie fließen. Schließlich steckte er noch den spitzen Schnabel des Fläschchens unterhalb des Schlüsselgriffs in das Schlüsselloch und spritzte drei kräftige Ladungen Maschinenöl hinein. Dann hielt er die Luft an, drehte den Schlüssel zweimal herum und öffnete sachte die Türe einen Spalt. Im dunklen Licht der Nacht, das nun durch die schmale Öffnung fiel, konnte Anna Patricks gehobenen Daumen erkennen – kein Ton war zu hören gewesen.

Nach einem Wink Annas wandte sich Patrick nach links der Türe zu, hinter der Annas Schwester gefangen war. Auch hier setzte er das Öl ein, träufelte es auf Türangeln und Riegel, auch hier hatte er Erfolg: Geräuschlos öffneten sich Riegel und Tür.

Durch das einzige Fenster im Zimmer fiel ein wenig Licht auf das schlafende Mädchen, das zusammengerollt auf seiner Matratze lag. Anna bedeutete Patrick, an der Tür zu warten, dann trat sie in das Zimmer und ging vorsichtig in die Hocke. Sanft streichelte sie dem kleinen Mädchen durchs Haar, um sie dann vorsichtig von der Matratze zu heben. Müde öffneten sich Petunies Augen einen winzigen Spalt. Sie wischte sich mit dem Handrücken über das rechte Auge, schlug die Augen dann ganz auf und begann, aus Leibeskräften zu schreien und zu zappeln.

Entsetzt presste Anna das Mädchen an sich und hastete aus dem Zimmer.

Patrick hatte bereits die Haustür aufgestoßen, sprang ins Freie und schrie gleichzeitig: »Werft! Ihr müsst werfen!«

Einen Schritt vor der Haustür hörte Anna, die zappelnde Petunie an sich gepresst, wie hinter ihr im Gang eine Tür aufgedonnert wurde und vom Hof her sah sie zwei glühende Punkte auf sich zufliegen. Anna warf sich schräg nach vorne, hörte einen Schuss und fast gleichzeitig ein berstendes Splittern hinter sich im Gang, gefolgt von einem wütenden und schmerzverzerrten Schrei. Sie kam auf ihrer Schulter und dem rechtem Arm auf – wie sie es wollte, um nicht auf Petunie zu landen –, rollte sich auf den Rücken und lag nun wenigstens nicht mehr direkt vor der offenen Eingangstür, aus der plötzlich eine knisternde Feuerzunge hervorleckte.

Dann sah Anna Heikes Gesicht über sich, die sich bückte, um ihr die immer noch schreiende Petunie aus den Armen zu nehmen. Fast gleichzeitig wurde Anna von hinten hochgezogen, während Patrick hastig in die Hocke ging, um ein winzige Flämmchen am Saum ihres Kleides mit den Händen zu ersticken. Anna drehte sich herum, sah Roland ins Gesicht, der mit dem Daumen über seine Schulter deutete und rief: »Abhauen! Zum Wagen!«

Dann nahm Roland eine Bewegung hinter Anna wahr: Ein Vorhang wurde von einem Fenster gerissen, ein flackerndes Glosen, das von rechts kam, strahlte eine wut- und schmerzverzerrte schwarze Fratze hinter dem vergitterten Fenster an, eine Faust kam hoch, und irgendetwas zeigte auf Annas Hinterkopf, aber das nahm Roland kaum noch wahr, denn augenblicklich hatte er seinen linken Arm herumgeschwungen und Anna im wahrsten Sinn des Wortes umgehauen, während er selbst einen großen Satz machte, ein kurzes Zerren im Rücken spürte und ein weiterer Schuss durch die Nacht hallte. Patrick wollte gerade aus der Hocke hochkommen, wurde aber von Anna, die über ihn fiel, umgerissen, und beide landeten wieder vor der offenen Tür, spürten schmerzhaft die Hitze und konnten sehen, dass der Flur des alten Hauses bereits in hellen Flammen stand. Ja das Feuer kroch schon, wie ein nach oben fließender Wasserfall, an der Oberkante des Türrahmens aus dem Haus heraus und erreichte gerade den hölzernen Aufbau des Gebäudes. Doch Roland, Patrick und Anna nahmen sich keine Zeit, die Flammen eingehend zu betrachten, sondern sie sprangen, stolperten und stürzten zur Ecke des Hauses, um sich hinter ihr in Sicherheit zu bringen. Dort angekommen, drückten sie sich keuchend gegen die Hauswand. Anna rieb sich Kinn und Unterlippe, während sie mühsam hervorbrachte: »Danke, Roland!«

Der hatte den Rucksack abgenommen, den er von Patrick vor dessen Befreiungsaktion übernommen hatte. Im immer heller werdenden Schein des Feuers erkannte er an der linken Seite ein kleines Einschussloch, auf der gegenüberliegenden Seite fehlte ein etwas größeres Stück Stoff, wo die Kugel wieder ausgetreten sein musste.

Heike hatte auf der anderen Seite des Fensters gestanden, hinter dem Mayer aufgetaucht war. Verständlicherweise wollte sie nicht durch Mayers Schussfeld laufen. Also rannte sie so schnell wie möglich mit Petunie im Arm rechts um das Bauernhaus herum und an der Rückseite vorbei. Völlig außer Atem kam sie bei ihren Freunden an, als Roland Patricks Rucksack mit zitternden Fingern gerade wieder anzog, ohne den anderen etwas von seiner Entdeckung zu erzählen. Von oben hörten sie es knacken und knistern – das Feuer fraß sich unaufhaltsam in den hölzernen Aufbau.

Anna keuchte: »Himmel, was waren das für Bomben?«

»Benzin aus dem Geländewagen«, erklärte Patrick. »Und zwei leere Sprudelflaschen«, ergänzte Heike. »Dazu zwei Stofffetzen – ich hab' jetzt ein T-Shirt weniger«, beendete Roland den Satz, fügte dann aber noch hinzu: »Offenbar hattest Du noch Zeit für 'n neuen Haarschnitt. Nett!«

Petunie schnüffelte im Augenblick nur noch leise vor sich hin und sah mit großen Augen ihre Retter an. Anna hätte sich gerne die Zeit genommen, sie zu beruhigen, aber diese Zeit hatten sie nicht. Deshalb trat sie nur neben Heike, streichelte ihrer Schwester durchs Haar und fragte die anderen: »Wo ist der Wagen?«

»Das ist wohl ein kleines Problem«, antwortete Roland, »wir haben ihn etwa zehn Minuten zu Fuß von hier abgestellt, damit *er* das Motorgeräusch nicht hört, irgendwo in diese Richtung«, dabei deutete er über die freie Fläche vor dem brennenden Haus.

»Aber da müssten wir ja durch seine Schussbahn?«, erkannte Anna.

»Ich sagte doch, dass es ein kleines Problem gibt.«

»Dann schnell hoch in den Wald und zwischen die Hügel«, rief Patrick, »ich hab' so das Gefühl, dass das Feuer nicht genügen wird, um ihn zu erledigen. Versuchen wir, das Schussfeld zu umgehen.«

»Was ist mit seinem Auto?«, wollte Anna von ihrem Freund wissen.

»Der Schlüssel hat nicht gesteckt. Wir haben's kaputt gemacht. Los jetzt, reden können wir später.«

Patrick nahm Annas Schwester aus Heikes Armen, Petunie hatte inzwischen gemerkt, dass sie bei Freunden war und klammerte sich nun an den großen Jungen. Dann lief die Gruppe so schnell wie möglich auf den gut zweihundertfünfzig Meter entfernten Rand des Waldes zu, der auf hügeligem Gelände langsam in die Höhe strebte.

8.

Natürlich waren Edgar Mayers Hirn und Max Klingers Herz in der Zwischenzeit nicht müßig gewesen. Als im Hausflur die beiden Molotowcocktails zerbarsten, hatte sich Mayer, einen Schuss abfeuernd, mit einem Hechtsprung durch die auflodernden Flammen hindurch in die Küche gerettet. Aber er hatte es nicht verhindern können, dass einige kräftige Spritzer brennendes Benzin sein Gesicht getroffen und ihm böse Verbrennungen zugefügt hatten. Auch seine linke Schulter und sein linker Arm waren in Mitleidenschaft gezogen worden, allerdings nicht so schlimm, denn er hatte sich die in Brand geratene Pyjamajacke mit einem Ruck vom Körper reißen können.

Die Schmerzen störten ihn auch nicht, aber die Wut ließ ihn fast sterben, als er den Vorhang am Küchenfenster herunterriss, auf Anna schoss und nicht einmal traf. Und dann waren diese schrecklichen Kinder aus seinem Schussfeld verschwunden. Zur Haustür heraus konnte er nicht mehr, der Flur stand in hellen Flammen. Sein Waffenarsenal, das fein säuberlich geordnet bei ihm im Schlafzimmer lag, war somit auch verloren. Und die Fenster waren durch dicke, eiserne Längsstangen vergittert. Aber er durfte nicht hier drin verbrennen. Er musste *ihr* nach, *musste* sie zerstören, zertrampeln, zerreißen, auslöschen! Noch spürte er sie in der Nähe.

Er eilte ins Wohnzimmer, sprang in Hose und Smokingjacke, die ordentlich über einer Stuhllehne gehangen hatten, klemmte die Pistole hinter den Gürtel und angelte sich dann das Schwert und den Morgenstern von der Wand. Er legte das Schwert auf den Tisch, riss den Vorhang vor einem der Fenster zu Boden, öffnete die Fensterflügel weit, und begann, mit dem Morgenstern auf die Sandsteinfensterbank einzudreschen. Nach genau neun wütenden Schlägen war genug von dem alten, verwitterten Stein abgesprengt, dass zwei der sieben Eisenstangen unten praktisch in der Luft hingen. Mit wenig Mühe drückte er die Stangen zur Seite. Dann warf er Morgenstern, Schwert und seine schwarzen Schuhe in weitem Bogen ins Freie, zwängte sich selbst durch die Lücke und sprang eilig ein paar Schritte von dem brennenden Haus weg.

Er sah nach links. Dort, fast schon am Waldrand, machte er undeutlich vier rennende Schatten aus. Er wusste zwar nicht, welcher Schatten Anna war, aber sie war dort drüben. Er riss den Revolver hinter dem Gürtel hervor, nahm ihn in beide Hände, hielt die Luft an und zielte.

*

Sie hörten einen Knall, und Roland fragte sich, wer ihm wohl so unvermittelt das Bein gestellt hatte, so dass er nach vorne, zwischen die ersten Bäume des Waldes fiel. Dann spürte er irgendeine klebrige Flüssigkeit an seinem linken Bein. Ihm wurde schlecht.

Die anderen, bereits unter den ersten Bäumen, drehten sich um und sahen Edgar Mayer vor dem nun lichterloh brennenden Bauernhaus stehen, breitbeinig, den Revolver erhoben, in ihre Richtung Ausschau haltend, aber nicht mehr zielend. Dann hörten sie Rolands leises Stöhnen. Augenblicklich kniete Heike neben ihm, brachte vor Aufregung kein Wort heraus. Ruckartig setzte sich Roland auf, sagte verwirrt: »Das war ... Scheiße ... mein Bein! Das blutet!«

*

Edgar Mayer konnte sich so viel anstrengen wie er wollte. Aus dem Schein des Feuers heraus sah er nichts mehr. Die vier Schatten waren endgültig mit dem Schatten des

Waldes verschmolzen. Er wusste nicht, ob er getroffen hatte. Schließlich steckte er den Revolver wieder hinter seinen Gürtel, dann sah er sich nach Schwert, Morgenstern und seinen Schuhen um.

*

Heike hatte ihr Schluchzen erstickt, hatte Roland hochgezogen und ihn gestützt, als sie etwas tiefer in den Wald taumelten. Doch augenblicklich merkte Roland, dass er ohne fremde Hilfe kaum weiterhumpeln konnte. Daran, dass er eine Verfolgungsjagd durchstehen würde, war gar nicht zu denken. Leise sagte er: »Da steckt was in meiner linken Wade. Es geht nicht.«

Die anderen wussten, was das bedeutete, dennoch rief Heike trotzig: »Dann stütze ich dich eben den ganzen Weg!«

Barsch entgegnete Roland: »Unsinn! Dann bist Du geliefert.« Scharf unterbrach Anna: »Ruhe, ihr zwei!«

Patrick hatte bereits Petunie abgesetzt, eine Mullbinde aus einer Seitentasche des Rucksacks gerissen, kniete neben Roland, fuhr mit der Hand am Bein seines Freundes hinunter, und als er Feuchtigkeit spürte, begann er hastig, einen breiten Verband um Wade und Schienbein zu wickeln.

Anna war unterdessen auf Heike und Roland zugetreten, hatte ihre Arme um sie gelegt und beiden einen raschen Kuss gegeben. Dann sagte sie: »Ich liebe euch. Ich danke euch. Hier trennen sich unsere Wege. Es muss schnell gehen, also seid ruhig. Heike, Du musst Roland und meine Schwester nur ein paar Meter nach links schaffen. Dann: Keinen Mucks mehr. Er wird *mich* verfolgen – und Patrick. Ist er vorbei, dann holt Hilfe. Wir können nicht zum Auto, da kann er mir den Weg abschneiden. Wir halten uns nach rechts, dort stoßen wir auf die Bahnlinie, der folgen wir nach Süden. Er wird hinter uns sein.«

Dann ging Anna vor Pet in die Hocke und sagte eindringlich: »Du wirst jetzt auf meine beiden Freunde hier aufpassen müssen. Und Du musst ganz still sein. Verstehst Du?«

Mit großem Ernst antwortete das kleine Mädchen: »Ja. Ich tu' was Du sagst, Schwester. Ja!« Dann presste sie die Lippen zusammen, als Zeichen, dass sie kein Wort mehr darüber lassen wollte.

Patrick hatte den provisorischen Verband verknotet und nahm Roland den Rucksack vom Rücken.

Heike flüsterte mit zitternder Stimme: »Bis bald!«, dann legte sie sich Rolands Arm fester um die Schulter, nahm Pet bei der Hand, und die kleine Gruppe verschwand, so schnell Roland hinken konnte, nach links in den Wald.

Anna und Patrick wandten sich um, spähten durch die Bäume auf das freie Feld. Vor dem Hintergrund des brennenden Hauses kam *er* auf den Wald zu – schnell. Keine fünfzig Meter trennten ihn noch vom Waldrand.

Patrick riss noch eine kleine Taschenlampe aus der Seitentasche des Rucksacks, dann hastete er gemeinsam mit Anna los. Sie gaben sich keine Mühe, leise zu sein.

*

Mayer tauchte in das Dunkel des Waldes ein. Blieb stehen. Ja – irgendwo, rechts vor ihm, gar nicht weit, da brachen sie durchs Unterholz. Da war Anna. Aber … hatte er nicht auch von links ein Geräusch gehört?

Angestrengt lauschte er, den Revolver leicht nach vorne gestreckt. Plötzlich war da etwas Warmes auf seinem Handrücken. Er roch daran. Ein Käuzchen hatte ihm auf die Hand geschissen.

»Sch*schscheiße!*«, rief Mayer aufgebracht, wischte die Bescherung an seiner Smokingjacke ab und folgte Anna, bevor sie ihren Abstand noch weiter ausbauen konnte.

*

Um Mitternacht hatte Hauptkommissar Pansa darauf bestanden, dass die Silvans und Doktor Alban sich nun endlich in die bereits reservierten Zimmer eines nahegelegenen Hotels einquartieren sollten. Er versprach ihnen auch hoch und heilig, sich sofort zu melden, falls es Neuigkeiten geben sollte.

Niedergeschlagen fuhren die Familie Silvan und Doktor Peter Alban mit dem Lift in das Erdgeschoss des Polizeigebäudes. Als sie an der Eingangswache vorbei wollten und Peter schon die erste Tür der Schleuse geöffnet hatte, klingelte das Telefon auf der Theke der beiden Wache schiebenden Polizisten. Ein junger Beamter nahm ab, hörte kurz zu und rief dann hinter Peter her, der gerade als letzter durch die Türe treten wollte: »Augenblick, bitte! Hauptkommissar Pansa bittet Sie, noch einmal zur Einsatzleitung zu kommen! Er sagt, er habe Neuigkeiten.«

Aufgeregt rief Peter die anderen zurück. Voller Furcht und voller Hoffnung liefen sie wieder zum Lift und ließen sich erneut nach oben tragen. Warum fuhr der Aufzug plötzlich so langsam?

Endlich drängten sie sich wieder in die Einsatszentrale.

Moritz Pansa, neben dem Pauli stand, saß selbst vor einem der Funkgeräte, sah ihnen entgegen und fragte: »Sagen Sie mal, Herr Silvan, Ihre Tochter oder einer von ihren Freunden hat nicht zufällig ein paar Streichhölzer dabei gehabt?«

Lars sah ihn nur entgeistert an und schüttelte kurz den Kopf, was in diesem Fall nicht »Nein« sondern »Was soll denn das jetzt heißen?« bedeuten sollte.

Pansa erklärte: »Ein Hubschrauber von uns hat vorhin ein abseits gelegenes, lichterloh brennendes Bauernhaus entdeckt.«

»Aber was hat das mit meiner Tochter zu tun?«, unterbrach Lars.

»... dann hat der Pilot einen großen Kreis um den Hof gezogen und in der Nähe, im Licht der Suchscheinwerfer, einen verlassenen weißen BMW gesehen. Er parkte weit genug von dem Hof entfernt, dass man von dort die Annäherung des Wagens nicht hören konnte, meint der Pilot. Er ist jetzt gerade dabei, vor dem Hof zu landen, damit sich die Hubschrauberbesatzung etwas umsehen kann.«

Lars fühlte warmen Schnee durch seinen Körper rieseln, fragte kurzatmig: »Und was hat das zu bedeuten?«

Pansa zuckte mit den Schultern, als ein kurzes Knistern ertönte und sich der Hubschrauberpilot wieder meldete.

Während im Hintergrund das Geräusch sich verlangsamender Rotorblätter zu hören war, ertönte eine bedächtige, leicht bayrisch gefärbte Stimme aus einem Lautsprecher neben dem Funkgerät: »So – wir sind gelandet. Feuerwehr ist alarmiert. Meine zwei Leute sind ausgestiegen.«

Dann herrschte wieder Schweigen. Nach fünf Minuten hielt es Pansa nicht mehr aus: »Haben ihre Leute schon was entdeckt?« Die Antwort kam prompt: »Nein, wir können noch nicht ... – Holla! Da kommt jemand aus Südwest auf uns zu.«

Dann tönte durch den Lautsprecher ein Klicken, das sich unangenehm nach dem Entsichern einer Waffe anhörte. Der Adrenalinpegel in der Einsatzzentrale stieg gewaltig.

Der Pilot sagte: »Ich richte den Suchscheinwerfer ...«, dann verstummte er plötzlich wieder.

Kathrin hätte nicht zu sagen gewusst, warum, aber sie war sicher, dass der Pilot seinen Satz aus Überraschung abgebrochen hatte. Doch gleich fuhr er fort: »Nach den Suchbildern ..., das müssen Heike Kanter und Roland May sein. Das Mädchen stützt den Jungen. Er hinkt. Und an der Hand hat sie ein kleines Mädchen, das einen Bademantel an hat.«

Pansa drehte sich in seinen Stuhl herum und rief ungläubig: »Das muss das Weinberg-Mädchen sein! Das ist doch …! Sie haben's wirklich geschafft!«

Kathrin hielt es nicht mehr aus und rief drängend in den Raum hinein: »Aber was ist mit Anna? Wo sind Anna und Patrick?«

Doch niemand konnte ihr Antwort geben. Auch das Funkgerät schwieg jetzt, der Pilot antwortete nicht einmal, als er von Pansa dazu aufgefordert wurde.

Mittlerweile standen alle dicht gedrängt um Pansa. Die Sendepause kam ihnen unerträglich lange vor.

Doch schließlich hörten sie wieder eine Stimme aus dem Funkgerät – ein zaghaftes: »Hallo?«

Kathrin beugte sich über Pansa hinweg, drückte einfach die Sendetaste, wie es der Kommissar getan hatte und rief: »Heike! Heike, bist Du's wirklich?«

»Frau Silvan? Ja, ich bin's. Der Pilot meinte, ich soll am besten gleich selbst ...«, dann stockte Heike, ihre Stimme wurde sicherer und sie fasste zusammen: »Also, das Wichtigste ist: Anna und Patrick leben und sind unverletzt«, Kathrin und Lars lagen sich in den Armen, »sagen Sie Ruppert Weinberg, auch die kleine Petunie ist gesund, und ihr geht's den Umständen entsprechend gut. Nur Roland hat eine Kugel im Bein. Aber er kann schon wieder Sprüche klopfen. Anna und Patrick haben Mayer abgelenkt. Wir wollten mit Petunie am Waldrand entlang zum Wagen, aber als der Hubschrauber gelandet ist, sind wir wieder zurück. Wie wir hier gelandet sind, können Sie später erfahren. Was Sie jetzt unbedingt wissen müssen: Mayer ist noch immer hinter Anna her. Sie hat uns ihre Fluchtroute gesagt, damit die Polizei Hilfe schicken kann: Ein kleines Stück westlich von hier verläuft eine Bahnlinie. Zu der wollten sich Anna und Patrick durchschlagen. Dann wollten sie den Gleisen in südliche Richtung folgen. Ach, noch was: Mayer ist zumindest leicht verletzt, hat Verbrennungen im Gesicht. Aber er ist auch bewaffnet. Mit einem Revolver und soweit wir erkennen konnten, auch mit Schwert und Morgenstern.«

*

Sie hatten sich jede erdenkliche Mühe gegeben, hatten auf kratzende Zweige und auf schmerzhafte Kollisionen mit Ästen keine Rücksicht genommen, und waren mit äußerstem Risiko durch das Unterholz gebrochen. Aber es nützte nichts: Nur zu Beginn ihrer wilden Flucht hatten sie ihren Vorsprung ein wenig ausbauen können, doch seither war er ganz langsam aber stetig geschrumpft. Das fühlte Anna mit jedem Schritt, den sie sich vorwärtskämpfte. Und ihr war klar: Selbst wenn es Heike und Roland schon gelungen sein sollte, Hilfe anzufordern, diese Hilfe würde niemals rechtzeitig eintreffen.

Nur zwei Schritte vor ihr jagte Patrick durch den Wald. Doch plötzlich brach er ins Freie – und war fast augenblicklich aus ihrem Gesichtsfeld verschwunden. Auch das Mädchen konnte nicht mehr abbremsen und trat unvermittelt ins Leere, stürzte, fiel einen knappen Meter tief und schlug sich auf einem steinigen Boden das rechte Knie auf. Links neben ihr hockte Patrick auf Knien und Händen und sah sich verwirrt um. Wenigstens war die Taschenlampe ganz geblieben, die neben ihm auf dem Boden gelandet war. In ihrem schwachen Lichtschein und mit Hilfe des Mondlichts konnten die Flüchtenden erkennen, dass sie endlich doch noch auf die Gleise gestoßen waren. Und zwar gerade an einer Stelle, an der sie einen größeren, bewaldeten Hügel durchschnitten. Die steinernen Begrenzungsmauern an den Seiten der Schneise, die sie hinuntergestürzt waren, stiegen im 45-Grad-Winkel auf eine Höhe von gut zweieinhalb Meter an und nahmen dann einen geraden Verlauf. Wo sie sich wieder absenkten, war von ihrer Position aus nicht zu erkennen. Wären sie ein paar Meter weiter links auf die Gleise gestoßen, ihr Sturz hätte böse enden können.

Aus dem Norden kam ein langsam anschwellendes, gleichmäßiges Rattern.

Anna sprang auf und keuchte: »Da kommt unser Zug!«

Patrick, der die Taschenlampe aufgelesen hatte und bereits wieder stand, fuhr Anna erschrocken an: »Bist Du verrückt? Das schaffen wir nicht!«

Anna meinte nur: »Ist unsere einzige Chance«, während sie mit dem Daumen hinter sich in den Wald deutete. Diese Erklärung genügte Patrick vollkommen. Beide sprangen über die Gleise, stemmten sich auf die zweite Einfassungsmauer und liefen, Anna voran, die Schräge hinauf. Als sie am Beginn der Geraden standen und sich umwandten, war der Zug fast heran. Die Lichter der Lok schienen auf sie zuzufliegen, und vielleicht hätten sie aufgegeben, wenn nicht in diesem Augenblick, an der gleichen Stelle wie sie, ein Mann aus dem Wald gebrochen wäre, der allerdings nicht stürzte, sondern mit einem weiten Satz auf den ersten Schienenstrang sprang. Anna wandte sich wieder nach vorne und begann zu rennen, was trotz Mondschein und Sternenpracht nicht einfach war. Rechts von der schmalen Steineinfassung gab es einen etwa ein Meter schmalen Wiesenstreifen mit ein paar Baumstümpfen, bevor der Wald wieder begann, links ging es in die Tiefe.

Anna mobilisierte ihre letzten Kraftreserven, warf sich geradezu nach vorne. Die E-Lok flitzte links an ihr vorbei, dann ein Güterwaggon, noch ein Güterwaggon, ein Lore-Wagen ..., als das Ende dieses Wagens an ihr vorbei rauschte, machte sie einen gewaltigen Hechtsprung nach links vorne, die Hände zu Krallen verkrümmt, um einen Halt zu erwischen, fand aber keinen, sondern glitschte mit dem ganzen Körper in etwas weiches, nachgiebiges, das unter ihr wegzurutschen schien, doch tatsächlich war sie es, die über diesen sonderbaren Untergrund schlitterte, an Tempo verlor, bis ihre Füße gegen ein unnachgiebiges Hindernis prallten. Der Stoß war zwar immer noch heftig, aber durchaus erträglich gewesen. Hinter ihr kam etwas angesaust, streifte ihren linken Arm und landete – rums! – neben ihr.

Mühsam wandte Anna ihren Kopf nach links, sah in Patricks erschöpftes Gesicht, dann schloss sie die Augen und rührte sich einfach nicht mehr. Ganz langsam schaltete ihr hämmerndes Herz wieder einen Gang zurück. Nach etwa zehn Minuten akzeptierte sie erfreut, dass sie nirgends größere Schmerzen hatte und ihre Knochen offenbar noch ganz waren. Sie öffnete wieder die Augen, schob ihren Kopf noch näher zu Patrick herüber und sah, dass er seine Augen noch geschlossen hatte und sich kein Muskel in seinem Gesicht regte.

Ihr Herz wollte schon wieder schneller hämmern, da bewegten sich Patricks Lippen: »Na, alles frisch?«

Laut genug, um das gleichmäßige Rattern des Zuges zu übertönen, antwortete sie: »Auf jeden Fall scheint noch alles da zu sein, wo es hingehört. Und wie sieht's bei dir aus?«

»Nun ja, ich wundere mich zwar, dass sich meine Lunge noch nicht verabschiedet hat und dass ich von dem Hämmern in meiner Brust noch nicht taub bin, aber sonst ... Wo sind wir hier eigentlich gelandet?«

»Dasselbe wollte ich dich gerade fragen.«

Bisher waren sie einfach platt auf dem Bauch, die Gesichter einander zugewandt, liegen geblieben, jetzt rappelten sie sich vorsichtig hoch.

Anna wollte wissen: »Was ist denn aus der Taschenlampe geworden?«

»Keine Ahnung, wo die abgeblieben ist. – Halt, ich hab' sie tatsächlich vor dem Sprint in die Hosentasche gesteckt. – Augenblick.«

Im Schein der kleinen Lampe erkannten sie, dass sie auf einer schwarzen Plastikplane saßen, die zur Mitte des offenen Wagens leicht anstieg. Was immer sich unter der Plane befand: Es war wirklich äußerst weich und nachgiebig. Und es füllte den großen Waggon nahezu aus. Etwa achtzig Zentimeter fehlten noch bis zu der leicht nach innen gewölbten Oberkante des Waggons. Patrick kroch in die Ecke des Wagens, hob einen Zipfel der schweren Plane an und rief: »Ein Hoch auf alle Tennisspieler dieser Welt! Weißt Du, was das ist? Eine Wagenladung feiner, roter Sand. Wir hätten's schlechter treffen können, wirklich, da hätte es ein paar tausend Möglichkeiten gegeben. Wenn hier zum Beispiel Kohle drin gewesen wäre, oder sogar ...«

»Sei bloß ruhig«, unterbrach ihn Anna, »ich mag' wirklich nicht daran denken.«

Dennoch sagte Patrick: »Es war schon ein Glück, dass wir überhaupt so einen offenen Waggon erwischt haben. Wären wir auf einem normalen Güterwagen gelandet, hätten wir uns bestimmt nicht auf dem Dach halten können.«

»Von wegen Glück! Mitgedacht hab' ich. Es ist bei Güterzügen halt in der Regel so üblich, dass immer einige Wagen der gleichen Art hintereinander kommen. Und als der erste von diesen komischen Waggons ohne Dach an mit vorbeigerauscht ist, da bin ich halt gesprungen.«

Wäre es heller gewesen, dann hätte Anna die Bewunderung in Patricks Blick besser sehen können, aber spüren konnte sie seine Bewunderung durchaus – mit Hilfe eines langen, langen Kusses. Und der Kuss hätte vermutlich noch länger gedauert, wenn Anna nicht plötzlich mit einem scharfen Atemzug den Kopf zurückgerissen hätte.

»Was hast Du?«, wollte Patrick erschrocken wissen.

Aufgeregt kam es zurück: »Ich spüre ihn nicht mehr! Die ganze Zeit schon! Er ist weg! Oh Patrick, er ist wirklich weg!«

»Na ja, selbst *er* dürfte kaum in der Lage sein, zu Fuß einem Zug zu folgen.«

»Aber er hätte es uns nachmachen können. Das Letzte, was ich von ihm gesehen habe, war, wie er noch vor dem Zug die Gleise überqueren wollte. Meinst Du, er ist ...?«

»Vom Zug erwischt worden? Wäre zu schön, um wahr zu sein. Aber dann hätte der Lokführer bestimmt eine Notbremsung hingelegt. Nein, er lebt noch, aber wir haben ihn wohl vorläufig abgeschüttelt.«

Anna kuschelte sich in Patricks Arme, flüsterte: »Und wir haben meine Schwester befreit, und ich bin ihm wieder entwischt. Wir haben ihn ganz schön an der Nase herumgeführt, was?« Doch da fuhr sie auch schon wieder zurück und verlangte: »Gib mir mal deinen Rucksack. Da haben wir doch auch ein paar von meinen Klamotten reingepackt.«

Überrascht fragte Patrick: »Willst Du dich *jetzt* umziehen?«

»Die Kleider sind von *ihm*, ich kann es wirklich nicht erwarten, die Dinger loszuwerden.«

Schon wenige Sekunden später warf Anna die Reste des Kleides über die Umrandung des Waggons und sah zu, wie der weiße Stoff in die Nacht davon flatterte. Es folgten die Satinunterwäsche und selbst die Sandalen. Nackt reckte sie sich in den Fahrtwind, genoss die kühle Luft auf der erhitzten Haut, holte plötzlich tief Luft und schrie wild in die Schwärze hinter ihr: *»DU KRIEGST UNS NICHT! WIR WERDEN DICH IMMER BESIEGEN! IMMER!«*

Dann spürte sie Patricks Hand auf ihrer Schulter, die sie mit ihrer Wange reibend begrüßte, und er meinte nachdenklich: »Eines würde mich interessieren.« – »Was?«

»In einem fahrenden Güterzug, auf einer Ladung roter Tenniserde – ob sich an so einem Ort schon jemals ein Paar geliebt hat?«

»Du meinst vor uns?«

*

»Ich verstehe das nicht! Ich versteh's einfach nicht!«

Es war schon das vierte Mal in dieser Stunde, dass Hauptkommissar Moritz Pansa einen solchen oder ähnlichen Satz unter Kopfschütteln zum Besten gegeben hatte. Und wie die vorigen Male, erklärte er gleich selbst, was er nicht verstehen konnte: »Wenn sie wirklich an den Gleisen entlang Richtung Süden geflohen sind, dann müssten wir sie längst entdeckt haben.«

Gleich nachdem er sich selbst noch eingehend mit Heike und dem Hubschrauberpiloten unterhalten hatte, war Pansa daran gegangen, eine groß angelegte Suchaktion zu starten. Natürlich konnte er sich in etwa ausrechnen, welche Strecke das junge Paar auf seiner Flucht zu Fuß zurückgelegt haben würde. Aber der Hubschrauber konnte an den Gleisen nichts entdecken. Und auch ein großes und immer noch anwachsendes Kontingent an Suchtrupps war bisher erfolglos geblieben.

Insgeheim befürchtete Pansa schon, dass der verrückte Killer doch noch erfolgreich gewesen war. Irgendwo auf der Strecke hatte er seine Opfer eingeholt, und irgendwann würde die traurige Botschaft kommen, dass man die Leichen von diesem Mädchen und ihrem Freund gefunden hatte, gut versteckt, in der Nähe der Gleise.

Schließlich, gegen zwei Uhr morgens, war es Kathrin Silvan gewesen, die ganz unvermittelt eine Eingebung hatte. Gerade, als Pansa wieder sein »Ich verstehe es nicht« losgelassen hatte, meldete sie sich erst nachdenklich, dann aufgeregt zu Wort: »Sagen Sie, wie ist das denn mit dieser Bahnstrecke? Kommen da oft Züge durch?«

»Nun ja«, antwortete Pansa, »soweit ich weiß ist die sola-la einigermaßen gut befahren. Warum fragen Sie? – Ach so! Nein, schlagen Sie sich das mal aus dem Kopf. Das ist heut nicht mehr so wie in den Wildwestfilmen. Die Züge sind viel zu schnell, als dass man auch nur annähernd sicher aufspringen könnte.«

Immer noch aufgeregt kämpfte Kathrin für ihre Idee: »Aber Sie selbst sagen doch, dass man unsere Kinder eigentlich schon gefunden haben müsste, wenn sie zu Fuß in die angegebene Richtung geflohen wären. Das lässt doch nur eine Möglichkeit zu: Sie sind schon viel weiter als Sie geglaubt haben, weil sie eben *nicht* zu Fuß unterwegs sind. Und da bei ihnen wohl kaum ein Linienbus angehalten hat ..., was bleibt da anderes übrig als ein Zug?«

Unwirsch erwiderte Pansa: »Nein, nein, absolut unwahrscheinlich.«

Kathrin ließ nicht locker: »Aber dass Sie Anna und Patrick noch nicht entdeckt haben, ist doch ebenfalls unwahrscheinlich. Welches ist also die unwahrscheinlichere Unwahrscheinlichkeit?! Ziehen Sie's doch wenigstens mal in Betracht, schaden kann das ja nichts.«

Pansa lenkte schließlich ein: »Also gut, mal sehen, was sich machen lässt.« Und Lars, absolut überzeugt, dass seine Frau recht hatte, bat ihn: »Könnten Sie mir ein Funkgerät zur Verfügung stellen? Ich werde mit meinem Mietwagen so gut es geht auf den Straßen der Gleislinie folgen. Wenn Sie dann etwas herausbekommen, bin ich wenigstens schon mal näher an Anna dran.«

»Nicht nötig«, warf Pauli dazwischen, »Ich hab' ja inzwischen meinen Dienstwagen aus Saarfurth hier. Der ist ohnehin mit Funk ausgestattet und hat drei Handsprechgeräte an Bord. Ich gebe Ihnen eins von diesen Dingern, dann werde ich mit Blaulicht losrasen, und Sie kleben sich einfach mit ihrem Wagen an mich dran.«

Überrascht fragte Pansa seinen Kollegen: »Wie? Sie auch? Ich meine, Sie glauben auch, dass es die beiden geschafft haben, auf einen fahrenden Zug zu springen?«

Pauli erinnerte Pansa: »Sie haben ja auch nicht daran geglaubt, dass es diese sonderbare Truppe schaffen würde, Petunie Weinberg zu befreien, und doch ist es ihnen geglückt. So ganz langsam traue ich diesem Mädel und ihrer Crew fast alles zu. Was mich allerdings beunruhigt: Auch von Edgar Mayer haben wir keine Spur gefunden. Muss dann nicht, was für Anna und Patrick gilt, auch für ihn zutreffen?«

*

Anna schreckte aus dem Schlaf hoch, befreite sich aus Patricks Armen, setzte sich auf. Etwas stimmte nicht.

Sie sah auf ihren Freund hinunter. Er schlief noch. Die Freude über ihren Sieg hatte die Erschöpfung durch den langen Tag nicht lange übertrumpfen können. Nachdem es zunächst die Liebe gewesen war, die sie einander in die Arme getrieben hatte, war es schon bald darauf die Müdigkeit, dann, noch schneller, der Schlaf gewesen. Sie hatten sich kaum noch lange genug wach halten können, um sich wieder anzuziehen, da waren sie auch schon eingeschlafen, durch ihre Umarmungen angenehm beruhigt, in der Sicherheit, *ihn* abgeschüttelt zu haben ...

... aber sie hatten sich geirrt, denn jetzt wusste Anna, was sie geweckt hatte: *Er* war hier – irgendwo da hinten auf dem Zug.

Im ersten Augenblick waren es nur seltsame, unklare Bruchstücke seiner Präsenz gewesen, die Anna spürte, und sie hatte geglaubt, das würde daran liegen, dass er noch nicht allzu nahe herangekommen war. Doch dann setzten sich die Bruchstücke zusammen und wurden Schritt für Schritt zu der Idee des Bösen, die Anna inzwischen nur zu gut kannte. Nein, das war keine Annäherung aus der Ferne, das war etwas anderes. Immer stärker gewann Anna den sonderbaren Eindruck, dass *er* in diesem Moment neu entstand, ja auf eine seltsame, verdrehte Weise neu geboren wurde.

Wie war das möglich? Anna fröstelte. Hatten sie irgendetwas verpasst, während sie geschlafen hatten? Vielleicht schon, während sie sich geliebt hatten? Wie lange hatten sie überhaupt geschlafen? Es durfte einfach nicht wahr sein, dass er ihnen schon wieder an den Fersen klebte! Sie tastete nach ihrer Armbanduhr. War es ihm doch noch gelungen, aufzuspringen? Dann fiel ihr ein, dass die Uhr wohl noch immer in dem Plastiksack im Wald hinter der umgestürzten Eiche lag. Aber wenn er den Zug erwischt hatte, wieso nahm er dann jetzt erst Gestalt an? Ob sie ihre Uhr wohl jemals wiederbekommen würde? Sie konnte sich den Vorgang nicht erklären, war so durcheinander, dass die Verwirrung sogar einige Augenblicke die Angst überwog. Doch dann schüttelte sie die Verwirrung ab und vergaß ihre Uhr. Denn wie auch immer er es geschafft hatte: Er *war* hier. Also mussten sie weiterkämpfen.

Anna weckte Patrick.

*

Kein Wunder, dass Anna nicht ahnen konnte, wie der Mann mit Max Klingers Herz dieses plötzliche Auftauchen zustande gebracht hatte, denn noch nicht einmal er selbst war sich im klaren darüber gewesen, dass er seine Opfer an der Nase herumgeführt hatte: Er war bewusstlos gewesen.

Hass hat kein Bewusstsein. Hass ist ein Gefühl, kann aber selbst nichts fühlen. Falls die Schwärze in ihm irgendeines Gefühls mächtig gewesen wäre, sicher hätte sie sich geärgert, dass ein Teil ihrer selbst durch die Bewusstlosigkeit von Edgar Mayer lahmgelegt worden war, dass sie nicht diesen scheußlichen, im Augenblick so nutzlosen Körper dazu bringen konnte, alle Reste menschlicher Anfälligkeiten und Bedürfnisse zu ignorieren. Doch noch war in diesem Körper zu viel von einer Sache, die selbst die Schwärze nicht völlig unter Kontrolle bringen konnte: Leben.

Edgar Mayer hatte es unter Einsatz dieses Lebens im allerletzten Moment geschafft, vor dem herannahenden Zug über die zweite Gleislinie zu hechten. Der Lokführer hatte davon nicht einmal etwas bemerkt, weil er gerade angestrengt durch das rechte Seitenfenster nach oben starrte. Denn einen Moment lang war er nahezu überzeugt gewesen, dass da oben, auf der steinernen Einfassungsmauer, zwei Gestalten gelaufen waren.

Auch Mayer hatte sich auf die Einfassungsmauer geschwungen und war die Schräge hinauf gestürmt. Er hatte sich einen winzigen Augenblick genommen, um sich zu orientieren und nach den Opfern zu spüren, als der Zug schon fast vorbei war. Dann, mit drei kurzen Anlaufsprüngen, hatte er sich auf den nächstbesten Waggon geworfen.

Doch sein Sprung war weit weniger glimpflich verlaufen als der seiner Opfer. Er hatte den vorletzten Wagen erwischt, oder besser: Der vorletzte Waggon hatte ihn erwischt. Es war ein flacher Wagen, der mehrere VW-Transporter geladen hatte. Mayer war auf dem Dach eines solchen Transporters gelandet, hatte dabei das Blech eingedrückt, was seinen Aufprall dämpfte, aber er hatte sich nirgends festhalten können. Der Volkswagen war unter ihm durchgeflutscht, und er war, sich leicht drehend, in die Lücke zwischen diesem und dem nachfolgenden Transporter gestürzt. Zunächst hatte ihn die Windschutzscheibe des zweiten Fahrzeugs unsanft gebremst, dann war er endgültig heruntergekracht. Als er mit dem Kopf heftig auf den Boden des Eisenbahnwagens aufgeschlagen war, hatte ihn augenblicklich eine tiefe Bewusstlosigkeit umfangen.

*

Bruchstücke eines Gesichts. Das Gesicht des Mädchens. Feuer. Ein zappelnder Sack, der über die Kante eines Bootes gestoßen wird. Schmerz. Hände, die schlagen und töten. Schmerz. Seine Hände. Das Gesicht des Mädchens. Allein. Schmerz. Schmerz. Allein. Ein Ziel. Ein Lebensziel. Das Gesicht des Mädchens. Verdammte Schmerzen.

Der frühe Morgen dämmerte. Ächzend und stöhnend, langsam, erlangte das Monster sein Bewusstsein. Mayer wusste nicht, wie lange er hier niedergestreckt gelegen hatte, aber eines wusste er: Er war am Ball geblieben. Noch bevor er richtig bei Besinnung war, spürte er ihren Schock, ihre Erkenntnis, dass er noch da war. Seine Ohnmacht hatte ihn getarnt. Irgendwo da vorne war sie noch. Wartete auf ihn.

Er fuhr sich mit der Hand über den brummenden Schädel, tastete über sein Gesicht, fühlte verkrustetes Blut, das zum Teil die Brandwunden überlagerte, den Sauerstoff abhielt und den Schmerz des Feuers linderte.

Aber sein linkes Bein brannte wie Feuer. Er tastete, fühlte den langen Riss in der Hose, spürte das Blut auf der Außenseite seines Oberschenkels. Das Schwert. Den Morgenstern hatte er rechts, das Schwert links hinter seinen Gürtel geklemmt gehabt. Und da waren sie auch noch. Aber bei seinem Sturz hatte ihn das Schwert geschnitten. Nicht gefährlich, nur schmerzhaft. Er riss das Hosenbein ganz ab und wickelte es als provisorischen Verband um sein Bein. Langsam rappelte er sich hoch, lockerte seine verspannten Muskeln. Schließlich musste er vorsichtig sein, wenn er über die Wagen nach vorne kletterte. Seinem Rendezvous entgegen.

*

Das erste Licht des Morgens. Ein langer Güterzug arbeitete sich durch die Alpen. Ein Mörder kämpfte sich, gegen den heftigen Fahrtwind, von Waggon zu Waggon weiter nach vorne. Zwei junge, verängstigte, entschlossene Menschen kamen ihm entgegen.

Nach den offenen Waggons setzte sich der Zug aus herkömmlichen Güterwaggons zusammen, dann kamen vier Tankwagen, denen sich wieder einfache Güterwaggons anschlossen, zum Schluss gefolgt von ein paar flachen Wagen.

Das Ziel von Anna und Patrick waren die vier Tankwagen, etwa in der Mitte des Zuges. Sollten sie unterwegs die Möglichkeit haben, mit einigermaßen geringem Risiko abzuspringen, dann würden sie es wagen. Wenn nicht, dann boten nur diese Tankwaggons die Möglichkeit, ihm auszuweichen. Es waren praktisch nichts weiter als riesige, liegende stählerne Tonnen mit konkaven Enden. Allerdings verliefen um diese Tonnen herum je ein schmaler Laufsteg aus Aluminiumrosten, die durch ein einfaches Eisenstangengeländer gesichert waren. An den konkaven Enden führten gebogene Aluminiumleitern auf die Oberseiten der liegenden Tonnen, auf deren Scheitel ebenfalls Gitter-Laufstege montiert waren, damit man zu den beiden großen Klappen auf der Oberseite gelangen konnte.

Auf Annas Bitte hin hatte Patrick seinen Rucksack nun endgültig zurückgelassen, um beim Klettern nicht unnötig behindert zu sein. Lediglich das kleine Erste-Hilfe-Täschchen hatte er an seinem Gürtel befestigt. Dann waren sie unverzüglich aufgebrochen, bewaffnet nur mit einem in aller Eile improvisierten Plan.

Noch drei nach oben offene Lore-Waggons folgten nach ihrem sonderbaren Schlafwagen, alle drei mit Kohle beladen. Das piekte zwar, wenn man auf so einen Kohlehügel sprang, aber es war erträglich. Allerdings wurden Knie, Hände und Kleidung schnell von einer guten Portion schwarzen Kohlestaubs überzogen. Anna trug nun wieder ihre abgeschnittenen Jeans und – wohl zum letzten Mal – ihr Masupilami-T-Shirt. Besonders froh war sie, dass sie auch ein altes Paar einfache Turnschuhe in Patricks Rucksack gepackt hatte, denn die flachen, glatten Sohlen der Sandalen, die sie von *ihm* bekommen hatte, wären alles andere als geeignet gewesen, über einen fahrenden Zug zu laufen.

An das Rattern und Rütteln des Zuges hatten sie sich inzwischen gewöhnt. Der Zug fuhr jetzt auch etwas langsamer, da die Strecke nun ununterbrochen mit einer ordentlichen Steigung bergauf führte und auch um einiges kurvenreicher geworden war. Zu beiden Seiten wanderten, immer noch schnell, Wiesen und Wälder vorbei, immer häufiger unterbrochen von nackten Felsen. Der Horizont wurde von den Massiven der Alpen verdeckt, doch Anna und Patrick hatten im Augenblick keinen Sinn für diese grandiose Aussicht. Vorsichtig kletterten sie über die kleinen Kohlehügel bis ans Ende des Waggons, atmeten tief durch und stießen sich dann von der eisernen Umrandung ab, um mit einem großen Satz auf dem Kohlehaufen im nächsten Wagen zu landen. Es kam ihnen dabei zugute, dass sie gegen die Fahrtrichtung springen konnten und ein kleines Gefälle zu ihren Gunsten hatten. Als sie am Ende des letzten Kohlewaggons standen, wurde es schwieriger. Denn nun folgten herkömmliche Güterwaggons mit leicht gewölbten Dächern.

Anna sprang zuerst. Bei ihrer Landung ließ sie sich gleich auf Knie und Bauch fallen, um so, mit seitlich ausgestreckten Armen, besseren Halt zu finden. Dann kroch sie vorsichtig ein Stückchen auf diesem zitternden und wackelnden Untergrund weiter und wartete auf Patrick, der wenige Augenblicke später keuchend neben ihr lag.

Anna wandte ihm ihr Gesicht zu und schnaufte: »So wird es gehen. Immer schön vorsichtig weiterrutschen. Kein unnötiges Risiko eingehen.«

Patrick nahm den Kopf hoch und schaute zum Zugende. Plötzlich verkrampfen sich seine Schultern und er antwortete: »Nein. Ich befürchte, so geht es nicht.«

Anna blickte in dieselbe Richtung. Der Zug fuhr eine leichte Kurve über ein Wiesengelände. Und da hinten, ganz am Ende des letzten der herkömmlichen Waggons, stand ein Mann. Tatsächlich: Er stand. Er stand auf dem Dach, mit leicht ausgebreiteten Armen gegen den Fahrtwind gelehnt. Und Anna war sich sicher, obwohl sie es über diese Entfernung nicht genau sehen konnte: Er starrte in ihre Richtung, so wie sie zu ihm hinüber starrten. Und dann, statt sich vorsichtig nach vorne zu tasten, wie es die Vernunft befahl, begann der Mann zu rennen, rannte, rannte über den ganzen Waggon und sprang, ohne auch nur einen Moment innezuhalten, auf das Dach des nächsten Wagens, stolperte, schwankte und rannte weiter.

Anna stieß einen wütenden, anschwellenden, drei Sekunden langen Schrei aus, dann sprang sie auf und rannte ihm entgegen. Patrick konnte es nicht fassen. Er folgte.

Es war Wahnsinn in höchster Vollendung. Das Leben wurde zu einem schmalen, schlingernden, beweglichen Band, zu Schritten und Sprüngen über den Tod. Jeder zurückgelegte Meter existierte nicht mehr. Die Welt zu beiden Seiten des Zuges gab es nicht. Nichts zählte, nicht das Leben, nicht der Tod, nicht das Warum, nur die nächsten Meter auf diesem gebogenen Band, auf dem die Füße halt finden mussten.

Dann, nach einer Ewigkeit, das Herz am Zerspringen: etwas Neues im Blickfeld. Ein Tank-Waggon und eine schmale Leiter tauchen vor Anna auf. Wieder ein Sprung. Gebremst. In die Lücke. Die Füße finden Halt auf einer Sprosse, die Hände krallen sich um die schmalen Eisenstangen, das Geländer zu beiden Seiten der Leiter. Von hinten: Ein Schrei. Etwas stößt heftig in Annas Rücken, rutscht, klammert sich schmerzhaft an ihre Schultern. Doch schließlich ist die Last verschwunden. Anna blickt über ihre rechte Schulter nach unten: Da steht Patrick auf dem Gitterrost, der den großen Tankbehälter umläuft, hält sich an der Geländerstange fest und spuckt die letzten Reste seines Mageninhalts auf die unter ihm vorbeizischenden Gleise.

Anna stieg noch ein paar Stufen hinauf, ließ ihren Oberkörper deutlich sichtbar über den Wagen hinausragen. Gerade sprang das Monster auf den oberen Gitterrost des übernächsten Tankwagens. Er blickte auf, sah das Mädchen und verlangsamte sein Tempo. Er brauchte nicht mehr rennen. Er hatte es nicht verhindern können, dass Anna die Tankwagen erreichte.

Sie warf einen Blick zurück. Patrick hatte sich wieder recht und schlecht gefangen und sah mit blassem Gesicht zu ihr auf. Kurz nickten sie sich zu, dann stieg Anna auf den Wagen hinauf und balancierte vorsichtig bis an dessen Ende. Auch Mayer setzte seinen Weg fort. Und gleichzeitig sprangen die ungleichen Gegner auf den nächsten Wagen. Was natürlich zur Folge hatte, dass sie sich jetzt auf demselben Waggon gegenüber standen. – Beide blieben gebückt, ausbalancierend, stehen und sahen sich an. Nur noch die Wagenlänge trennte das Mädchen und den Mörder. Als wollte sie nach ihm greifen, streckte Anna langsam die rechte Hand aus. Dann drehte sie die Handfläche nach oben und ballte die Finger zur Faust, nur der gestreckte Mittelfinger ragte deutlich sichtbar hervor.

Mayer hob langsam die Fingerspitzen seiner rechten Hand an die Lippen, kippte die Hand nach vorne und pustete Anna einen Kuss zu. Dann setzte er sich in Bewegung.

Anna kletterte ihre Leiter eilig wieder hinunter, sah noch, dass Mayer seinerseits umdrehte, um auf seiner Seite ebenfalls auf den umlaufenden Gitterrost hinabzusteigen. Dass er oben blieb, um ihr einfach durch einen Sprung auf das untere Laufgitter den Weg abzuschneiden, war durch die ausgeprägte Wölbung des Tanks nicht möglich.

Anna ging nach links, sah den Tank entlang, sah ihn nicht, spürte aber, dass er näher kam. Also musste er sich über das Gitterrost auf der anderen Seite nähern. Anna setzte sich auf ihrer Seite in Bewegung.

*

Mayer war äußerst vorsichtig. Denn natürlich war ihm aufgefallen, dass er zuletzt nur noch dieses wunderbare, verhasste Geschöpf gesehen hatte, das er vernichten musste. Aber diesen Jungen hatte er doch auch über den Zug hetzen sehen. Doch wo war dieser Wicht geblieben, der all die Jahre sein Sohn gewesen war? Den Gefallen, vom Zug zu stürzen, hatte der ihm sicher nicht getan. Mayer würde höllisch aufpassen bei der Jagd auf das Mädchen. Sicher würde der kleine Scheißer versuchen, in seinen Rücken zu gelangen, während er sich auf sein Opfer konzentrierte. Wahrscheinlich wollte der Junge einen verzweifelten Angriff starten, um ihn vom Zug zu stoßen. Bitteschön! Mayer hatte nichts gegen diesen Versuch einzuwenden, denn natürlich konnte der kleine Mistkäfer damit niemals Erfolg haben, und Mayer würde ihn endlich loswerden – für immer.

Und er begann, Anna um den Tankwagen zu jagen.

*

Als Anna das andere Ende des Wagens erreichte, hörte sie von oben ein Geräusch.

Patrick kam hastig ein paar Stufen die Leiter herunter, drehte sich herum, setzte einen Fuß auf die Stange des Geländers und schnellte sich über die Lücke zwischen den Waggons hinweg zu der Leiter des nächsten Tankwagens, kletterte hinauf, um eilig kriechend und krabbelnd wieder aus Annas Blickfeld zu verschwinden. Anna sah um die

Ecke ihres Tanks, sah Mayer näher kommen und machte sich schleunigst auf der anderen Seite wieder davon.

Wahrscheinlich wollte er das Spiel so lange fortsetzen, bis sie keine Puste mehr hätte. Aber sie hatte anderes vor.

Runde um Runde umkreisten das Mädchen und ihr Jäger den großen Tank, nie änderte Mayer die Richtung. Aber dann, als Anna, nach langen Minuten, vom Ende des Zuges einen Schrei herüberwehen hörte, war sie es, die einen neuen Weg einschlug. Sie wechselte auf den dritten, dann auf den vierten Tankwagen, kletterte die Leiter an dessen Ende hinauf und sprang schließlich auf das Dach des nächsten Güterwaggons.

Mayer war überrascht. Was hatte das Biest bloß vor? Nun konnte sie ihm doch nicht mehr ausweichen? War da vorhin nicht so etwas wie ein Ruf in der Luft gewesen? Wahrscheinlich lauerte irgendwo, zwischen zwei Waggons, der Junge, um ihm mit irgendeiner Stange ein Bein zu stellen, während er dem Mädchen folgte. Zügig setzte Mayer seinem Opfer nach, ließ sich aber vor jedem Sprung einen Moment Zeit, um den Zwischenraum zum nächsten Wagen zu überprüfen. So musste Anna wenigstens nicht in der wahnwitzigen Geschwindigkeit über den Zug rennen, wie bei ihrem Wettlauf zu den Tankwagen.

Schließlich stand sie auf dem letzten hohen Güterwaggon. Es folgten drei flache Wagen, die VW-Transporter geladen hatten. Dann, ganz am Ende des Zugs, kam noch ein letzter flacher Wagen, dessen Last aus einem zerlegten Baukran bestand.

Der Wechsel auf den ersten dieser flachen Wagen war schwierig. Anna wusste, dass sie nicht mehr viel Kraft übrig hatte, deswegen wollte sie lieber keinen Sprung in die Tiefe riskieren. Sie drehte sich herum und ging in die Knie. Der Mörder sprang gerade auf den Wagen hinter ihr. Vorsichtig ließ sich Anna über den Rand des Daches rutschen, hing schließlich an den ausgestreckten Armen, baumelte, tastete mit den Füßen nach dem winzigen Vorsprung über der Anhängerkupplung. Fand ihn, fand mit den Fingern der linken Hand eine Spalte zwischen den Planken der Waggonwand, drehte sich auf einem Fuß halb herum. Nun stand sie sogar etwas unter dem Bodenniveau des flachen Wagens, der noch dazu eine etwa achtzig Zentimeter hohe Umrandung hatte. Also lieber wieder kein Sprung. Anna warf sich vollends herum, klammerte sich an die stählerne Umrandung des nächsten Wagens, zog erst das linke, dann das rechte Bein über die Stahlkante und plumpste schließlich in den kleinen Zwischenraum zwischen Wagenwand und dem ersten VW-Transporter. Wie gerne wäre sie einen Moment liegen geblieben. Doch diesen Luxus konnte sie sich nicht erlauben. Also hoch und weiter.

Zwischen den aufgereihten VW-Transportern und den niedrigen Umrandungen der Eisenbahnwagen blieben zu den Seiten hin noch 50 Zentimeter Platz. Genug Raum zum Laufen.

Anna wusste: Auf dem letzten Wagen wartete Patrick auf ihren Schrei. Sein Ruf war für sie das Zeichen gewesen, dass er die Kupplung des letzten Wagens fast ganz gelöst hatte. Und wenn er ihren Schrei hörte, dann würde er den Wagen endgültig abkoppeln. Um ihren Verfolger loszuwerden, musste sie es dann nur noch schaffen, über die größer werdende Lücke auf den letzten Wagen zu springen. Nichts weiter. Bis dorthin war der Weg relativ einfach.

Schließlich, nach einem erneuten Satz von einer Umrandung, stand Anna auf dem vorletzten Wagen. Als sie nach vorne sah, konnte sie erkennen, dass Patrick es ihr so einfach wie möglich gemacht hatte. Es war im gelungen, die niedrigen Begrenzungswände am Ende dieses und am Anfang des nächsten Wagens herunterzuklappen. Aber wann sollte sie schreien? Ihm das Zeichen geben, den Wagen zu lösen?

Anna sah sich um, war sich dadurch zwar noch immer nicht sicher, wann sie rufen sollten, wusste aber: Sie musste rennen. Nur noch eine halbe Wagenlänge trennte den Mörder von ihr, und er kam schnell näher.

Anna blickte wieder nach vorne, riss mit einem kurzen Atemzug Luft in die Lunge, pustete sie in einem scharfen Stoß wieder aus, lief locker an, stieß, knapp nach der Mitte des Wagens, einen kurzen, scharfen Schrei aus, wurde schneller, den Blick auf das Ende des Wagens gerichtet.

Leichtathletik. Der nachfolgende Wagen wurde langsamer. Die Sportstunden in der Schule. Das Gefälle! Sie hatte das Gefälle nicht berücksichtigt, der letzte Wagen blieb schneller zurück als erwartet, der Abstand betrug schon fast zwei Meter. Weitsprung. Die letzten Schritte: Rennen, die Muskeln zu Maschinen machen. Schon fast drei Meter! Sie war nicht schlecht, im Schulsport, aber *vier* Meter!!! – Um Gottes Willen! Der weiße Absprungbalken/das Ende des Eisenbahnwagens, knapp, sehr knapp, aber nicht übergetreten, Schultern leicht nach hinten, Brust raus, das rechte Bein: Die Muskeln explodieren, sprengen den Körper nach vorne. Auf dem Sportplatz: Noch ein letzter Laufschritt in der Luft. Über rasende Bahnschwellen. Beine nach vorne drücken, Oberkörper und Arme vorwerfen. Wo ist die Sandgrube? Metall unter Zehen und Fußballen. Hart. In die Hocke federn und nach vorne werfen, nur nicht das Gleichgewicht verlieren, nur nicht zurückfallen. Anna ruderte mit den Armen – zu knapp! Sie verlor die Balance, kippte zurück, wurde am Handgelenk gepackt, nach vorne gerissen. Sie prallte mit den Lippen auf etwas Hartes, stürzte, fiel auf etwas Weiches, das einen leisen Schmerzensschrei ausstieß.

Dann hörte sie einen lauten Schrei. Von hinten. Sie hob den Kopf, sah zurück, sah den Mörder. Wie hatte er es geschafft, seinen Lauf abzubremsen? Er stand am Ende des Zuges, hatte Gesicht und Fäuste zum Himmel gereckt und schrie seine Wut hinaus. Aber er entfernte sich immer schneller und verschwand schließlich – der Zug durchfuhr eine langgestreckte Kurve – hinter einer Felsnase.

Anna wandte wieder ihren Kopf, sah ihrem Ruhekissen ins Gesicht, und während ihr Schweißperlen von der Stirn tropften fragte sie heißer: »Wie geht's?«

Patrick hielt sich die Nase und antwortete mit entsprechend verstümmelter Stimme: »Ng... Weiß nicht. Hättest mir nicht in die Nase beißen müssen.«

»Selbst dran schuld! Wenn Du mir auch fast den Arm von der Schulter reißt!«

Dann registrierte sie den Geschmack von Blut, fuhr mit der Zungenspitze über ihre Oberlippe und spürte die Schwellung auf der linken Seite, dort, wo sie gegen Patricks Nasenbein gestoßen war. Aber schlimm war es nicht.

Nun nahm Patrick die Hand von der Nase – Anna konnte jetzt eine kleine, rote Einkerbung auf dem Nasenrücken erkennen – und bat: »Könntest Du aufstehen? Ich liege ziemlich beschissen und irgendwas drückt mir ins Kreuz. Und mit so einem nassen Sack auf mir wird's auch nicht besser.«

Anna wollte sich aufrichten, aber es klappte nicht. Sie zitterte zu sehr. Also wälzte sie sich nur zur Seite, was Patricks Kehle ein scharfes Zischen entlockte, und blieb einfach liegen, wo sie war. Patrick drehte sich zu ihr herum, strich mit den Fingern durch das fast rote Haar und beteuerte erleichtert: »Auch wenn die bei Olympia weiter springen: Für mich hast Du alle Goldmedaillen der Welt verdient.«

Dann zog er Anna an sich, um sie in seinen Armen wieder ein wenig Atem schöpfen zu lassen. Doch es wäre besser gewesen, sie hätten sich diese Erholung nicht gegönnt.

Plötzlich schreckte Patrick hoch.

»Was denn jetzt schon wieder?«, maulte Anna.

Aber dann merkte sie es auch: Der Wagen rollte rückwärts. Zunächst war er schnell langsamer geworden, dann langsam schneller – in die andere Richtung. Ein paar Sekunden hätten sie gehabt, um sorglos abspringen zu können und noch ein paar, um einen riskanten Sprung zu wagen. Doch nun rollte ihr Wagen rückwärts die Alpen-Ausläufer hinunter – und das Tempo erhöhte sich weiter. Das wäre vielleicht alles noch nicht so schlimm gewesen, doch es war ganz eindeutig die *falsche* Richtung auf diesem Gleis. Denn eins war sicher: Ihr führerloses Gefährt war bestimmt nicht alleine unterwegs. Irgendwo hinter ihnen kam der nächste Zug auf dieser Strecke. Und irgendwo auf dieser Strecke lag der Punkt, wo sich ihr Wagen und die nachfolgende Lok zwangsläufig treffen mussten – wenn sie nicht schon vorher aus einer Kurve flogen.

*

Jeremias Krumm war seit fast genau zwanzig Jahre Hubschrauberpilot im Dienst der Polizei. In diesen zwanzig Jahren hatte er schon einiges zu sehen bekommen, einmal sogar ein Sportflugzeug, das auf der Autobahn notgelandet war und dabei einen Schweinetransporter gerammt hatte. Ernst »Flying Erny« Lordsburg war zwar erst seit acht Jahren dabei, aber auch er, in seiner Freizeit begeisterter Kunstflieger, hatte nicht gerade ein ereignisloses Leben hinter sich. Und so waren sich sowohl Jeremias Krumm als auch Flying Erny ziemlich sicher, dass sie nichts mehr überraschen konnte. So kann man sich täuschen.

Hauptkommissar Pansa hatte einen Hubschrauber ausgesandt, der den Gleisen folgen sollte, um zu überprüfen, ob sich Frau Silvan an einen Strohalm klammerte oder ob sie vielleicht doch nicht falsch gelegen hatte mit ihrer Idee, dass ihre Tochter wahnwitzig genug war, auf einen fahrenden Zug aufzuspringen.

Krumm und Lordsburg hatten sich über Funk durchgeben lassen, welche Züge in Frage kommen würden. Genaugenommen waren es nur zwei. Den Personenzug hatten sie bereits überflogen. Sie hatten sich seiner Geschwindigkeit angepasst und Lordsburg hatte sogar einige Zeit mit dem Fernglas hinunter gespäht. Doch niemand klebte auf dem Dach eines Waggons, und sie waren weiter geflogen.

Allerdings hatten sie etwas an Höhe gewinnen müssen, denn das Gelände war steiler, schwieriger geworden und immer mehr Bäume und Wäldchen hatten sich den Gleisen genähert. Nur einmal noch hatten die beiden Gleise durch eine größere, etwas flachere Wiese geführt, auf der ein einsames Gleis von rechts in die Haupttrasse eingemündet war.

Gerade noch hatte Lordsburg gesagt: »Jetzt müssten wir den Güterzug doch eigentlich gleich eingeholt haben.« Aber sie fanden nur einen Teil des Zuges. Und der kam ihnen entgegen.

Vor lauter Verblüffung war Jeremias Krumm für einen winzigen Moment einfach den Schienen weiter gefolgt und hatte nur über seine Schultern nach hinten geblickt, als könne er durch den Hubschrauber hindurch immer noch das sehen, was er gerade gesehen hatte: Ein flacher Eisenbahnwagen, mit irgendwelchem schweren Gerät beladen, der führerlos unter ihm durchgeflitzt war. Und auf diesem Wagen hatten ein Junge und ein Mädchen gestanden und ihnen heftig zugewunken. Der Pilot riss den Hubschrauber hoch und herum und raste dem Wagen hinterher.

Flying Erny sagte: »Der Personenzug!«

Als sie den einsamen Wagen schnell wieder erreicht hatten, hielten sie gar nicht erst an, sondern arbeiteten sich so schnell wie möglich weiter die Schienen hinunter.

Krumm sagte rau: »Hoffentlich kapiert der Lokführer, dass er halten muss!«

»Dann knallen sie immer noch in den Zug hinein. – He!«

Krumm hatte den Hubschrauber in einer wilden Schleife nach links, nach hinten und nach unten gerissen. Lordsburg erkannte, worauf sein Kollege hinauswollte und schnallte sich los. Sie hatten die einsame Schiene erreicht, die hier in die Haupttrasse einbog.

Der Hubschrauber schwebte siebzig Zentimeter über dem Boden, Flying Erny sprang heraus und stand direkt neben dem Weichenhebel. Noch bevor seine Füße richtigen Halt gefunden hatten, war Jeremias schon wieder abgedreht, den Schienenstrang hinunter. Sein Weg war nicht weit.

Die beiden Hubschrauberpiloten führten ein recht bewegtes Leben. Lokführer Hubert Lust konnte das keineswegs von sich behaupten. Keine notgelandeten Flugzeuge, keine Schweinetransporter, keine Unfälle, keine Kunstflüge. Und der pausbäckige, ein wenig untersetzte junge Mann vermisste solche Aufregungen auch nicht. Ihm war schon ein leichter Schweißfilm auf die Stirn getreten, als vorhin dieser Hubschrauber für seinen Geschmack viel zu nah über seine E-Lok gebraust war. Doch tatsächlich war das gar nicht so nahe gewesen. Es ging viel näher. *Viel* näher.

Aus heiterem Himmel kam dieser Hubschrauber plötzlich wie ein Raubvogel auf ihn zugestürzt. Nicht auf den Zug, sondern auf *ihn*, den Lokführer. Lust war überzeugt, dass die Kufen dieser Höllenmaschine direkt auf seine Führerkabine zielten. Er war so entsetzt, dass er zwar Augen und Mund weit aufriss, aber keinen Schrei zustande brachte. Im allerletzten Moment wurde der Hubschrauber zurückgerissen, ging dabei zwei Meter in die Höhe, tauchte aber augenblicklich wieder vor der Lok auf und – ja Himmel, war der Pilot denn vollkommen Wahnsinnig? – Er flog jetzt rückwärts vor dem Zug her! Kaum zwei Meter Luftlinie lagen noch zwischen dem Lokführer und dem Piloten in seiner gewölbten Kanzel. Hubert Lust konnte direkt in das Gesicht dieses durchgeknallten Idioten sehen. Warum griff dieser

Irre eigentlich dauernd mit der linken Hand in die Luft und tat so, als würde er irgendwo dran ziehen? Meinte der vielleicht ...? Der Lokführer klappte den Mund zu und zog mit aller Kraft die Bremse.

Schreiend rutschte der Zug über die Schienen, der Hubschrauber entschwebte nach oben, der Zug wurde langsamer. Der Lockführer fragte sich ängstlich, was für ein Durcheinander nun hinten, bei den Fahrgästen herrschen musste. Während der Zug noch weiter über die Gleise schlierte, schickte Lust ein Stoßgebet zum Himmel, dass er das Richtige getan hatte. Doch dann war er überzeugt, gar keine Chance gehabt zu haben, etwas richtig zu tun. Denn da kam schon wieder etwas auf ihn zugerast! Diesmal war seine Reaktion besser. Diesmal schrie er tatsächlich.

*

Lordsburg hatte Schiss gehabt: Es hätte bloß noch gefehlt, dass sich das verflixte Ding nicht bewegen ließ! Doch nichts dergleichen geschah. Schnell hatte er seine Dienstwaffe gezogen und mit einem einzigen Schuss das alte Sicherungsschloss der Handweiche weggeschossen. Mit nur etwas Kraftaufwand war es dem Kopiloten dann gelungen, die Weiche umzustellen. Der herabsausende Wagen würde nun nach links von der Hauptstrecke abbiegen, immer vorausgesetzt, Jeremias würde es gelingen, den Personenzug zu stoppen. Und der rasende Waggon würde nicht aus den Schienen springen. Lordsburg trat einige Schritte zurück, um sein Werk zu begutachten. Der Radius war verdammt eng. Der herabsausende Wagen verdammt schnell. Konnte er die Kurve packen? Lordsburg würde es gleich wissen.

Ein gutes Stück über ihm schwebte plötzlich wieder der Hubschrauber. Dann, winselnd, langsam, laangsaaam, schob sich der Zug bergaufwärts, kam der Weiche immer näher.

»Halt verdammt noch mal an!«, schrie Lordsburg dem Zug entgegen und streckte beschwörend seine verkrampften Hände vor, als ob es etwas helfen könnte. Dann fuhr er herum, weil er, durch das Zischen des Zuges und das Knattern des Hubschraubers hindurch, von der anderen Seite ein stählern surrendes, schnell lauter werdendes Geräusch hörte. Der Wagen kam. Oh verdammt! War der schnell! Lordsburg konnte die jungen Leute gar nicht erkennen, die hatten sich wohl auf den Boden gelegt. – Der Wagen war heran, raste über die Weiche in die Kurve ... das schaffte der nie! ... Da! Lordsburg sah deutlich, wie sich die Räder von der linken Schiene mit dem engeren Kurvenradius hoben, sich noch ein Stück hoben, noch ein Stück ..., auf gleichbleibender Höhe schwebten und scheppernd wieder herunterkrachten. Der Wagen war durch die Kurve, entschwand über die Wiese, die in diese Richtung kaum Gefälle hatte. Was war eigentlich aus dem Zug geworden? Lordsburg wandte sich der Lok zu. Sie stand. Der aus seiner Sicht linke Stoßfänger, neben der Kupplung war ein klein wenig verbogen und stark zerkratzt. Das war Lordsburg vorhin gar nicht aufgefallen.

*

Als der Hubschrauber ein zweites Mal über sie hinweg brauste, waren Anna und Patrick überzeugt gewesen, dass die beiden Piloten sie gesehen hatten. Ob es ihnen allerdings etwas nützen würde, war eine ganz andere Frage, die sich nur wenig später gestellt hatte: Plötzlich war da diese Lok vor ihnen aufgetaucht. Anna wollte schon von dem rasenden Wagen springen, in der Hoffnung, wenigstens eine kleine Chance zu haben. Aber Patrick hatte die Weiche gesehen und ganz in der Nähe den Mann in Pilotenuniform. Es war weniger eine Entscheidung, sondern mehr eine Eingebung gewesen, als er sich augenblicklich auf Anna geworfen und sie mit zu Boden gerissen hatte. Plötzlich wurden sie hoch und kräftig gegen die festgezurrte Stahlkonstruktion des kleinen Baukrans gedrückt, dann noch einmal kräftig durchgeschüttelt, als der Wagen wieder auf die Schiene knallte.

Der Wagen wurde merklich langsamer.

Anna befreite sich von Patrick, zog sich an den Verstrebungen des Krans in die Höhe, hielt wieder die Fingerspitzen der linken Hand an ihre Oberlippe gepresst und nuschelte erschöpft: »Scho langscham hab' isch die Schnautsche voll – aber wirklich.«

Auch Patrick rappelte sich schwerfällig in sitzende Position hoch, nickte nur zu Annas Worten und murmelte: »Die beiden Piloten haben was gut.«

Die alte Bahnstrecke verlief mit leichtem Gefälle quer zur Steigung des Gebirges. Die Almwiese war schnell überquert, und der Wagen tauchte jetzt in einen zunächst lichten, dann dichter werdenden Nadelwald ein. Die Bäume reichten, besonders links, ziemlich dicht an die Gleise. Der Wagen war zwar schon ein gutes Stück langsamer geworden, aber ein Absprung wäre noch immer nicht ganz ungefährlich gewesen.

Patrick sah zu Anna hoch, fragte: »Riskieren wir's?«

Anna zuckte mit den Schultern. »Weiß nicht. Nein. Wir passen auf. Wenn er wieder schneller wird oder wenn uns wieder etwas entgegen kommt, dann springen wir.«

Sie bekamen Entscheidungshilfe von oben. Erst hörten sie den Hubschrauber wieder heranknattern, dann schwebte er etwas versetzt über ihnen. An der Unterseite des Hubschraubers nahm ein starker Lautsprecher in Megaphonform die Arbeit auf. Eine kräftige Stimme übertönte, elektronisch verstärkt, den Krach der Rotorblätter: »Ihr müsst da was verwechselt haben, das ist ein Zug, keine Achterbahn. Aber ihr braucht keine Angst mehr zu habe. Ihr seid auf einer stillgelegten Nebenstrecke, über die früher ein paar Steinbrüche ihre Ware loswurden, da kann euch heute nichts mehr entgegen kommen. Und wenn die in der Zentrale ihre Karten richtig gedeutet haben, dann wird sich das Gefälle bald noch mehr verflachen. Haltet die Augen offen: Irgendwann müssten die Gleise einen Forstweg kreuzen, dort springt ihr ab. Ihr werdet dann abgeholt. Wenn ihr alles verstanden habt, dann winkt.« Vier Arme rührten erfreut die Luft um.

Die Stimme aus dem Lautsprecher fuhr fort: »Gut, dann – oh, Augenblick ... Gute Nachrichten: Ich höre gerade, da ist ganz in der Nähe schon ein Team unterwegs. Wird vielleicht eine kleine Überraschung für euch.«

Patrick meinte zu Anna: »Ehrlich, was Überraschungen betrifft, hab' ich im Augenblick die Faxen dicke.«

Als wäre seine Bemerkung im Hubschrauber zu hören gewesen, fügte die Stimme von oben noch hinzu: »Eine gute!« Dann gewann der Hubschrauber an Höhe und flog ein Stück voran.

Obwohl zur Linken die Alpen emporwuchsen, wurde die Strecke vor Anna und Patrick immer flacher. Nach gut zehn Minuten bewegte sich der Wagen nur noch im Schritttempo. Der Hubschrauber näherte sich jetzt wieder, und erneut ertönte die anonyme Stimme: »Macht euch bereit. Da vorne kommt der Weg. Springt nach links, und möglichst auf den Forstweg, nicht gegen Bäume. Ich rufe *Jetzt*, wenn die Spitze des Wagens den Waldweg erreicht.

Sie setzten sich, Anna zuerst, rittlings auf die linke Seitenwand. Der Wagen hatte vielleicht noch halbes Schritttempo, Patrick sagte zu Anna: »Ganz schöner Aufwand für so einen kleinen Hopser, wenn man bedenkt, dass wir bei vollem Tempo von Wagen zu Wagen gesprungen sind.«

Dann kam von oben ein lautes »Jetzt!«, und sie schwangen auch die rechten Beine über die Umrandung. Da war der Forstweg. Sie sprangen, Patrick stolperte, viel der Länge nach hin und bekam einen Lachkrampf.

Anna konnte ihm kaum hoch helfen. Erst als er stand, hatte er sich wenigstens etwas beruhigt. Doch als er über ihre Schulter sah, wollte er sich schon wieder ausschütten vor Lachen. Anna drehte sich um, und dann konnte auch sie ein glucksendes Lachen nicht zurückhalten: Ihr einsamer Wagen konnte sich offenbar nicht von ihnen trennen. Er war gerade noch über den Forstweg hinweg gerollt und dann stehengeblieben.

Prustend stupste Anna ihren Freund in die Seite und deutete ein paar Meter den Weg hinauf, wo am linken Rand ein kleiner Felsbrocken aus dem Boden ragte. Sie gingen hinüber, setzten sich auf den Fels, lehnten sich gegeneinander, und langsam ließ das Lachen nach, wurde abgehackt und immer leiser, verstummte, und um das Weinen zu hören, hätte man schon ganz nahe herangehen müssen.

Schließlich hatte auch das Weinen nachgelassen. Patrick zauberte ein Papiertaschentuch hervor, wischte vorsichtig die Tränen aus Annas Gesicht und benutzte sie gleichzeitig, um wenigstens den gröbsten Schmutz wegzuwischen, dann ließ er sich gerne die gleiche Behandlung gefallen.

Während Anna mit seinem Gesicht beschäftigt war, fragte Patrick: »Spürst Du ihn?«

»Also, bei unserer Schussfahrt hatte ich wirklich nicht drauf geachtet. Aber jetzt? – Nein, ich merke nichts.«

Keine fünf Minuten waren sie auf ihrem Fels gesessen, da kam der Hubschrauber wieder näher, und die Lautsprecherstimme erklärte: »Da kommen eure Chauffeure den Waldweg hoch gehoppelt. Lasst uns wissen, wie die Sache ausgegangen ist. Macht's gut!«

Dann entschwand der Hubschrauber bergabwärts. Während Anna und Patrick noch in die Richtung starrten, in der die stählerne Libelle verschwunden war, hörten sie die Motorgeräusche von einem, nein, von zwei Wagen, die den holprigen Waldweg in niedrigem Gang hinaufdröhnten.

8. Treibjagd

Natürlich waren Edgar Mayer und Max Klingers Herz nicht untätig geblieben. Fast eine ganze Minute hatte er, am Ende des Zuges stehend, seine Wut hinausgeschrien. Das *durfte* nicht sein! Er hatte sie in seiner Hand gehabt, sie war ihm schutzlos ausgeliefert gewesen, und doch war sie ihrer Vernichtung entkommen. Musste er ganz von vorne anfangen? Neue Fallen stellen? Nein. Er entschied sich für einen gefährlichen, aber kürzeren Weg.

Was hatte er für schöne Waffen in seinem alten Bauernhof gehabt! Doch sein Arsenal war merklich geschrumpft: Ein Revolver mit drei Schuss, Schwert, Morgenstern und ... ein Molotowcocktail? Was diese Bälger konnten, das konnte er ja wohl schon lange. Auch wenn diese VW-Transporter hier nagelneu waren, etwas Benzin war sicher in ihre Tanks gepumpt worden, um sie aus den Werkshallen zu fahren.

Der Mörder trat neben den vorletzten Wagen. Ein lockerer Schlag mit dem Morgenstern ließ die Scheibe neben dem Fahrersitz zerbröseln. Er griff in den Innenraum und öffnete die Verriegelung der Motorhaube. Dann trat er vor den Wagen, klappte die Haube hoch, löste das Lampengehäuse des linken Scheinwerfers und zog es samt Glas heraus, so dass die Birne einsam an ihrem Draht in der leeren Höhlung baumelte. Nun riss er den Schlauch heraus, der die Scheibenwaschanlage mit Wasser versorgte.

Zwei wütende Schläge mit seiner mittelalterlichen Waffe genügten, um einen Tankdeckel abzuschmettern. Er setzte sich neben den Wagen, stellte das Lampengehäuse neben sich, tauchte ein Ende des Schlauchs in den Tank und sog kräftig an der anderen Seite. Als der Sprit zu fließen begann, ließ er ihn durch die Öffnung für die Birne in das Lampengehäuse sprudeln.

Nun lief der Mörder nach vorne, um es Patrick gleich zu tun, und den Wagen zu lösen. Wieder auf dem Weg nach hinten, während der Wagen schon rückwärts beschleunigte, schnitt er mit dem Schwert zwei große Stoffstücke aus zwei Autositzen. Inzwischen war der Scheinwerfer mit Benzin gefüllt. Er verstopfte die Öffnung mit einem Stofffetzen, von dem er ein Stück herausragen ließ – das würde sich von unten ordentlich mit Benzin vollsaugen. Mittlerweile hatte sein Gefährt fast volle Fahrt aufgenommen. Er ging zum letzten Transporter in der Reihe, öffnete ihn mit seinem mittelalterlichen Universalschlüssel, setzte sich auf die Beifahrerseite, legte seine Benzinbombe in den Fußraum auf der Fahrerseite und schnallte sich an. Sein dunkelgrünes Einwegfeuerzeug klemmte er, die Düse auf volle Leistung gestellt, griffbereit in den Aschenbecher am Armaturenbrett.

Gleich musste er die Stelle erreicht haben, an der er Anna zuletzt gesehen hatte. Er spürte nach ihr. Wo war sie? Etwa zu weit weg? Nein, da war noch etwas, kaum wahrnehmbar, das seinen Hass anzog. Irgendwo da unten, bergabwärts, da war sie, bewegte sich vor ihm her. Nur kam er ihr nicht näher – zunächst. Doch allmählich nahm er das, was sein Hass so sehr begehrte, deutlicher wahr – sie musste langsamer geworden sein und schließlich angehalten haben. Doch wie konnte er sich ihn nähern, ohne dass sie seine brennende Wut spürte und vorgewarnt war?

Der Mörder zeigte, dass er gelernt hatte: Er versuchte, die Entfernung einzuschätzen, vertraute darauf, dass er das Vabanquespiel gewinnen würde, zog den Morgenstern aus dem Gürtel, zuckte keine Sekunde vor dem Schmerz zurück und benutzte den schweren hölzernen Griff der Waffe, um sich selbst einen kurzen, harten Schlag gegen die Schläfe zu versetzen. Gehalten vom Sicherheitsgurt sank er zusammen.

*

Als ob Hubert Lust heute nicht schon genug durchgestanden hätte, machten ihm inzwischen auch noch eine handvoll Fahrgäste die Hölle heiß. Erbost – der Schaffner hatte sie nicht aufhalten können – waren sie auf freier Strecke aus dem Zug gestiegen und nach vorne zur Lok gelaufen. Einer von ihnen humpelte, und eine Frau sowie ein Mann hatten jeweils eine recht manierliche Beule auf der Stirn. Die Meute schimpfte über die Vollbremsung, drohte mit Klagen und schenkte Hubert Lusts gestammelten Erklärungsversuchen keine Beachtung. Ja einige beschwerten sich sogar darüber, dass die Fahrt nicht endlich weiterging, obwohl sie doch gerade selbst dafür sorgten, dass sie nicht weitergehen konnte. Besonders ein magerer Choleriker mit Schnapsnase und überschnappender Stimme wollte sich kaum beruhigen.

Aber dann war Lust dieser aufgebrachten Horde doch dankbar dafür, dass sie für diese erneute Verzögerung gesorgt hatte. Die streitbaren Reisenden wurden zudem plötzlich sehr kleinlaut und sahen die Notbremsung in einem ganz anderen Licht. Sogar der magere Choleriker schien endlich zu kapieren, was der Lokführer mit seinen schüchternen Erklärungen meinte. Nichts geht eben über ein anschauliches Beispiel, in diesem Fall in Form eines Eisenbahnwagens, der ihnen entgegengerast kam. Der Wagen ging in die Kurve, neigte sich gefährlich und zischte dabei um Haaresbreite an ihrer Lok vorbei.

Mayer hatte von all dem nichts mitbekommen. Obwohl er gründlich durchgeschüttelt wurde, hing er immer noch leblos in den Gurten, als sein Wagen in den Wald hinein rollte, um allmählich langsamer zu werden.

*

Langsam holperte ein silbergrauer Audi A8 Quattro über die Gleise. Lars hatte an dem Mietwagen nicht gespart. Dem

Zivilfahrzeug folgte ein schwerer Polizei-Geländewagen, ein PS-Monster der Marke Mercedes. Pauli hatte gerne Hauptkommissar Pansas Angebot angenommen, statt des eigenen Dienstwagens ein Geländefahrzeug der Nürnberger Polizei zu benutzen.

Schon als sich die Wagen genähert hatten, waren Anna und Patrick aufgestanden, aber vor ihrem Fels stehengeblieben. Als nun der vordere Wagen vor ihnen hielt und sie sahen, wer da am Steuer und auf dem Beifahrersitz saß, da war das Wort *Überraschung* nicht ganz ausreichend.

»Papa! Mama!«, konnte Anna nur fassungslos flüstern.

Und dann erschien auch noch vom Fond des Wagens her ein weiteres Gesicht zwischen den Kopfstützen der Vordersitze – erfreut ergänzte Anna: »Jessas! Und Tom!«

Lachend rief Patrick: »Ich kann mir auch schon denken, wer in dem anderen Wagen sitzt!«

Sie wandten sich nun dem grünen Polizeiwagen zu, aus dem jetzt Hauptkommissar Pauli und Doktor Alban ausstiegen, ebenso wie die Silvans aus dem Audi.

Anna wollte auf ihre Eltern zustürzen, wusste gar nicht, wen sie zuerst umarmen sollte, aber dann waren es doch Kathrin und Lars, die den Weg zu ihrer Tochter finden mussten, und die ganze Mühe mit der Tränenwegwischerei war beim Teufel.

Allen brandeten eine Menge Fragen durch den Kopf, doch zunächst brachte keiner ein Wort heraus. Auch Annas Eltern waren erschöpft, nicht nur durch die schlaflose Nacht und die überstrapazierten Emotionen. Die Höllenfahrt, die sie hinter sich hatten, hatte ebenfalls ihren Teil dazu beigetragen. Teilweise waren sie mit über 200 Stundenkilometern durch die Nacht gerast, immer hinter Pauli, der mit Blaulicht und Martinshorn für Platz auf der Autobahn gesorgt hatte. Als sie schließlich das Gebiet erreicht hatten, bis zu dem Anna ihren Berechnungen zufolge gekommen sein konnte, hatten sie die Autobahn verlassen. Es war die richtige Entscheidung gewesen, wie sich herausstellte, als Anna und ihr Freund entdeckt wurden und die Meldung über Funk kam, dass die beiden auf einer Nebenstrecke durch die Alpen zuckelten. Nun hatte eine halsbrecherische Fahrt auf engen Bergstraßen begonnen, die sie schließlich zu dem schmalen Forstweg in den Gebirgswald gebracht hatte. Pauli war erst ein paar Meter an der Einfahrt vorbeigefahren und hatte dann Annas Eltern den Vortritt gelassen.

Patrick war der erste, der eine Frage herausbrachte: »Wie geht es Roland? Was ist mit Heike und Pet? Ihr müsst ziemlich schnell von ihnen Nachricht bekommen haben. – Dann geht es ihnen gut?«

Lars strich ihm kurz durch das Haar und meinte beruhigend: »Roland geht es ganz gut. Wir haben uns erkundigt: Die Kugel ist schon draußen. Er hat sogar auf nur örtliche Betäubung bei dem Eingriff bestanden, um sich dann von Heike anhimmeln zu lassen. Und die kleine Pet ist wieder bei ihrem überglücklichen Vater, dem sie gleich erzählt hat, was für eine tolle Schwester sie hat. Ja!«

Dann meldete sich aus dem Hintergrund eine Stimme, die Patrick galt: »Sieh an, so sehen wir uns wieder.«

Patrick sah über Lars Schulter. Ja, den Mann kannte er allerdings, und der war möglicherweise nicht allzu gut auf ihn zu sprechen. War wohl besser, dass Heike nicht hier war. Da stand, mit den verschränkten Unterarmen auf die offene Rücktüre des Mercedes gestützt, Kommissar Uth. Und aus dieser Begrüßung schloss Patrick, dass er den gesprächigeren der Brüder vor sich hatte. Außerdem trug er wieder ein knallbuntes, kurzärmeliges Sommerhemd. Allerdings wurde die bunte Farbenpracht diesmal durch den braunen Lederhalfter und die schwarze Pistole unter seiner Achsel gestört. Als weiteres Accessoire hatte er eine Maschinenpistole an einem Riemen über der linken Schulter hängen.

Der Geländewagen stand auf dem schmalen Weg direkt zwischen dem Audi und den Gleisen. Patrick sah nun genauer hin und erkannte auf der Rückbank noch eine weitere Gestalt. Das musste dann wohl Uth zwei sein.

Hauptkommissar Pauli erklärte: »Tja, da sich ja Edgar Mayer auch noch irgendwo herumtreibt, hat uns mein Nürnberger Kollege Begleitschutz mitgegeben. Zumal ich ihm erzählt habe, was für ein miserabler Schütze ich bin. Dass er gerade diese beiden Herren ausgewählt hat ..., nun, er murmelte etwas von internen Gründen.«

»Mein lieber Kollege, Sie brauchen gar nicht so zu feixen«, entgegnete Uth, »ist mir auch so schon peinlich genug, wie uns dieses Mädel ausgetrickst hat.«

Anna sah Patrick fragend an und flüsterte: »Hat das irgendetwas damit zu tun, dass ihr mit einem, ah, *eigenen* Auto zu diesem Bauernhaus gekommen seid?«

Patrick flüsterte zurück: »Stimmt. Ich erkläre es dir später.«

Kathrin befreite sich endlich von der Erleichterung und rief: »Kinder, erzählen können wir uns alles an einem gemütlicheren Ort. Lasst uns ...«

»Still!«, unterbrach Lars, »hört ihr das?«

Ein leises, metallisches Surren vibrierte in der Luft. Und zu ihrer aller Verblüffung rollte ein flacher Güterwagen, beladen mit VW-Transportern, im Schritttempo über den Waldweg.

Dann, auf engstem Raum, ging alles ganz schnell.

Anna flüsterte: »Nein!« Der rollende Eisenbahnwagen stieß gegen den, der vor ihm die Schiene blockierte, drückte ihn ein Stückchen weiter, kam selbst zum Stehen, Anna taumelte, griff sich mit der rechten Hand an den Kopf und schrie wie von Sinnen: »*Nei-iii-n!!!*«

*

Die Betäubung des Mörders war nur noch sehr schwach, als die beiden Eisenbahnwagen aneinanderstießen. Die leichte Erschütterung genügte, und er schlug benommen die Augen auf.

Edgar Mayers erstes Gedankenfragment war, dass er sofort auf Touren kommen musste. Blind griff er sich sein grünes Feuerzeug, ließ die Flamme herausspringen und hielt sie an die Fingerspitzen seiner linken Hand. Das machte munter. Dann, als eine einzige, schnelle Handlung, schnallte er sich los, warf durch die Fenster einen Blick auf seine Umgebung, nahm den sonderbaren Molotowcocktail mit der linken Hand an sich, zündete den benzingetränkten Stoff, ließ das Feuerzeug fallen, stieg aus und zog die Pistole.

*

Zuerst musste der schweigsame Uth sterben.

Kathrin, Lars und Patrick war sofort klar, was Annas Schrei zu bedeuten hatte, auch der Doktor und sogar Pauli hatten inzwischen ihre Vorstellungen von der Verbindung zwischen dem Mädchen und dem Mörder. Aber die Uths, die kaum mit dem Fall vertraut und fatalerweise rechte Realisten waren, ahnten nichts von dieser seltsamen Affinität.

Während Kathrin augenblicklich ihren Sohn zurück in den Mietwagen schubste, sich die Blicke der anderen dem Eisenbahnwagen zuwandten und Pauli gleichzeitig seine Pistole herausfummelte, sah der bunte Uth nur erstaunt das schreiende Mädchen an.

Der schweigsame Uth, alarmiert durch den Schrei, wollte ebenfalls aussteigen. Er schnappte sich seine Maschinenpistole, entsicherte sie, klemmte sie sich, den Finger am Abzug, unter den rechten Arm, öffnete die rechte Rücktüre und schwang seine Beine aus dem Wagen. Kaum nahm er noch wahr, dass da plötzlich ein Mann mit Feuer in der linken

Hand auf dem Eisenbahnwagen stand, genau dort, wo der Wagen im Wald verschwand. Den Schuss, der ihn tötete, hörte Uth nicht einmal und natürlich erst recht nicht die Schüsse, die er selbst noch abgab. Mit einem Loch in der Stirn, direkt über der Nasenwurzel, wurde Uths Körper zurück in den Wagen geschleudert, sein Herz tat noch ein paar Schläge und seine Muskeln krampften sich zusammen, auch der Zeigefinger am Abzug der Maschinenpistole, während der Körper noch am zurückfallen war. Die ersten Kugeln der Salve durchschlugen schräg von oben das hellbraune Polster und die Lehne der Rückbank, dann den Tank sowie die Karosserie des Wagens und drangen irgendwo in den Waldboden. Obwohl der Tank nicht mehr sehr voll war, gab das nach außen und innen laufende Benzin der auf dem Wagendach zersplitternden Brandbombe gute Nahrung. Augenblicklich stand der rechte hintere Teil des Wagens in Flammen, auch der Waldboden schien zu brennen, genauso Uths Beine, die noch aus dem Wagen baumelten.

Pauli feuerte fünf schnelle Schüsse auf den Mörder ab, mit dem Resultat, dass er ein paar Löcher in zwei VW-Transporter stanzte. Währenddessen war der bunte Uth in die Hocke gegangen und blickte ungläubig auf das Gesicht seines toten Bruders, dessen Kopf direkt vor ihm auf der Rückbank des brennenden Mercedes lag. Der lebende Uth bewegte die Lippen, aber kein Ton kam über sie. Seine ganze Ausbildung, seine ganze Erfahrung waren vergessen, nur noch Fassungslosigkeit, Trauer und Wut füllten ihn aus. Das rettete Pauli vorerst das Leben.

Der Mörder hatte gleich gemerkt, dass er sich mit mehreren Gegnern eingelassen hatte. Doch was konnten diese kleinen Kreaturen schon ausrichten gegen ihn und das Herz, das in ihm schlug? Die drei Schuss und das Molotowcocktail wollte er benutzen, um die Bewaffneten auszuschalten. Der Anfang war schnell getan, als er den Mann mit der Maschinenpistole erschoss, der gerade aus dem Auto aussteigen wollte. Die fünf Schüsse, die um ihn herumschwirrten, während er den Molotovcocktail auf das Auto schleuderte und ein paar Schritte auf dem Eisenbahnwagen lief, störten ihn nicht weiter. Er sprang von dem Wagen, gerade als sich ein Mann mit schreiend buntem Hemd aufrichtete, der neben dem brennenden Mercedes gehockt hatte. Der Mörder schoss ihm aus nächster Nähe in die Brust und zielte dann mit seiner letzten Kugel auf Pauli. – Aber dieser bescheuerte Kerl, den er gerade getroffen hatte, wollte doch tatsächlich den Tod ignorieren, der in ihm steckte.

Während das Blut aus seiner Brust sprudelte, packte Uth in aller Stille seinen Mörder am Hals, und der Schuss, der Paulis Kopf gegolten hatte, ging fehl. Statt den Hauptkommissar zu töten, durchschlug sie nur dessen Schulter, hatte aber noch, während die beiden letzten Kugeln von Pauli den Waldboden pflügten, genügend Kraft, in den rechten Oberarm von Lars einzudringen, der hinter Pauli gestanden hatte. Pauli ging zu Boden und nahm Lars mit.

Kathrin hatte inzwischen Tommy auf den Beifahrersitz verfrachtet, sich selbst hinters Steuer gesetzt und den Audi gestartet, nun schrie sie mit überschnappender Stimme: »In den Wagen, in den Wagen!«

Doch Peter Alban wollte dem sterbenden Uth zu Hilfe kommen und Patrick kam dem Doktor hinterher. Aber gerade, als Peter die ringenden Männer erreichte, sprengte der Mörder, voll vom Blut seines Opfers, den Polizisten mit dem linken Unterarm von sich weg, dann brach er Peter mit einem ungezügelten Faustschlag gegen die Brust eine Rippe, und nachrückend versetzte Edgar Meyer dem Doktor mit der Linken einen solchen Schwinger gegen das Kinn, dass er nahezu bewusstlos zurückgeschleudert wurde und auch noch Patrick ein blaues Auge verpasste, als er mit dem Hinterkopf in dessen Gesicht stieß.

Der Doktor fiel, Kathrin kreischte wieder »Zum Wagen«, der Mörder zog den Morgenstern, Anna war Patrick gefolgt, und beide begannen nun, den Doktor zurück zu zerren. Uth wollte immer noch nicht sterben, hatte sich wieder aufgerappelt und stieß dem Mörder die steifen Finger der rechten Hand gegen den Kehlkopf, verschaffte den anderen drei wertvolle Sekunden, hatte aber nicht mehr genügend Kraft, um wirksamen Schaden anzurichten. Schließlich hatte sich Edgar Mayer wieder gefangen und zerschmetterte dem sterbenden Polizisten, wütend von links nach rechts schlagend, mit dem Morgenstern den Schädel. Dem zusammensinkenden, seitlich wegklappenden Leichnam versetzte er noch einen Tritt, dass der Tote mit dem Oberkörper und dem Rest des Kopfes in den Rückraum des nun lichterloh brennenden Geländewagen stürzte, und die Brüder waren wieder vereint.

Anna und Patrick hatten inzwischen den Doktor zum Audi gezerrt und auf die Rückbank verfrachtet. Patrick blieb hinten, Anna kletterte hastig vor zu ihrem Bruder. Pauli hatte sich wieder aus der Lache seines eigenen Blutes hochgerappelt und nur noch er und Lars, der sich den Arm hielt, standen neben dem Wagen. Nur ein paar Meter entfernt stand der Mörder schräg hinter dem brennenden Geländewagen. Die Hitze des Feuers schien ihm nichts auszumachen, der blutige Morgenstern baumelte locker in seiner Hand. Im Wageninneren, im Feuer, explodierten ein paar Patronen in den Waffen der Polizisten.

Mayer kicherte und rief: »Hier riecht es auf einmal so lecker nach Barbecue. Appetitanregend, was?!«

Dann explodierte der Ersatzkanister im Gepäckraum des brennenden Wagens.

Bevor die Karosserie des Wagens nachgab, konnte sie noch einen Teil der freiwerdenden Kräfte auffangen, aber nicht die gesamte Kraft und nicht alle Stichflammen. Mayer wurde zur Seite geschleudert, fiel aber nicht, weil er gegen einen Baumstamm prallte an dem er sich festhielt. Auf der rechten Seite hatte er urplötzlich keine Haare mehr auf dem Schädel sondern nur noch schwarzes, rauchendes Gestrüpp. Dafür ragten an dieser Seite zwei dünne, lange Metallsplitter aus seinem Kopf, die bis in den Schädelknochen gedrungen waren. Seine rechte Gesichtshälfte hatte neue, tiefe Brandwunden, ein gezacktes Stückchen der orangen Kunststoffverkleidung eines Rücklichts steckte in seinem rechten Auge, über seinen rechten Arm und den Handrücken tanzten blaue Flämmchen.

Mayer zog sich mit der linken Hand den Splitter aus dem toten Auge, dann klopfte er die Flammen auf seinem Arm aus, schnupperte kurz an seinem Handrücken, erschlug ein letztes Flämmchen auf seiner rechten Schulter und erklärte dabei laut: »Tatsächlich – es riecht nach Barbecue, jetzt sogar ganz deutlich!«

Dann bückte er sich, um den Morgenstern aufzuheben.

In entsetzter Hast zwängten sich Lars und Pauli zu Patrick und dem Doktor in den Fond des Wagens, der Waldboden spritzte in alle Richtungen, als Kathrin mit röhrlendem Motor losfuhr, voller Panik, in ihrer Panik etwas falsch zu machen.

*

Im Rückspiegel sah Kathrin das Monster hinter dem Wagen herstürmen, trotzdem schaffte sie es, sich auf den schmalen, äußerst schlechten Weg zu konzentrieren, der sich bergaufwärts durch den Wald schlängelte.

Pauli hatte den Kopf umgewandt, den Hals so weit wie möglich verdreht, starrte durchs Rückfenster und röchelte: »Das ist kein Mensch! Das ist doch kein Mensch mehr!«

Annas Schnauben klang fast wie ein Lachen, bevor sie antwortete: »Das ist er schon lange nicht mehr. Auch wenn er noch geht und atmet, ist er inzwischen genau so tot wie der Mann, dessen Herz in seiner Brust schlägt. Beide sind sie tot und beide sind sie so voller Hass. Und dieser Hass, dieser Hass der Toten ist es, der ihn aufrecht hält, der ihn ohne Erbarmen meiner Spur folgen lässt. – Aber immerhin schön, dass Sie mir jetzt glauben.«

In gefährlich hohem Tempo ließ Kathrin den Wagen durch Löcher und über dicke Steine holpern, aber der Allradantrieb schaffte es. Selbst als Kathrin den Mörder aus dem Rückspiegel verloren hatte, setzte sie ihre verzweifelte Rallye fort und kurvte schlingernd und gegenlenkend im zweiten Gang durch Kurven und um Bäume. Dann merkte sie, dass Anna ihr die Hand auf die Schulter gelegt und etwas gesagt hatte.

»Was? Was? Was ist denn?«, wollte Kathrin hektisch wissen, ohne den Blick von dem Weg vor ihr zu nehmen.

Anna wiederholte: »Langsamer! Du kannst langsamer machen, er fällt zurück.«

Kathrin, schweißgebadet und zittrig, nahm etwas Gas weg, setzte die Fahrt aber immer noch zügig fort.

Unterdessen hatte der Doktor seine Benommenheit einigermaßen abgeschüttelt. Dabei half auch die holpernde Fahrt, denn jedes Schlagloch und jeder Stein ließen Peter seine verletzten Rippen noch deutlicher spüren.

»Gut, dass wir in diesem Wagen gelandet sind«, murmelte er gepresst und fischte, durch die Enge und seine Verletzung behindert, seine kleine Notfalltasche von der Hutablage.

»Gar nicht gut«, antwortete ein sehr blasser Hauptkommissar, »im anderen Wagen war das Funkgerät.«

»Aber wir haben doch noch das Handsprechgerät?«, meinte Peter, während er mit Patrick das mühsame Unterfangen startete, Pauli aus seinem blutgetränkten Hemd zu schälen.

Der Hauptkommissar ließ ein unterdrücktes Zischen hören und antwortete: »Schon, aber das Ding hat keine große Reichweite, und dann noch die Berge ...«

Der Doktor zog ein mit einem Desinfektionsmittel getränktes Wundreinigungstuch aus einer Steril-Verpackung. Er versuchte, seiner Stimme einen optimistischen Klang zu geben: »Na ja, aber wir werden's versuchen. Jetzt erst mal zu Ihrer Schulter. Hmm, Glück gehabt.«

»Was Sie so alles Glück nennen«, stieß Pauli leise hervor, der bei der Berührung des Arztes noch etwas blasser geworden war.

»Doch! Glück! Ist ein sauberer Durchschuss. Offenbar direkt unter dem Schulterblatt durchgegangen. Die Austrittswunde ist kaum größer als der Einschuss. Hätt's den Knochen richtig erwischt, dann wäre da hinten ein größeres Loch. ... blutet ordentlich – na, werden wir schon hinkriegen.«

Und er machte sich daran, trotz der Enge des überfüllten Wagens und trotz der holprigen Fahrt, dem Hauptkommissar einen komplizierten Pressverband anzulegen.

Von vorne fragte Kathrin ruhig, mit einem Blick in den Rückspiegel: »Und was ist mit dir, Liebling? Ich habe gesehen, dass Du auch am Arm blutest?«

Lars antwortete: »Hm? Oh, mach dir mal um mich keine Sorgen. Nur ein kleines Loch im Arm, nicht sehr tief, glaub' ich. Ich halte den Daumen drauf und warte, bis ich an der Reihe bin.«

Der Weg wurde immer schlechter und steiler, aber trotz der ungünstigen Situation gelang es Peter recht schnell, die Blutung des Kommissars mit seinem kunstvollen Verband zu stoppen, dann ließ er Patrick eine Schlinge für Pauli basteln, um Arm und Schulter des Hauptkommissars zu entlasten, während er sich nun Lars zuwandte.

Lars' Arm war schnell verbunden, aber Peter musste bekennen: »Schlimm ist es nicht, nur: Unter diesen Umständen kann ich die Kugel beim besten Willen nicht herausholen. Wie ist es, Herr Silvan, können Sie den Arm bewegen?«

Lars probierte es. »Etwas. Na ja, könnte besser funktionieren. Komisch, aber es tut wirklich nicht sehr weh. – Was ist eigentlich mit Ihnen, Doktor? Sie haben da einen herrlichen schwarz-blauen Fleck im Gesicht.«

»Meine Rippen machen mir mehr zu schaffen«, antwortete Peter, »aber was für ein Trost: Bei einem Rippenbruch kann man eh nicht viel mit einer Bandagierung ausrichten, das kann also ruhig noch warten.«

Kathrin konnte den Audi inzwischen nur noch im ersten Gang den Weg hinauftreiben, und sie hatte alle Mühe, den schweren Wagen durch die engen Kurven zu bugsieren, was inzwischen deutlich am Lack des Fahrzeugs zu erkennen war. Aber dann, endlich, fiel nicht nur von oben, sondern auch von vorne das helle Morgenlicht in den Wald.

»Wir kommen raus, wir kommen raus!«, rief Kathrin, und der Audi arbeitete sich auf eine große Bergwiese, die nicht ganz so steil war wie der Weg, über den sie sich zuletzt hochgequält hatten. Sofort gab Kathrin mehr Gas, es folgte ein kräftiger Ruck, der alle durchschüttelte, gepaart mit einem hässlichen Knirschen. Der Wagen lag vorne plötzlich tiefer, rutschte nach links weg und die Lenkung war nutzlos geworden.

Ein heftiger Tritt auf die Bremse brachte das Gefährt zum stehen, während Kathrin verblüfft rief: »Was war jetzt das?«

Augenblicklich war Lars ausgestiegen, sah sich kurz um und warf dann einen Blick unter den Wagen. Dann erklärte er ruhig: »So, ab hier geht's zu Fuß weiter. Die Vorderachse ist hin. Da war ein Felsbrocken im Gras versteckt, der war wohl eine halbe Nummer zu groß.«

Kathrin trommelte auf das Lenkrad, Tränen der Wut und der Bestürzung liefen ihr über das Gesicht, als sie schrie: »Verdammt, verdammt, verdammt, verdammt! Den ganzen beschissenen verdammten Weg hinauf ist nichts passiert, und hier, auf der Wiese ..., Dreck, verdammter!«

Lars versuchte sie zu trösten: »Du darfst dir keine Vorwürfe machen, den Stein hier konnte man wirklich nicht sehen. Und besser, es ist hier oben passiert als weiter unten. – Du verstehst, was ich meine. Also los, wir müssen weiter.«

Alle stiegen aus und sahen sich für einen Moment etwas verloren um.

Anna erkundigte sich: »Wo sind wir hier eigentlich?«

Sie bekam keine Antwort.

Ungläubig fragte sie: »Soll das heißen, keiner weiß wo wir sind?«

Etwas lahm antwortete Pauli: »Nun, wir hatten natürlich eine Karte ... im Polizeiwagen. Ich kann dir auch nicht viel mehr sagen als dass wir irgendwo in den Alpen stecken.«

Was unschwer zu erkennen war, an dem phantastischen Gebirgspanorama, das sich vor ihnen auftat. Doch die Begeisterung für die Schönheit der Natur hielt sich im Augenblick in Grenzen. Was die Flüchtlinge vor allem interessierte, war die Beschaffenheit ihrer nächsten Umgebung. Sie befanden sich auf einer Art Stufe im Gebirge, denn zur Linken ging es nach unten, zur Rechten nach oben: Rechter Hand, knapp hundert Meter von ihnen entfernt, schnitt eine gut vierzig Meter hohe Klippe scharf in den Wald, durch den sie gerade gekommen waren. Dort oben war vermutlich eine weitere Ebene (soweit man ihre Wiese als Ebene bezeichnen konnte), am Rand der Klippe waren ein paar verkrüppelte Kiefern zu erkennen, die im Hintergrund von einem zerklüfteten, langgestreckten Berggrat überragt wurden.

Keine zehn Meter links von ihnen endete die Wiese an einer Felskante. Dort ging es etwa sieben Meter in die Tiefe, und man konnte auf das Dach des Nadelwaldes blicken, der sich da unten fortsetzte. Hinter dem Wald folgte ein weites Tal und dahinter bauten sich, nach Süden anwachsend, gewaltige Bergmassive auf.

»Tja, da bleibt uns also nur diese Richtung«, meinte Lars und deutete nach vorne.

Die Felswand kam zwar – in einer ungewöhnlich gleichmäßigen Kurve – von Rechts herüber, doch bog sie sich dann, wie die obere Hälfte eines »S«, wieder in die andere Richtung. Dadurch wurde die ansteigende Wiese weiter vor ihnen zwar um einiges enger, aber es blieb immer noch ein recht breiter Weg offen.

Pauli erhob Einspruch: »Aber wir können uns doch auch durch den Wald wieder zurückarbeiten, da können wir ihn umgehen.«

»Nein«, widersprach Patrick, »dann schneidet er uns den Weg ab.«

»Aber wie soll er denn wissen, an welcher Stelle wir uns an ihm vorbeimogeln?« Doch dann blickte er Anna in die Augen und sagte leise: »Er würde es wissen, nicht wahr?«

Kaum merklich nickte das Mädchen.

Der Hauptkommissar atmete tief durch und erklärte: »Also gut: Ihr werdet machen, dass ihr weiterkommt. Ich werde hier auf unseren Freund warten und mich um ihn kümmern, wenn er hier ist.«

Peter schüttelte den Kopf und meinte sanft: »Mit *Ihrer* Schulter?«

»Ich bin Polizist!«

Peter schüttelte nochmals den Kopf. Diesmal war es aber kein Ich-kann-es-nicht-fassen- sondern ein Machen-Sie-mir-nichts-vor-Kopfschütteln, während er erwiderte: »Ihre Verletzung und der Blutverlust machen Ihnen zu schaffen – Sie sind auch wirklich ganz schön blass um die Nase. Sie haben Angst, uns aufzuhalten. Welche Blutgruppe haben Sie?«

»Wie? A 1 Rhesus positiv. Aber es stimmt nicht, was Sie da sagen ... Hören Sie mir überhaupt zu?«

Der Doktor hatte sich abgewandt und fragte laut: »Jemand da, der seine Blutgruppe kennt und die selbe hat, wie unser tapferer Kommissar?«

»Ja, ich.« Das war Anna.

»He, können Sie mir erklären, was das soll?«, fuhr der Hauptkommissar den Doktor an. Doch der murmelte nur »Keine Zeit für Fisimatenten« und griff sich seine Not-Tasche aus dem Fond des liegengebliebenen Wagens. Er holte eine 50-Milliliter-Einwegspritze und zwei steril verpackte Kanülen aus der Tasche, dann rief er Anna: »Komm her, Du darfst jetzt bei einer Bluttransfusion mitmachen, für die mir die Ärztekammer unter normalen Umständen einen kräftigen Tritt in den Hintern geben würde.«

Pauli begann zu protestieren, doch Anna entgegnete: »Doktor Alban wird mir das Blut abzapfen. Basta. Wir haben wirklich keine Zeit, uns zu streiten«, damit hielt sie dem Arzt ihren Arm hin, sah aber in die andere Richtung, fand Patricks Augen und meinte unruhig: »Find' ich total lustig: Obwohl ich ja wirklich einiges hinter mir habe, hab' ich immer noch Schiss vor so 'ner Spritze. *Autsch!*«

Alban füllte die Spritze, ließ die Kanüle in Annas Arm, setzte eine neue auf und übertrug das Blut auf Pauli. Während der Arzt mit seiner sonderbaren Blutübertragung beschäftigt war, versuchte Lars, über das Handfunkgerät Hilfe zu erreichen, aber niemand meldete sich.

Noch drei Mal füllte Peter die Spritze mit Annas Blut, um den Hauptkommissar wieder »aufzufüllen«, wie er mit verkniffenem Lächeln sagte. Dann zog der Doktor die Kanüle wieder aus Annas Arm und steckte sie erneut auf die Spritze, während er entschuldigend erklärte: »Ich hatte leider nur zwei Kanülen dieser Stärke dabei.« Dabei tastete er seine eigene linke Armbeuge ab, um sich dann selbst die

Hohlnadel hineinzustechen. Als er das verdutzte Gesicht des Hauptkommissars sah, meinte er beiläufig: »Bin auch ein A 1er, Rhesus positiv.« Dann erklärte er: »So etwa sieben Liter Blut hat jeder Mensch in sich. Wenn ich Anna und mir je zweihundert satte Millíliterchen abzapfe, dann wird uns das nicht umhauen. Aber für unseren Kommissar ist das fast ein halber Liter, und wenn er vorher so ein-, eineinhalb Liter verloren hat, dann wird ihn unsere kleine Zugabe wieder ein wenig unter Dampf setzen. Schließlich wollen wir ihn doch nicht tragen, oder?«

Patrick verpflasterte unterdessen Annas Arm mit Hilfe seines eigenen Erste-Hilfe-Beutels. Als der Doktor fertig war, ließ Patrick ihm und Pauli die gleiche Behandlung zukommen, dann hängte er sich die Tasche des Arztes um, Kathrin nahm das Handsprechgerät, und das sonderbare Häuflein machte sich auf den Weg.

*

Patrick ging neben Anna die Wiese hinauf. Er fragte leise: »Ist er inzwischen näher gekommen?«

Ebenso leise kam es zurück: »Wir hatten einen recht ordentlichen Vorsprung – hab' ihn kaum noch gespürt. Aber jetzt ist er wieder ein gutes Stück näher. Der Schmerz da drin«, sie fuhr sich mit der flachen Hand über Bauch und Hüfte, »klopft wieder an.«

»Schaffen wir's?«

»Weiß nicht. Kommt drauf an, wie gut wir durchhalten und wie schnell wir wieder aus den Bergen kommen oder zumindest an irgendeinen Ort, von dem aus wir Hilfe holen können.«

Schweigend gingen sie weiter. Anna fragte sich, wie lange sie selbst wohl noch weiterlaufen konnte. Sie fühlte sich wie gerädert und war zum Umfallen müde. Wann würde sie den Punkt erreichen, an dem ihr alles egal wäre? Dann dachte sie mit Schaudern an ihre Begegnung mit dem Monster und sie wusste: Vielleicht würde sie irgendwann zusammenbrechen, aber egal würde es ihr bestimmt nicht sein.

Sie warf einen Blick über die Wiese zurück auf den Wald. Irgendwo da hinten kam er ihnen hinterher gestapft. Dabei war es hier so schön. Die Sonne schien, verschiedene Gräser verbreiteten einen angenehmen Duft, und vereinzelt wuchs sogar dunkelblauer Enzian. Wie gerne wäre sie hier alleine mit Patrick spazieren gegangen. Sie fühlte, wie sie am rechten Handgelenk ergriffen wurde, und Patrick zog sie weiter.

Die Wiese war bald verschwunden. Die Klippe zur Rechten war immer näher herangerückt, doch dann war der Abstand zur Felskante auf der anderen Seite in etwa konstant bei zehn Metern geblieben. Der Untergrund war nun reiner Fels, zum Teil so zerklüftet, dass der Weg auch für einen gesunden, unverletzten Menschen zwar keine ernste Schwierigkeit, aber eine ganz nette Anstrengung bedeutet hätte. Der Weg zog sich in einem großen Bogen um den Berg, manchmal recht steil, manchmal etwas flacher. Irgendwann, so die Hoffnung der Flüchtenden, musste der Weg mit der Ebene zusammentreffen, die über ihnen lag. Die stieg zwar auch an, aber nicht so steil wie das schmale Band, auf dem sie sich befanden.

Zweimal hatte er die Frage schon unterdrückt, doch nachdem sie eine viertel Stunde unterwegs waren, wollte Patrick, wieder so leise, dass es die Anderen nicht hören konnten, erneut wissen: »Ist er inzwischen näher gekommen? – Anna?«

»Wie? Ich weiß nicht. Ich glaube. Ja. Oh Patrick, ich bin so müde.«

*

Erschöpft schleppte sich die ganze Gruppe weiter den Berg hoch. So gut es ging, versuchten sie sich gegenseitig zu helfen. Pauli hielt einen Moment, um zu verschnaufen. Seine Schulter schmerzte höllisch, und manchmal tanzten kleine schwarze Flecken einen langsamen Walzer vor seinen Augen.

Der Doktor war neben ihm, und so nutzte der Polizist die Gelegenheit zu einer Frage: »Als der Wagen explodierte, und er stand daneben ... ich meine ... Ist der denn überhaupt nicht umzubringen? Wie ist so was medizinisch möglich?«

Peter verzog den Mund, fuhr sich kurz mit der rechten Hand über die verletzten Rippen – was er besser nicht getan hätte – und antwortete schnaufend: »Da Sie ja weder einer meiner Patienten noch einer meiner Untergebenen und auch kein Kollege sind, kann ich Ihnen eine ehrliche Antwort als Arzt geben: Ich weiß es nicht.«

»Na, da fühle ich mich doch gleich bestens informiert«, seufzte Pauli, »gut, werde ich die Frage anders formulieren«, und ganz leise, als würde er etwas Verbotenes sagen, wollte er wissen: »Ist das noch ein Mensch?«

»Sie können Fragen stellen! Nach allem, was ich mal auf der Uni gelernt habe, ist etwas anderes gar nicht möglich. Nun ja, inzwischen sind die Universitäten ja einigermaßen in die Kritik geraten. Kommen Sie weiter, sonst fallen wir zurück.«

Während der Hauptkommissar kopfschüttelnd dem Arzt folgte, murmelte er, nur von seinen eigenen Ohren zu hören: »Nein, das ist kein Mensch mehr. Dieser Mann ..., dieses *Ding* kann einfach kein Mensch mehr sein. Oder??«

Der steinige Pfad stieg immer weiter an, links ging es immer tiefer und immer steiler hinunter, dafür wurde die Felswand zur Rechten langsam niedriger. Doch der Weg selbst war jetzt stellenweise so steil, dass sie ihre Hände zur Hilfe nehmen mussten. Kathrin und Patrick, die noch am besten in

Form waren, hatten alle Hände voll zu tun, den angeschlagenen Männern bei der Überwindung größerer Felsbrocken zu helfen. Patrick unterstützte vor allem den Hauptkommissar so gut er konnte, und Anna versuchte, auf einen Wink ihres Vaters hin, ihren Bruder im Auge zu behalten. Lars selbst musste sich, wie Pauli, mehr oder minder im Einhandklettern üben, da sein rechter Arm kaum zu gebrauchen war.

Die Strecke war bisher in einem sanft geschwungenen, manchmal zurückschwingenden Bogen verlaufen, doch plötzlich machte der Weg einen scharfen Knick um einen mächtigen Gesteinsgrad herum.

Als sie sich um diese Felsnase arbeiteten, hatte gerade der Doktor die Spitze der schwer atmenden Truppe inne, er keuchte: »Da, der Boden wird etwas einfacher. Noch knapp fünfzig Meter bis zu der Kuppe da vorne – sehr gut. Wenn wir über die weg sind, müssten wir eigentlich bald oben sein. Und da oben scheint das Gelände flacher zu sein. Da werden wir auch wieder einen Weg runter finden. Wenn es dann noch mal bergab geht, können wir hoffentlich unseren Vorsprung vergrößern.«

Er lief jetzt den anderen voraus. Als er über die Kuppe blicken konnte, stutzte er, lief ein paar Meter weiter, und dann hörten ihn die anderen laut fluchen: »Ach Du Scheiße! – Sackgasse!«

Voll böser Vorahnungen stolperte auch der Rest der Gruppe zum Doktor hinauf und blieb dann wie angewurzelt stehen: Es ging schneller wieder bergab als es der Doktor erwartet hatte. – Zu schnell. Hinter der Kuppe verbreiterte sich der Weg zwar rasch auf gut zwanzig Meter, aber nach knapp 35 Metern brach er abrupt ab.

Lars Silvan trat vorsichtig an den Rand, beugte sich noch vorsichtiger vor und lugte in die Tiefe. Augenblicklich kribbelte es ihm in Steißbein und Magen und er zog sich schleunigst wieder zwei Meter von dem Überhang zurück.

Er fühlte sich erbärmlich, als er sagte: »Nichts zu machen, da geht es mindestens sechzig Meter senkrecht runter, das schafft keiner von uns.«

»Zumindest nicht an einem Stück«, knurrte Kommissar Pauli, der, obwohl er sich kaum noch auf den Beinen halten konnte, ebenfalls einen Blick riskiert hatte.

Sie befanden sich auf einem Absatz etwa an der Südwestseite des unbekannten Berges. Ein Absatz, von dem es kein Weiterkommen gab. Vor ihnen und zur Linken wartete nur der Weg in die Tiefe, rechts wuchs immer noch die Felswand empor. Die war hier zwar nicht einmal mehr zehn Meter hoch, aber das waren immer noch acht Meter zu viel.

»Verflixt«, rief Lars und blickte nach oben, »das sind gerade mal so etwa neun Meter! Kaum mehr. Sollen wir's nicht versuchen?«

»Vergessen Sie das«, unterbrach ihn Pauli, »ein guter Bergsteiger könnt es mit etwas Ausrüstung schaffen, ein geübter Free-Climber auch ohne Ausrüstung, aber jeder von uns hier wäre ganz schnell wieder unten.«

Peter überlegte, ob es nun der richtige Moment sei, den anderen etwas von seinem alten Hobby zu erzählen, das er als Student fleißig betrieben hatte: die Bergsteigerei. Das war zwar schon ein Weilchen her, aber möglich, dass er trotz seiner Verletzung eine Chance hatte, die Wand zu überwinden. Doch was wurde dann aus den Anderen? Selbst wenn er es schaffen sollte, konnte er sie unmöglich mitnehmen. Sie würden es dann ohne ihn mit ihrem Verfolger aufnehmen müssen, und er war der einzige Mann in der Gruppe, der wenigstens noch beide Arme benutzen konnte. Er, der letztendlich den ganzen Schlamassel angezettelt hatte, konnte vielleicht verduften, die anderen nicht. Nein, er würde bleiben und seine Verantwortung tragen. Was immer das auch bedeuten mochte. Dr. Alban behielt sein kleines Geheimnis für sich.

Kathrin Silvan hatte sich still auf den Boden gesetzt. Ihr war zum Heulen zumute, aber sie unterdrückte ein Schluchzen, um ihre Kinder nicht noch mehr zu ängstigen. Bitter dachte sie, dass sie schon eine tolle Hilfe sei, wenn ihre ganze Unterstützung für die anderen darin bestand, nicht hysterisch zu werden. Aber nein! Dieser Mistkerl sollte sich nur blicken lassen. Wenn nur noch der Kampf blieb, dann würde sie eben kämpfen. Grimmig blickte sie auf ihre rechte, vom Klettern schmutzige und zerkratzte Hand. Kratzer. Kratzen. Sie spreizte und krümmte ihre Finger. Ja, sie wollte diesem Drecksack die Augen auskratzen, und wenn es das Letzte war, was sie tat.

Lars Silvan war leise neben sie getreten und hatte ihr zugesehen. Nun setzte er sich an ihre Seite, legte einen Arm um ihre Schulter und sah ihr ruhig in die Augen. Er wollte ihr sagen, dass er froh war, eine entschlossene Kämpferin neben sich zu haben, dass diese kalte Angst gemeinsam mit ihr leichter zu ertragen war, dass sie ihm Mut machte, wie sie es so oft getan hatte und dass er glücklich war – ganz egal, was heute passierte – über ihre gemeinsamen Jahre. Aber als sie seinen Blick erwiderte, sagte er nichts. Er brauchte es nicht.

Niemand machte den Vorschlag, dass sie umkehren sollten. Sie wussten ja, wer oder was ihnen unterwegs entgegenkommen würde. So oder so, der Weg war hier zu Ende – nicht nur im geographischen Sinn.

Es war sogar besser, die Entscheidung hier oben zu erwarten. Hier konnten sie wenigstens noch ein wenig Atem schöpfen, außerdem konnten sie im entscheidenden Augenblick nebeneinander stehen, das wäre weiter unten, auf dem Weg, nicht so gut möglich gewesen.

Auch Hauptkommissar Pauli hatte sich zu Boden gesetzt und lehnte mit dem Rücken an der Felswand. Er hatte sich von Kathrin das Handfunkgerät geben lassen und probierte noch einmal, einen Kontakt zu bekommen. Zwecklos. Enttäuscht lehnte er das Gerät neben sich an den Fels.

Man hörte ihm seine Schmerzen an, als er mit zusammengepressten Zähnen meinte: »Wenigstens spricht das Zahlenverhältnis für uns. Wir sind sieben gegen einen. Ha!«

»Ihren Galgenhumor möchte ich haben«, antwortete Dr. Alban, »haben Sie schon vergessen, wie spielend der uns da unten fertig gemacht hat? Und da waren wir noch bewaffnet, einigermaßen gesund und zwei mehr. Tolle Armee sind wir jetzt: Ein Kind, zwei ramponierte Teenager, eine nicht minder ramponierte Frau und drei mehr oder minder schwer verletzte Männer, die offensichtlich nicht mal auf sich selbst aufpassen können.«

Der Kommissar versuchte ein Lächeln: »Immerhin ist auch ein Polizist dabei.«

»Na das wird uns weiterhelfen, ein alternder Polizist, der nicht nur seine Waffe, sondern auch lockere ein bis zwei Liter Blut verloren hat. Wirklich toll!«

»Nicht verloren – die Waffe, mein ich –, sondern weggeworfen. Was soll ich mit dem Teil ohne Munition? Und vergessen Sie nicht: Dann haben wir da ja auch noch einen Arzt, der sich vor Angst in die Hosen macht. Glauben Sie vielleicht, das ist ein Aktivposten?« Noch während er sprach, bedauerte der Kommissar seine Worte. Er hatte es gerade nötig, anderen Vorwürfe zu machen. Schließlich war es doch seine Aufgabe gewesen, diese Menschen zu beschützen. Und was hatte er getan? Er war munter im Dunkeln getappt, hatte dabei der Kleinen noch völlig unnötig das Leben schwer gemacht, nur weil er einfach zu borniert gewesen war, die Wahrheit zu akzeptieren. Er hatte es versaut. Seine Fehler waren nicht mehr gut zu machen.

Oder?

Pauli straffte sich; nein, aufgeben wollte er nicht. Ja verdammt, vielleicht konnte er wenigstens hier oben seiner

Aufgabe gerecht werden. Wenn dieses Vieh, das sie verfolgte, bisher auch nichts umgebracht hatte, einen Sturz aus sechzig Metern Höhe sollte seinen Körper doch unbrauchbar machen? Es müsste ihm nur gelingen, sich an diesem Bastard festzuklammern, sich fallen zu lassen und ihn mit in die Tiefe zu reißen.

Sein Entschluss stand fest, und erstaunt registrierte er, dass damit auch seine Angst nachgelassen hatte, ja dass es ihm sogar körperlich etwas besser zu gehen schien.

Er wandte sich an den Doktor, der jetzt neben ihm an der Felswand lehnte: »Entschuldigung. Tut mir leid, Dr. Alban. Was ich da gesagt habe, war nicht so gemeint.«

»Peter. – Und Sie haben recht.«

»Was?«

»Ich heiße Peter«, der Doktor streckte seine Rechte zum Kommissar hinüber, »und ich mache mir tatsächlich fast in die Hosen.«

Etwas umständlich, weil er die linke Hand benutzen musste, aber mit einem müden Schmunzeln, schlug Kommissar Pauli ein: »Ich heiße Paul. Na los! Nun sag es schon.«

Peter blinzelte. »Paul? Du heißt wirklich *Paul* Pauli? Nicht möööglich.«

»Ja, zum Totlachen, was? Ha, ha! Mein Vater hatte für mich eine große Karriere in seiner Kölner Narrengilde vor Augen gehabt.«

»Polizist Paul Pauli, tz, tz.«

*

Anna Silvans Gesicht wirkte traurig, aber entspannt, und Patrick hatte den Eindruck, dass sie tief in Gedanken versunken war. Er hatte zunächst den Arm um sie gelegt, ohne genau zu wissen, ob er sie trösten wollte oder ob er ihre

Körperwärme eher zu seinem eigenen Trost brauchte – wahrscheinlich lag die Wahrheit, wie so oft, irgendwo in der Mitte. Dann sah er, wie Tom, der auf einem großen Stein hockte, immer wieder verstohlen mit einem Taschentuch über seinen linken Unterarm wischte.

Patrick ging hinüber. Als Tom ihn bemerkte, hielt er das Taschentuch still und tat so, als würde er nur mit verschränkten Armen dasitzen, doch Patrick drückte Toms Rechte samt Taschentuch sanft zur Seite und sah einen etwa drei Zentimeter langen Riss, der wohl nicht gefährlich war, aber doch ganz ordentlich blutete.

Tom versuchte ein tapferes Lächeln und meinte nervös: »Bin da wohl vorhin ‘n bisschen ins Stolpern gekommen, hatte aber Glück gehabt«, er blickte auf seinen Arm, »so ’n oller Felsbrocken hat meinen Sturz aufgehalten.«

»Und warum hast Du nichts gesagt? Also für meinen Geschmack hatten wir heute schon genug Helden.«

Patrick wandte sich um und wollte Dr. Alban rufen, aber der hatte das Gespräch von seinem Platz mitangehört und war schon auf dem Weg zu Tom. Auch er war der Ansicht, dass die Wunde nicht schlimm sei, dennoch ließ er sich von Patrick aus seiner merklich leichter gewordenen Notfall-Tasche die Schachtel mit dem Heftpflaster und auch das winzige Jodfläschchen geben.

»Uuh!«, Tom verzog das Gesicht, »Jod muss nun wirklich nicht sein, ich hatte doch nach meiner Salto-Mortale-Nummer mit dem Rad vor ’nem dreiviertel Jahr eine Tetanusspritze bekommen.«

Der Arzt sah zu Toms Eltern hinüber, die nickten unisono, und so wurde Tom nur mit einem dicken Heftpflaster verarztet, während die anderen zusahen.

»So, jetzt ist dein Bruder also auch in die Gruppe der Kriegsveteranen aufgenommen worden, Anna.« Patrick drehte sich um, suchte, rief: »Anna? *Anna!*«

Er glaubte, gerade noch ihren fast roten Schopf hinter der Kuppe den Weg hinunter verschwinden zu sehen, schrie noch: »Verdammt, bleib stehen!«, und schon stürzte er los.

Von den anderen hatte Lars die Situation zuerst erfasst. Vergessen war das heftige Pochen in seinem Arm. Mit einem Tempo, das er sich nach all den Strapazen selbst nicht mehr zugetraut hätte, rannte er in großen Sätzen hinter dem Jungen und seiner Tochter her.

Am Beginn des Abstiegs hatte er Patrick eingeholt. Gleichzeitig sahen sie Anna, wie sie, schon gute dreißig Meter weiter unten, mit den Armen ausbalancierend, den Weg mehr herabschlitterte als lief. Laut riefen sie ihren Namen.

Als Anna die so vertrauten Stimmen hörte, sah sie automatisch über ihre Schulter zurück und stolperte prompt über einen Stein. Sie konnte ihren Fall noch zur Seite ablenken und mit den Händen abfangen, doch der Boden war hier voller kleiner Geröllteilchen, und als sie sich aus ihrer Schräglage gleich wieder aufrappeln und weiterlaufen wollte, verloren ihre Sohlen endgültig den Halt, sie machte eine unfreiwillige Schulterrolle, rutschte noch ein kurzes Stück auf Hosenboden und Rücken und blieb leicht benommen etwa zehn Meter vor der großen Felsnase liegen. Lars und Patrick nutzten ihre Chance und sprangen in halsbrecherischem Tempo wie Gemsböcke zu Anna herunter.

Gerade als sie bei ihr ankamen, hatte sie sich wieder aufgerappelt und wollte weiter laufen, doch ihr Vater packte sie keuchend und nach Luft schnappend mit seiner gesunden Hand am Arm. Sie wollte sich losreißen, schlug sogar auf die Hand, die sie festhielt, und schrie ihren Vater und ihren Freund mit vor Angst vibrierender Stimme an: »Lasst mich doch los! Ihr dürft mich nicht festhalten! Ich muss weiter!«

Aber ihr Vater zog sie zu sich heran. Und als er sie schließlich, Liebkosungen murmelnd, in den Arm nahm, es sogar schaffte, seinen rechten Arm locker um ihre Hüfte zu legen, gab sie erschöpft ihren Widerstand auf und ließ ihren Tränen freien Lauf.

Den Rückweg wurde sie mehr von Patrick und Lars getragen als von ihren eigenen Beinen.

Die anderen hatten gebannt gewartet, Kathrin hatte Tommy gerade noch an den Schultern packen können, als er ebenfalls hinter seiner Schwester herjagen wollte.

Jetzt atmeten alle auf. Zwar hatte Anna, die blass und vor Erschöpfung zitternd auf dem Boden zwischen ihnen saß, nun ein paar Abschürfungen mehr zu verzeichnen, und auch die Risse und Löcher in ihren Kleidern hatten neue Gesellschaft bekommen, aber Hauptsache sie war, im Großen und Ganzen unverletzt, wieder in ihrer Mitte.

Während der Doktor seinen Vorrat an Heftpflaster weiter dezimierte, strich Kathrin ihrer Tochter durch das Haar und fragte sanft: »Warum bist Du weggelaufen? Du weißt doch, dass es auf dem Weg nach unten kein Entkommen gibt. Wir haben nur eine Chance, wenn wir zusammenhalten.«

Als Anna nicht antwortete sondern nur still zu Boden blickte, meinte Kommissar Pauli tröstend: »Mach dir nichts draus, ist ja kein Wunder, wenn die Nerven mal mit dir durchgehen. Du hast weiß Gott genug mitgemacht. Aber schau, bei uns bist Du wirklich besser aufgehoben, wir werden dich schon beschützen.«

Alle hatten sie nur auf Anna geachtet, und sie zuckten deshalb gehörig zusammen, als Patrick plötzlich entsetzt losschrie: *»Jetzt verstehe ich! – Ja kapiert ihr's denn nicht!?«*

Fünf Köpfe flogen herum und musterten ihn fragend, nur Anna starrte weiter zu Boden.

Patrick, der Anna mit weit aufgerissenen Augen anstarrte, war leichenblass geworden. Tränen liefen über sein Gesicht, während er sich neben sie kniete und ihre Hand nahm.

Dann, nach einem heftigen, zitternden Atemzug, sagte er nochmals, diesmal leise: »Versteht ihr denn nicht? Sie ist nicht in plötzlicher Panik davon gelaufen. Ganz im Gegenteil. Sie hat sich vorher sehr genau überlegt, was sie tut. Sie wollte nicht fliehen – oh nein. *Sie* ist es, die *uns* beschützen wollte! Sie denkt, mein ... mein Vater, der sei ja eigentlich nur hinter ihr her, und wenn sie sich ihm stellen würde, dann wäre er befriedigt, dann würde er wenigstens uns in Ruhe lassen. – Oh Anna! – Also hat sie die passende Gelegenheit abgewartet, und als dann alle nur auf Tommy geachtet haben, ist sie losgelaufen. Um IHN zu treffen.«

Die anderen blickten fassungslos auf das Mädchen. Lars und Kathrin zogen sie hoch, Lars hob ihr Kinn an und blickte ihr fragend in die Augen.

Leise, mit belegter Stimme, krächzte sie: »Schließlich, ohne mich hättet ihr den ganzen Ärger nicht gehabt. Und ob er uns alle zusammen erwischt oder nur mich alleine, das macht für mich, jetzt, wo die Flucht zu Ende ist, keinen Unterschied, aber sehr wohl für euch.« An ihre Eltern gewandt, mit einem kurzen Seitenblick zu Patrick, fuhr sie fort: »Ich hätte wenigstens gewusst, dass es euch gut geht. Außerdem müsst ihr auch an eueren leiblichen Sohn denken, schließlich hat Tommy noch sein ganzes Leben vor sich.«

Da stürzte sich Tom von der Seite auf sie und gab ihr einen kräftigen Stoß. Sie wäre sicher hingefallen, wenn ihr Vater sie nicht immer noch in seinem linken Arm gehalten hätte. »Du spinnst wohl?«, schrie Tom voller Wut, während ihm gleichzeitig Tränen in die Augen stiegen. »Für was hältst Du mich denn? Glaubst Du wirklich, ich würde es zulassen, dass wir dich wegen mir alleine lassen?« Trotzig fügte er hinzu: »Niemand darf meiner Schwester was tun, der ... er soll nur kommen, ich werd's ihm schon zeigen!«, dann versuchte er schon wieder zu grinsen und schnüffelte leise: »Außerdem würd's ohne dich keinen Spaß machen. – Wen sollte ich dann ärgern?«

Und während Kathrin von hinten die Arme um ihren Sohn legte und ihn an sich drückte, sprach sie ruhig zu ihrer Tochter: »Aber Du weißt es doch: Für deinen Vater und mich macht es keinen Unterschied, ob Du nun aus meinem Bauch gekommen bist oder nicht. Du bist genauso unser Kind wie dieser unverwüstliche Tommy hier.«

Inzwischen standen alle um Anna herum.

Hauptkommissar Pauli ermahnte sie mit gespieltem Ernst, der seine Sorge und seine Bewunderung verdecken sollte: »Na also, mein Fräulein, ich hoffe, Du machst jetzt keine Dummheiten mehr, sonst gibt's Ärger mit der Polizei. – Und dass das klar ist: Wir halten zusammen. Wenn wir hier rauskommen, dann nur gemeinsam mit dir.«

Anna lächelte müde und dankte Patrick im Stillen, dass er ihre Flucht rechtzeitig bemerkt hatte.

Ja, sie würden sich *ihm* gemeinsam stellen – und zwar sehr bald. In der Aufregung und dem Gefühlschaos der letzten Minuten hatte sie nicht mehr darauf geachtet, aber nun spürte sie, dass ihr Verfolger schon sehr nahe gekommen war, registrierte, dass die Schmerzen in ihrer Seite zugenommen hatten.

Ihr Lächeln verschwand schlagartig.

Sie spürte ein Ziehen in ihrem Kreuz und wusste ...

»Er ist schon da!«

Sie drehte sich um, und wie auf ein Kommando wandten sich alle Blicke zur anderen Seite des Plateaus.

Da stand er – mit der Rechten auf das Schwert gestützt, dessen Spitze er leicht in den Boden getrieben hatte, mit der Linken hielt er den Griff des Morgensterns umklammert, dessen brutale Dornenkugel lässig an ihrer Eisenkette nach unten baumelte.

Niemand hätte zu sagen vermocht, wie lange er dort schon verharrt, ihnen zugesehen und zugehört hatte, so sehr waren sie mit sich selbst beschäftigt gewesen.

Kaum war der erste Schreck überwunden, wollte sich Lars gegen jede Chance auf den Mörder stürzen, aber der Kommissar stemmte sich ihm in den Weg: »Stopp! Denk dran: zusammen!«

Erregt zitternd brummte Lars seine Zustimmung.

Sie stellten sich in einem leichten Bogen nebeneinander, auch Anna und Tom, die sich nicht nach hinten schieben ließen.

Hauptkommissar Pauli achtete darauf, dass er außen, nur zwei Meter vom Abgrund entfernt, zu stehen kam. »Warum greift er nicht an?«, flüsterte er heißer, »warum hat er nicht schon längst angegriffen, während wir nicht auf ihn geachtet haben?«

Alle starrten sie das Monster, den Mörder, den Mann an, der immer noch schweigend auf seinem Platz stand und zu ihnen herüber blickte.

*

Anna stand in der Mitte der Reihe. Wenn er sie zuerst angreifen würde, dann konnten die anderen versuchen, ihn in die Zange zu nehmen. Doch seine Präsenz wurde ihr fast unerträglich, der Schmerz in ihrer Seite war zu einem schwindelerregenden Pochen geworden, das heiße Wellen durch ihren ganzen Körper schickte.

Bloß jetzt nicht ohnmächtig werden, dachte Anna. Und stellte sich ihrem Widersacher. Sah ihm ins Gesicht. Hielt seinem verbliebenen Auge stand und genauso diesem toten, zusammengefallenen Gewebe in dieser knöchernen Höhle. Bohrte ihren Blick in seinen und krallte sich fest.

Nebel begann sich vor ihre Augen zu schieben, schien aus ihren Eingeweiden heraufzuziehen. Anna stöhnte auf, weil sie glaubte, dass sie gleich zu Boden sinken würde. Doch dann erkannte sie, dass der Nebel keine beginnende

Ohnmacht war. Sie hatte *seine* Waffe benutzt, war den umgekehrten Weg auf der unsichtbaren Brücke gegangen, denn diesmal war sie es, die in *ihn* eindrang, so wie er sonst in sie eingedrungen war, und sie sah ...

»... ich weiß es! Ich weiß, warum er noch nicht zugeschlagen hat, und er weiß, dass ich es weiß, und das beunruhigt ihn.«

Durch den Mann am anderen Ende des Plateaus ging ein Ruck, er streckte seinen Körper, nahm das Schwert höher und tat einen Schritt nach vorne, doch dann blieb er erneut stehen, fast zögernd.

Annas Schmerzen ließen nach. Statt angespannter Furcht machte sich nun Verwunderung auf ihrem Gesicht breit. Sie schüttelte ganz leicht, langsam, ungläubig, den Kopf, murmelte etwas, das die Anderen nicht verstehen konnten, aber das Wesen zuckte erneut zusammen.

»Was hast Du gesagt?«, flüsterte Lars mit vor Aufregung rauer Stimme.

Annas Antwort war nun deutlich zu hören: »Er ist einsam.«

Noch bevor die anderen das Schweigen ihrer Verblüffung brechen konnten, fuhr Anna fort, den Blick weiter in ihren Gegner versenkt: »Ja, was wir tun, das tun wir zusammen. Und er findet es erbärmlich und zum Kotzen. Es ist ihm unerträglich, uns vereint zu sehen. Aber … er beginnt zu begreifen.«

»Was? – Was begreift er?«, wollte der Hauptkommissar mit heißerer Stimme wissen.

»Er beginnt zu begreifen, warum jeder von uns bereit ist, sich bis zum Ende für den Anderen einzusetzen.« Ihre Stimme wurde sanft, als sie weitersprach: »Und, mein lieber Paul Pauli: Ich werde es Ihnen nicht vergessen, dass Sie Ihr Leben einsetzen wollten, und auch Ihnen nicht, Doktor, dass Sie nicht geflohen sind, obwohl sie die Gelegenheit hatten.«

Dem Kommissar und Peter klappten die Kinnladen herunter, während ein seltsames Miniaturgewitter ihre Wirbelsäulen vom Steißbein bis zum Genick hochrieselte.

*

Auf dem Plateau war es mucksmäuschenstill geworden. Alle warteten gebannt, was Anna noch sagen würde, doch sie schwieg nun. Konzentrierte sich voll auf die Gefahr am anderen Ende des Plateaus. Sie war dabei, tiefer unter die Oberfläche zu tauchen, tiefer unter den Hass ...

Tiefer ...

Tiefer ...

Noch ... tiefer ...

Nicht einmal ihre Wimpern zuckten, als sie weiter in das Wesen starrte, alte Türen aufstieß, in Erinnerungen und Gefühle eintauchte, sie aus ihren Gruben ließ. Nur Annas Atmen war zu hören, das immer heftiger wurde.

Dicke Schweißperlen traten auf ihre Stirn, liefen über das Gesicht, zogen Bahnen in den Schmutz, tropften von ihrem Kinn.

Das Atmen wurde zum Keuchen.

Dann begann sie unkontrolliert zu zittern und unverständliche Worte zu murmeln, während sie weinend auf die Knie sank – doch auch ihr Gegenüber auf der anderen Seite des Plateaus, sank, langsam, auf die Knie, und während sich Annas Murmeln in lautes Jammern verwandelte, kam vom Ende des Felsenwegs ein gequältes Grollen herüber. Schließlich wurde Annas Jammern zum Schreien, während von der anderen Seite ein lautes, zorniges und verzweifeltes Brüllen zu hören war. Lars versuchte entsetzt, Anna beiseite zu ziehen, doch ihre Muskeln schienen versteinert, und ihr abgehacktes Schreien schmolz zu einem einzigen, langgezogenen Kreischen zusammen. Erst als Patrick vor sie trat und den Blickkontakt zu dem Wesen unterbrach, wurde Anna schlagartig ruhig und sank in sich zusammen.

Doch nun raffte sich der Mann wieder auf, hob seine Waffen und taumelte, Flüche und Jammerlaute ausstoßend, auf die Gruppe zu. Anna rutschte an Patrick vorbei, zog sich gleichzeitig an ihm erneut auf die Knie hoch, breitete die Arme mit geöffneten Handflächen aus, wollte *Stopp* schreien, doch es kam nur ein heißeres Flüstern heraus. Dennoch blieb das Wesen in der Mitte des Plateaus stehen, schwankend.

Annas Hals schmerzte wie verrückt. Sie glaubte, Blut zu schmecken. Ihre Eltern zogen sie vollends hoch, und sie hing wie ein nasser Sack in den Armen ihrer Mutter. Doch dann drehte sie mit letzter Kraft ihren Kopf zu Patrick und sah ihm in die Augen.

Patrick nickte.

Er wandte sich an Lars und Kathrin. Er bat nicht. Er bestimmte: »Ihr müsst jetzt Vertrauen zu uns haben. Ihr bleibt hier stehen, unbedingt! Anna und ich müssen allein zu einer Verabredung.«

Und auch Peter, den Kommissar und Tom, die das Wesen in der Mitte des Plateaus im Auge behalten hatten, ermahnte er eindringlich: »Ihr müsst hier bleiben. Anna und ich, – *nur* Anna und ich –, wir können es zu Ende bringen. Doch auch wenn ihr hier stehen bleibt, gibt es eine Möglichkeit, wie ihr uns helfen könnt. Aber es wird euch nicht leichtfallen. Wenn es euch möglich ist, habt Mitleid mit ihm. Habt Mitleid mit meinem Vater.«

Jetzt löste er Anna mit sanfter Gewalt aus den Armen ihrer Mutter, und gemeinsam bewegten sie sich auf das Wesen zu. – Ohne Patrick hätte Anna keinen Schritt geschafft. Sie hatte den linken Arm um seine Schulter gelegt, er umfing mit dem rechten Arm ihre Hüfte. So ließ sie sich mehr mitschleifen als dass sie selbst ging. Auch Patrick war dem

Ende seiner Kräfte nahe. Sie kamen nur langsam voran, und je näher sie dem Wesen kamen, umso langsamer wurden sie.

Als sie bis auf zwei Meter herangekommen waren, begann das, was von dem Mann übrig geblieben war, Beschimpfungen auszustoßen.

Unter Knurren und Brüllen überschüttete das Wesen Anna und Patrick mit obszönen Beleidigungen. Aber es wich zurück – wich tatsächlich Schritt um Schritt zurück. Doch als der Mann, in dessen Brust Max Klingers Herz schlug, fast schon wieder am Beginn des Felsenwegs angelangt war, hatten ihn seine Verfolger, jenseits der Grenzen ihrer Kraft, eingeholt. Als Anna und Patrick so nahe waren, dass sie seinen Atem in ihren Gesichtern spürten, blieben alle drei wie auf ein Zeichen hin stehen.

Das Wesen straffte sich noch einmal und knurrte: »Hab' ich euch endlich! Ich werde euch eure Ärsche bis zu den Haarwurzeln aufreißen, ich werde ...«, sein Satz ging in ein röchelndes Gurgeln über und die Waffen entglitten seinen Fingern, als Anna und Patrick gleichzeitig ihre freien Hände sanft auf seine Oberarme legten. Annas Hand rutschte höher und streichelte das Wesen zart im Nacken, dann löste sie sich von Patrick, schmiegte sich vollständig an den zitternden Mann und rieb ihren Kopf sachte an seiner Brust.

Patrick trat von der Seite an ihn heran, legte einen Arm um seine Schulter, vorsichtig, um nicht zu sehr auf eine Brandwunde zu drücken, und flüsterte traurig: »Papa, ich hab dich lieb«, dann gab er seinem Vater einen kurzen Kuss auf den Mund. Nun blickte auch Anna auf, richtete sich auf die Zehenspitzen, küsste den Mann ebenfalls sanft auf die Lippen und flüsterte heißer und weinend: »Ich hab dich auch lieb, Papa.«

Ein paar Sekunden war es still. Noch ein paar Sekunden. Der Mann schien erstarrt zu sein. Schließlich begann sein Kopf in kreisenden Bewegungen auf und ab zu wippen und aus seiner Kehle kam ein dünner Ton, der wie das eingefrorene Maunzen eines Katzenbabys klang.

Dann richtete sich das Gesicht des Mannes nach oben, und es folgte ein Schrei, kurz zwar, aber es war ein Schrei, so laut, von solcher Intensität, gefangen zwischen den Bergen, den ein Mensch nur einmal in seinem Leben ausstoßen kann. Erschrocken stoben Vögel noch in vier Kilometer Entfernung aus den Bäumen auf.

Anna und Patrick waren entsetzt einen Schritt zurückgesprungen und hielten sich halb betäubt umklammert. Der Mann sah in ihre Richtung, Blut lief aus seinem Mund. Dann beugte er den Kopf, setzte die zu Klauen versteiften Hände an seiner Stirn an und zog sie mehrmals durch sein Gesicht. Als er wieder aufblickte, gab es kein Gesicht mehr.

Er setzte sich in Bewegung, ging an Anna und Patrick vorbei. Doch als er schon drei Meter entfernt war, drehte er sich ruckartig um und lief zurück. Als er erneut vor den beiden stand hob er seine blutigen Hände und streichelte ihnen einmal kurz über das Haar. Dann drehte er sich erneut um und trat seine letzte Reise an. Er lief, lief immer schneller, lief auf den Rand des Felsvorsprungs zu, wurde noch schneller und lief einfach über den Rand des Plateaus hinaus, schien einen winzigen Augenblick lang in der Luft weiterzulaufen und verschwand ohne einen Laut in der Tiefe.

Auf dem Plateau war es totenstill, und so war es deutlich zu hören, als sein Körper 3,62 Sekunden später und 64 Meter tiefer auf dem Felsboden aufklatschte. Allerdings nicht für Anna und Patrick, die durch den Schrei des Mannes noch immer taub waren.

*

Ausgebrannt, wo sie standen, ließen sich Anna und Patrick zu Boden sinken, knieten einander gegenüber auf dem steinigen Untergrund, stützten sich gegenseitig und hatten die Gesichter in der Halsbeuge des anderen vergraben. Die Kraft reichte nicht einmal mehr zum Weinen.

Langsam machten sich Kathrin und Lars, mit Tommy an der Hand, auf den Weg, um sich schweigend neben ihren Kindern niederzusetzen.

Paul und Peter schlurften wieder zur Felswand hinüber und ließen sich ächzend dort nieder, wo sie schon zuvor gesessen hatten. Sie setzten sich so eng nebeneinander, dass sich ihre Schultern berührten. Beide schienen Löcher in die Luft zu starren. Dann, ohne den Hauptkommissar anzusehen, begann Peter zu sprechen, als würde er vom Wetter erzählen: »Es ist vorbei. Nach siebzehn Jahren. Na ja, für mich ist es noch nicht vorbei. Du musst wissen: Wegen mir hat die ganze Geschichte angefangen. Dass die Unterschrift auf Max Klingers Organspenderausweis gefälscht war, das weißt Du ja. Aber er hat damals auch keinen Selbstmord begangen. Auf diese Idee wäre er niemals gekommen, dazu bedurfte es schon ziemlich massiver Überredungskünste. Es war meine Idee, und ich war maßgeblich daran beteiligt, ihn zu töten. Weil ich seine Nieren wollte.«

»Ich weiß. – Verdammt, meine Schulter tut wieder ganz schön weh.«

»Du weißt?«

»Hm. Hat zwar lange gedauert, bis der Groschen gefallen ist, bis ich es glauben wollte, aber ganz verblödet bin ich ja auch nicht.«

»Was wirst Du tun?«

»Nichts.«

»Nichts?«

»Nichts. Und Du solltest bei bestimmten Themen künftig nicht mehr so gesprächig sein. Besonders, wenn Du dich mit Kollegen von mir unterhältst. Ich wüsste auch gar nicht, wie wir denen dann die ganzen Zusammenhänge erklären sollten und wie das Herz eines toten Mannes der Auslöser für all das Morden sein konnte. – Wer hätte auch gedacht, dass Tote so sehr hassen können?

Aber wie Du schon sagtest: Es ist vorbei. Für uns alle. Endlich.«

Peter nickte leicht, fragte aber: »Die Einzelheiten interessieren dich nicht?«

»Doch. Neugierig bin ich schon. Du wirst es mir erzählen. Irgendwann mal, wenn ich pensioniert bin.«

Damit schien für Pauli das Thema abgeschlossen. Er blickte zu den Silvans und zu Patrick hinüber, die nun alle, mehr oder minder ineinander verschlungen, auf dem Boden saßen. Dann wanderte trotz all der Müdigkeit und der Schmerzen in seiner Schulter ein Lächeln auf sein Gesicht, als er sagte: »Ich bin froh, dass ich diese Menschen kennengelernt habe. Seltsam, irgendwie geben mir Anna und Patrick Hoffnung – dabei weiß ich noch nicht einmal, worauf. Ich werde mit ihnen in Kontakt bleiben. Bin wirklich gespannt, was die Zukunft für sie bereithält.«

Dann fragte er besorgt den Arzt: »Sag, sie werden sich doch wieder erholen?«

»Nun, was die physische Seite betrifft – sie sind jung. Eine ordentliche Portion Schlaf, gutes Essen ... viel mehr Medizin wird es nicht brauchen. Und das andere? Es wird natürlich seine Zeit dauern, aber nach dem, was sie bisher durchgestanden haben? Nein, da erlaube ich mir keinen Zweifel: Sie werden es schaffen«, dann grinste auch Peter, als er dem Kommissar einen leichten Stoß versetzte und hinzufügte: »Sie müssen's ja wohl schaffen, wo doch künftig der Super-Bulle und der Hyper-Medizinmann über ihr Wohl wachen. Außerdem sind da ja auch noch Annas Familie und die Freunde der beiden. Und natürlich haben sie sich gegenseitig.«

Nachdenklich wollte Paul wissen: »Du hast es ja gesagt: Sie sind noch so jung. Meinst Du, sie werden zusammenbleiben?«

»Oh je, das kann nur die Zukunft zeigen. Freunde werden sie bestimmt bleiben, bei all dem, was sie zusammen durchgestanden haben. Aber das Andere? Ehrlich gesagt: Ich kenne sehr viele Leute, aber niemand ist darunter, von dem ich sagen könnte, dass die erste große Liebe das Erwachsenwerden überdauert hat. – Halt! Stimmt nicht! Ein einziges Paar kenne ich doch ... ein einziges!« Und irgendwie hörte sich die Stimme des Doktors zufrieden an.

Epilog - Das zerrissene Papier

Gedankenverloren lehnte sich der Doktor zurück an den Felsen, aber er wurde schnell vom Hauptkommissar aus seinen Träumereien gerissen. Diesmal war es der Polizist, der den Arzt sachte anschubste und rief: »Hör mal! Ich glaube, da kommt unser Taxi!«

Von fern war das Rattern eines Hubschraubers zu hören, das schnell näher kam. »Aha«, überlegte Peter, »da hat sich wohl irgendwer gefragt, wo wir so lange bleiben.«

»Hätte er auch früher machen können«, ergänzte Paul, dann griff er sich das Funkgerät, als auch schon ein Polizeihubschrauber um den Berg kam, der offenbar ihrem Weg gefolgt war.

Der Pilot drehte eine kleine Runde und Paul Pauli winkte mit dem Funkgerät nach oben. Fast augenblicklich kam eine junge, aufgeregte Stimme aus dem Gerät: »Da sind Sie ja! Sind Sie Hauptkommissar Pauli? Was war denn los? Alles in Ordnung mit Ihnen da unten?«

Paul zwinkerte dem Doktor zu und feixte: »Ob alles in Ordnung ist, will er wissen!«, dann sprach er in das Funkgerät: »Ja, ich bin Pauli. Und: Bestens, bestens mein Junge, könnte kaum besser sein – nur ein paar leichte Blessuren.«

Wieder war die junge Stimme zu hören: »So? Dann werden wir erst mal eine Etage tiefer segeln. Da unten liegt nämlich einer. Falls da überhaupt noch was zu machen ist, dann hat der Hilfe wohl nötiger als Sie.«

»Ach was, da liegt einer? Wie kommt der da nur hin?«, flüsterte Peter mit entspanntem Lächeln, während der Kommissar gelassen in das Funkgerät antwortete: »Sehen Sie nur immerhin nach.«

Der Hubschrauber verschwand langsam in die Tiefe, doch keine zwei Minuten später erschien er wieder über der Felskante, und diesmal landete er auf dem kleinen Plateau.

Noch bevor der Hubschrauber richtig stand, sprang der Kopilot heraus, ein junger, muskulöser, braungebrannter Mann mit kurzem, schwarzem Haar und kleinem, exakt gestutztem Schnurrbart.

Er lief eilig zu Pauli hinüber, der die Stimme aus dem Funkgerät erkannte, als der junge Polizist aufgeregt lossprudelte: »Es ist unglaublich! Stellen Sie sich vor: Der Kerl da unten ist absolut Matsch, aber jetzt halten Sie sich fest: Sein Herz, das *schlägt* noch! *Und* er hatte einen Organspenderausweis in der Tasche.« Nun wedelte der Kopilot mit einem fleckigen Stück Papier vor Pauls Nase herum, während er fortfuhr: »Ein Rettungshubschrauber ist auch in der Nähe. Wenn wir uns beeilen, dann können wir mit dem Herz vielleicht noch jemandem helfen!«

Gestützt auf die Schulter des Arztes rappelte sich Hauptkommissar Pauli langsam hoch. Dann starrte er dem jungen Copiloten in die Augen, nahm ihm locker das Papier aus der Hand, riss es, ohne es überhaupt anzusehen, einmal, zweimal, dreimal durch und übergab die Fetzen dem Wind.

Bei jedem Reißen hatte der junge Mann ungläubig mit den Augen gezwinkert. Aber er gehörte zu den Menschen, die Autoritäten nur schwerlich widersprechen können. Und er sah vor sich eine Autorität. Obwohl er die Handlung der Autorität nicht verstand, ja obwohl er sie für dumm und menschenverachtend hielt, muckte er nicht auf.

Es ist erstaunlich, aber manchmal kann sogar so etwas gut sein.

Und bald war auch der letzte Rest von Annas Bauchschmerzen verschwunden.

ENDE

Ebenfalls von N.O. Pity im Armbrustverlag erschienen:

»Die Sprache der Toten« (Teil 1 der TOT-Trilogie)

1976: Ein schwer verletzter Säugling, misshandelt vom eigenen Vater, wird in der Saarfurther Hubertusklinik eingeliefert. Ein junger Chirurg kämpft verzweifelt um das Leben des kleinen Mädchens, doch schließlich muss er ihren Tod melden. Noch in der gleichen Nacht nimmt sich der Vater unter mysteriösen Umständen das Leben.

1992: Die 16-jährige Anna Silvan führt ein behütetes Leben in Saarfurth. Gerade noch genießt sie an einem sonnigen Tag einen Einkaufsbummel, als sie von einem Moment zum anderen eine Welle aus purem Schmerz durch ihren Körper jagt und sie die Vision eines Mannes in ihr aufsteigt, der sie aus toten Augen anstarrt. Doch das Ganze dauerte nur wenige Sekunden, und so hat das Mädchen die Angelegenheit schnell vergessen – bis sie von sonderbaren Träumen gequält und nicht nur im Traum verfolgt wird – und dann beginnt der Terror ...

»Der Atem der Toten« (Teil 2 der TOT-Trilogie)

Werden Anna und ihre Familie herausfinden, welches Monster in Menschengestalt hinter dem Mädchen her ist?

In *»Der Atem der Toten«* zieht der unheimliche Mörder sein Netz noch enger um Anna und ihre Freunde. Schritt für Schritt will er die Qualen steigern ... Er bringt anzügliche Bilder seines Opfers in Umlauf, hält eine tödliche Überraschung für ihren 17. Geburtstag bereit und hetzt ihr und Patrick ein paar Schläger auf den Hals, während er selbst noch ein paar alte Rechnungen zu begleichen hat.

Doch Anna, die erneut von sonderbaren Träumen heimgesucht wird, wehrt sich. Dabei kommt ihr zugute, dass sie endlich Dr. Peter Alban findet, der ihr enthüllt, wie Max Klinger 16 Jahre zuvor den Tod gefunden hatte.

Anna will der ganzen Sache ein Ende bereiten und lässt sich auf ein Treffen mit dem Mann ein – um ihm eine Falle zu stellen. Doch es ist eine Falle, in die ihr sehr leicht selbst zum Verhängnis werden kann.

Wieder und wieder sah er die Szene vor sich, so farbenprächtig, so nah: Erst kam der Einschlag. Für den Bruchteil einer Millisekunde war nur das Loch im Kleid zu sehen, doch schon färbte sich der zerfetzte Stoff rot, nachdem der Pfeil die Haut durchstoßen hatte und links, etwas unterhalb der Achsel, in den Rücken des Mädchens eingedrungen war.

Er versuchte, sich in Anna hineinzuversetzen, den Schmerz, den Schock zu spüren, die Angst in jenem ersten Augenblick, als sie noch nicht wissen konnte, wie schwer sie verletzt war und was ihr Fleisch zerrissen hatte.

Dann wachte der Mann auf. Er wollte den Traum festhalten, doch vergeblich. Die Bilder waren verschwunden. Aber dieses Gefühl ... Der Mann schauerte wohlig zusammen und verspürte Befriedigung.

Fantasy-Romane im Armbrustverlag

♦ **»Halana und der Turm des Schwarzen Herzogs« / »Halana und der Bruder des Schlafenden Gottes«,**

Fantasy-Zweiteiler von Marco Reuther mit ungewöhnlichen Helden, überraschenden Wendungen, dunklen Geheimnissen und natürlich mit einem großen Abenteuer.

Wie fängt man einen Zauberer? Ein nicht ganz alltägliches Problem, das die junge Kriegerin Halana lösen muss – wenn auch keineswegs freiwillig. Doch das Geheimnis ihrer Herkunft fordert seinen Tribut.

Halanas Feinde sind der mächtige Herzog Cosa, die blutrünstige Bruderschaft der elf Gebote – und Verrat. Ihre Verbündeten sind ein schüchterner Zauberer auf der Suche nach dem Bruder des Schlafenden Gottes, ein einbeiniger Koch, eine Hebamme, ein paar Gaukler und ein falscher Hofnarr. Eine ideale Truppe also, um zwei Nationen und ein Kind zu retten – und um dorthin zu gelangen, wo niemand sein will: in den Turm des Schwarzen Herzogs.

♦ Für Leser von 9 bis 99:
»Klara Plotzky und der Elfenvampir«
von Marco Reuther

Verwegen und furchtlos geht die zwölfjährige Klara dem gefährlichen Rätsel von Schloss Tunkelhagen auf den Grund und legt sich sogar mit Vampirelfen an! Und wenn es sein muss, erträgt sie sogar Elfenvampire.

Dass Klara in ihrem Kampf auch ein paar sehr seltsame magische Fähigkeiten verpasst bekommt, die mitunter nach hinten losgehen, macht es ihr und ihren Freunden nicht eben leichter, sich mit merkwürdigen Wesen aus einer fremden Welt herumzuschlagen und ein Elfenreich zu retten. – Und das alles nur wegen einer Strafarbeit …

♦ Fantasy:
»Des Königs Verräter – Die Entführung«
von Marco Reuther

Kein guter Start ins Wochenende, wenn man in eine fremde Welt entführt wird, in der einem ein paar unfreundliche Attentäter auf den Fersen sind, nur weil man ein Orakel betrügen soll, um gegen haushoch überlegene Feinde kämpfen zu dürfen ...

♦ **»Des Königs Verräter – Meerfeuer«** (Teil 2 der Reihe) von Marco Reuther

»I-i-i-i-i-i-i-i...« – schon seltsam, was einem an Details auffällt, während man gerade stirbt. Ohne Gnade von sechs starken Händen unter Wasser gedrückt, hörte Peter von seinem eigenen gurgelnden Hilfeschrei nur diesen schrillen Vokal, immer leiser werdend, mit den Luftblasen nach oben steigen. Er warf sich hin und her, versuchte verzweifelt, sich den riesigen Pranken zu entwinden, die ihn an Armen und Kopf gepackt hatten und erbarmungslos nach unten pressten ...

Während Peter, dieser sonderbare Junge, den es aus einer magiefreien Welt in das Elf-Stämme-Reich verschlagen hat, dem Waldstamm mit einem verwegenen Plan gegen eine haushoch überlegene Piratenflotte beistehen will, ist ein erbarmungsloser Mörder vom Clan der Attentäter Prinz Rétep in unsere Welt gefolgt. Um den ahnungslosen Schuhputzer-Prinz zu warnen, müssen seine Freunde den Stein des Greisen stehlen – doch der befindet sich dummerweise in der verbotenen Burg im verbotenen Turm der verbotenen magischen Artefakte – und der ist verboten gut bewacht ...

Da ist es fast schon eine Kleinigkeit, dass so ganz nebenbei noch ein König mit Hilfe eines wahnwitzigen Planes gerettet werden muss und ein Toter das Rätsel löst, wieso eigentlich zwei Welten unbemerkt nebeneinander existieren können – denn merke: Alles ist relativ ...

Ein großes Abenteuer, eine gefährliche Aufgabe, Spannung, Intrigen, Kampf und Freundschaft – und zwei Welten, die in dem All-Age-Fantasyroman mit viel Phantasie und Witz aufeinanderprallen – und das darf man wörtlich verstehen ...

Der Autor

N.O. Pity stammt aus dem kleinen Ort Olterego* in Alaska – nach eigenem Bekunden ist das dort, wo Alaska am dunkelsten ist, weswegen er auch nach Deutschland ausgewandert sei (»Well, for me ist das lichtdurchflutete Saarland like the Toskana for einen Deutschen.«) Zudem war Norbert Oliver Pitys Karriere als Schrüffeljäger auf einem Tiefpunkt angelangt, weshalb er sich der Schriftstellerei zuwandte und in der vorliegenden Reihe mit ein paar Litern Blut und einem dezidierten Blick auf zwischenmenschliche Beziehungen dafür sorgte, dass die empfohlene Altersfreigabe auf 16 Jahre heraufgesetzt wurde.

Des Weiteren betont Pity, dass ihm der Armbrustverlag freiwillig die Veröffentlichung seiner Romane angeboten habe, alles andere seinen böswillige Gerüchte, deren Urheber übrigens auf mysteriöse Weise verschwunden sind.

* Der Ortsname entstammt der Sprache der Nesuah-Hcnüm-Indianer, er bedeutet in etwa: »Kleine-Lichtung-auf-der-die-häßlichen-Pilze-wachsen-die-so-schön-wuschisch-im-Kopf-machen«.

Impressum

»Der Hass der Toten« – Teil 3 der Tot-Trilogie

(auch als E-Book erhältlich)

www.armbrustverlag.de

Herstellung: BoD – Books on Demand, Norderstedt

Covergestaltung: Armbrustverlag

Fotos: Mädchen: Karel Miragaya/Agentur 123RF
Mad Doctor: Nomad Soul/Agentur Shutterstock
Skalpell: Alex Malikov/Agentur Shutterstock
Original-Illustration Armbrust (im Logo):
Mikhail Avdeev (Bildagentur 123RF)

Satz: Armbrustverlag

Schrift: Times New Roman / Bandicoot

Bibliografische Informationen der Deutschen Nationalbibliothek: Die Deutsche Nationalbibliothek verzeichnet diese Publikation in der Deutschen Nationalbibliografie, detaillierte bibliografische Daten sind im Internet über http//:dnb.dnb.de abrufbar.

ISBN: 978-3-946966-12-8

9 783946 966128

Armbrustverlag

www.armbrustverlag.de